铁路桥梁结构设计算例丛书

连续结合梁设计计算例

吕佳欣　李晓煜　编著

中国铁道出版社

2013年·北京

图书在版编目（CIP）数据

连续结合梁设计算例/吕佳欣，李晓煜编著．—北京：中国铁道出版社，2013.11

（铁路桥梁结构设计算例丛书）

ISBN 978-7-113-17436-1

Ⅰ.①连… Ⅱ.①吕… ②李… Ⅲ.①铁路桥—连续梁桥—组合梁桥—结构设计—设计计算 Ⅳ.①U448.21

中国版本图书馆 CIP 数据核字（2013）第 240528 号

书　　名： 铁路桥梁结构设计算例丛书 **连续结合梁设计算例**

作　　者： 吕佳欣　李晓煜　编著

责任编辑： 张　婕　**电话：**（010）51873141　**电子信箱：** crph_zj@163.com

封面设计： 郑春鹏

责任校对： 马　丽

责任印制： 陆　宁

出版发行： 中国铁道出版社（100054，北京市西城区右安门西街 8 号）

网　　址： http://www.tdpress.com

印　　刷： 中国铁道出版社印刷厂

版　　次： 2013 年 11 月第 1 版　2013 年 11 月第 1 次印刷

开　　本： 880 mm×1 230 mm　1/16　印张：11.75　插页：1　字数：418 千

书　　号： ISBN 978-7-113-17436-1

定　　价： 48.00 元

前　言

连续结合梁除了具有连续性好、截面力小、变形小、振动小、噪声低等优点，然而更有说服力的是，与简支结合梁相比，具有20% ~30%的经济效益，而且还能获得建筑高度及净空优势。当工程条件卡在跨度或净空的场合，工程师们又有设计实力时，采用连续结合梁较为有利。当然连续结合梁设计也并非那么简单，其计算的复杂程度和难度也数倍于简支结合梁，对工程师的设计功力要求较高。

连续结合梁设计焦点主要集中在中间支点负弯矩区的设计。混凝土桥面板因负弯矩而受拉，随之引出了如下的四个课题：(1) 负弯矩区范围（$0.15L$ ~ $0.25L$）如何假定才准确。(2) 负弯矩区刚度如何假定（钢梁 + 桥面板，钢梁 + 钢筋）。连续结合梁解析计算，为了安全，通常是以能发生最大外力来假定截面刚度。具体做法：为了求解正弯矩区间截面最大外力，不考虑负弯矩区间的混凝土桥面板刚度。将负弯矩区刚度设定为“钢梁 + 钢筋”；反之求解负弯矩区间的截面外力时，全区间（包括负弯矩区）计入混凝土截面刚度，“钢梁 + 桥面板”。(3) 负弯矩区传剪器的设计。(4) 混凝土收缩徐变、温度差产生的影响（强制性位移计算）。

连续结合梁中间支点附近负弯矩定义也分为：①绝对负弯矩发生的范围（结合后恒载）；②最大负弯矩发生的范围（结合后恒载 + 活载）；③负弯矩使混凝土桥面板开裂的范围（受拉应力大于混凝土的抗拉强度，使其开裂的位置）。

连续结合梁中间支点负弯矩区设计方式也分为：①完全结合方式（施加预应力，钢梁与混凝土桥面板结合成一个共同受力整体）；②不完全结合方式（配置柔性传剪器，容许钢梁与混凝土桥面板之间有一定程度的错列）；③不结合方式（叠合梁，不考虑共同作用）。对于负弯矩区，无论选择上述的哪一种设计方式，都应该以“工程师们出手快，方法简洁，结构安全”为原则。

钢筋混凝土设计规定：“混凝土不承受拉力”。但是当负弯矩区混凝土桥面板受拉开裂后，混凝土与钢筋之间仍残留着附着力（Tension Stiffening 效果，简称 TS），德国教授赫尔墨特·波特（Helmut Bode）提出了“TS”计算公式。

日本铁道综合技术研究所专家们在经过大量计算和实验验证后，还将“TS”编入《铁道构造物等设计标准·同解说 钢·合成构造物》（平成21年7月→2009年7月）最新版铁路结合梁设计规范中。虽然在实际设计计算中这部分影响极其小，甚至还不及计算误差及省略部分，但是作为新的设计理论，本设计算例中将其计算方法予以引入，其目的就是期待这项理论得以证实、发展和认可。

负弯矩区受拉混凝土退出结合梁截面，对于失去的部分，除了加大中间支点部的截面高度外，还在箱内受压缘浇注混凝土板，以弥补欠损截面，使负弯矩区成为双重桥面板。

截面有效宽度计算不仅是对混凝土桥面板，钢梁中承受拉压应力的上下翼缘板也应考虑有效宽度。在混凝土桥面板和钢板有效宽度计算方面，日本铁路钢结构设计规范和结合梁设计规范给出了较为详细的计算方法。此算例予以借鉴。当有其他规定或更成熟公式时，不妨另行计算。

桥面板横向计算时，考虑到钢箱梁腹板与小纵梁之间支承刚度差异较大，所以在本算例中引用了弹性支承计算方法求解桥面板的截面力。

双线单箱单室箱梁具有较好的整体性和动力特性，抗疲劳性强，所以列车运行平稳指标高，乘客乘坐的舒适度好；建筑高度相应较低，外观线形轻盈、简洁、美观，桥下视觉效果好，成本低；箱内空间大，便于检修和维护。所以整孔箱梁被广泛地应用于城市桥梁和高等级立交桥等重要结构中。

考虑到篇幅太多，不易于阅读，因此将连续结合梁设计中的常规计算部分（如拼接、加劲肋、支座等）和部分计算过程（如截面特性、内部应力等）予以省略。相应部分可参考同类算例“铁路简支结合梁设计算例”。

设计计算精度：荷载、截面特性、截面力均保留四位有效数字，最终应力计算结果保留到整数位。

本算例编制的目的就是使工程师们能够将连续结合梁设计中的关键点以及设计流程串联起来。若能借鉴本算例进行实桥的设计，并以此为基础将设计理论进一步发展将是万分的荣幸。

签于编者知识有限，编写内容中难免有不妥或疏漏之处，敬请读者批评指正。

编　者

2013年9月

目　录

附录

§1 设计条件

1.1 基本条件

形　　　　式：	双线单箱单室连续结合梁		
梁　　　　长：	161.500 m		
跨　　　　度：	48.000 m + 64.000 m + 48.000 m		
桥　　面　　宽：	10.800 m		
腹板中心距：	5.800 m		
线路中心距：	4.000 m		
腹　板　高　度：	2.400 m ~ 3.400 m		
列　车　荷　载：	中—荷载		
设　计　速　度：	160 km/h		
轨　道　构　造：	道　砟　式		
线　　　　路：	线路数	双线	
	线路等级	一级	
	平面线形	$R=\infty$ m(直线)	
	纵断面线形	平坡	
桥　面　尺　寸：	轨顶~桥面板的高度		
	基本轨(60 kg)		176 mm
	Ⅱ型混凝土枕		230 mm
	轨底道砟厚		350 mm
	道　砟　垫　层		60 mm
	排水坡(假定)		100 mm
	合　　　　计		916 mm
	轨　枕　长　度		2600 mm
环　境　条　件：	一般环境		
防　腐　措　施：	涂　　装		
排　水　设　置：	桥面横向坡 ↘ 2%		
设计水平震度：	$K_h=0.20$		

1.2 设计荷载

(1)结合前恒载(D_1)

钢　　　　材	78.5 kN/m^3
钢筋混凝土桥面板	25.0 kN/m^3
素混凝土排水坡	23.0 kN/m^3
木　　模　　板	7.5 kN/m^3

(2)结合后恒载(D_2)

道　　　　砟	21.0 kN/m^3
声　　屏　　障	10.0 kN/m/每侧
60 kg 基本轨	0.6 kN/m/根
轨　　枕　　等	3.46 kN/根
轨　枕　数　量	1667 根/1000 m
轨枕等单重	5.77 kN/m
轨　道　总　重	6.97 kN/m/线

(3)列车竖向静活荷载(L)

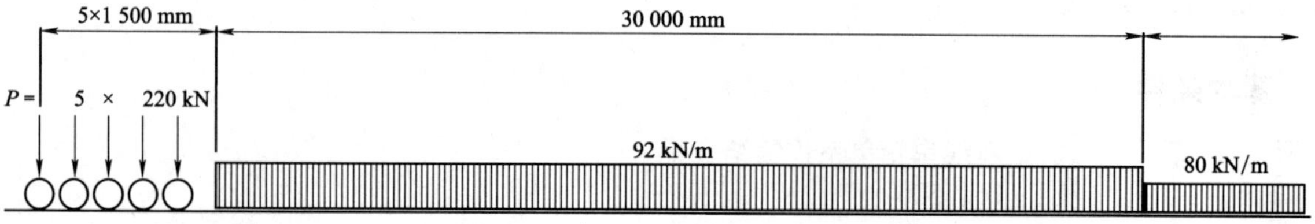

(4)动力系数(μ) $$\mu = \frac{22}{40 + L}$$

(5)运营动力系数(μ_f) $$\mu_f = \frac{18}{40 + L}$$

1.3 使用材料

混凝土强度等级	C45
普通螺纹钢筋	HRB335
钢材牌号	Q370q
高强度螺栓	20MnTiB (10.9S)
钢材弹性模量	E_g = 210000 N/mm^2
钢筋弹性模量	E_s = 200000 N/mm^2
混凝土弹性模量	E_c = 34500 N/mm^2
	$n = E_g/E_c \doteq 6$

1.4 适用标准

设计规范

《结合梁设计规范》	(TBJ 24—89)	简称:《结合》
《铁路桥涵设计基本规范》	(TB 10002.1—2005)	简称:《桥规》
《铁路桥梁钢结构设计规范》	(TB 10002.2—2005)	简称:《钢桥》
《铁路钢桥制造规范》	(TB 10212—2009)	简称:《制造》
《铁路轨道设计规范》	(TB 10082—2005)	简称:《线路》
《高速铁路设计规范(试行)》	(TB 10621—2009)	简称:《高速》
《铁路工程抗震设计规范》	(GB 50111—2006)	简称:《抗震》
《铁路钢桥保护涂装及涂料供货技术条件》	(TB/T 1527—2011)	简称:《涂装》
《铁路桥涵钢筋混凝土和预应力混凝土结构设计规范》	(TB 10002.3—2005)	简称:《混桥》

参考规范(设计示方书)

《铁道构造物等设计标准·同解说 钢·合成构造物》	(平成21年7月)	简称:《铁道Ⅰ》
《铁道构造物等设计标准·同解说 钢·合成构造物》	(平成12年7月)	简称:《铁道Ⅱ》
《铁道构造物等设计标准·同解说 混凝土构造物》	(平成4年10月)	简称:《混凝土示》
《道路桥示方书·同解说 Ⅰ共通篇 Ⅱ钢桥篇》	(平成14年3月)	简称:《道示》

1.5 符号说明

1.5.1 外力(主力,附加力,特殊荷载)

N —— 轴向力
M —— 弯矩
V —— 剪力

1.5.2 内力(温度差,混凝土收缩,徐变)

N_c —— 混凝土桥面板截面内的法向力
N_g —— 钢梁截面内的法向力
M_c —— 混凝土桥面板截面中的弯矩
M_g —— 钢梁截面中的弯矩
T_s —— 残余附着力

1.5.3 超静定力(温度差,混凝土收缩,徐变)

M_0 —— 超静定力引起的负弯矩
T_s —— 混凝土开裂后的残余强度
q —— 弹性荷载

1.5.4 应力

σ_c —— 混凝土桥面板的应力
σ_g —— 钢梁的应力
τ —— 剪应力
$[\sigma]$ —— 钢材轴向容许应力
$[\sigma_w]$ —— 钢材弯曲容许应力
$[\sigma_p]$ —— 钢材承压容许应力
$[\sigma_o]$ —— 构件或连接的疲劳容许应力幅
$[\sigma_c]$ —— 中心受压时混凝土的容许应力
$[\tau]$ —— 钢材剪切容许应力
$[\tau_c]$ —— 纯剪时混凝土的容许剪应力
$[P]$ —— 高强度螺栓的容许抗滑承载力
$[T]$ —— 联结器的容许应力荷载
$[T_n]$ —— 联结器的容许疲劳荷载

1.5.5 截面

Slab —— 桥面板
Flg —— 钢梁翼缘板
Web —— 钢梁腹板
Rib —— 钢梁纵向加劲肋
A_c —— 混凝土板的截面积
A_g —— 钢梁的截面积
A_n —— 结合梁的换算截面积(换算成钢)
I_c —— 混凝土桥面板绕其自身中性轴的惯性矩
I_g —— 钢梁绕其自身中性轴的惯性矩
I_n —— 结合梁截面的换算惯性矩(换算成钢)

J —— 截面的扭转刚度
S —— 桥面板有效截面积(换算成钢)对结合梁截面中性轴的面积矩
d —— 混凝土桥面板截面中性轴至钢梁截面中性轴的距离
b_e —— 截面有效宽度

1.5.6 计算系数

E_c —— 混凝土的弹性模量
E_g —— 钢的弹性模量
E_s —— 钢筋的弹性模量
ε_c —— 混凝土的收缩率
φ —— 混凝土徐变系数
α —— 钢或混凝土的线膨胀系数
t —— 钢梁与混凝土桥面板的温度差
μ —— 动力系数
μ_f —— 运营动力系数
μ_o —— 高强度螺栓连接的钢材表面抗滑移系数
m —— 高强度螺栓连接处的抗滑面数
k —— 安全系数
n —— 计算温度变化影响时,钢与混凝土的弹性模量比
n_1 —— 计算考虑徐变的恒载和混凝土收缩时,钢与混凝土的弹性模量比
n_2 —— 计算活载时,钢与混凝土的弹性模量比

1.5.7 添加字

a —— 支压
c —— 受压,混凝土
e —— 有效,换算
g —— 钢梁
r —— 钢筋
w —— 腹板
y —— 强轴
z —— 弱轴
t —— 受拉,受扭
v —— 剪切

§2 桥面板设计

桥面板是以主梁腹板和纵梁为支点的连续板。由于纵梁的刚度远小于主梁，因而支承条件以“两个固定支点＋两个弹性支点”进行计算。

桥面板设计计算中，考虑梗肋部分截面。钢梁上翼缘板相对较薄，忽略其影响。

桥面板按单向板理论进行截面检算。

为了简化计算，支点部的弯曲检算和剪切检算均取支点同一个位置。

使用材料

混　凝　土			钢　　筋		
混凝土强度等级：	C45		钢筋种类：	HRB335	
轴心抗压极限强：	f_c =	30 N/mm^2	抗拉计算强度：	f_s =	335 N/mm^2
中心受压容许应力：	$[\sigma_c]$ =	12 N/mm^2	容许应力：	$[\sigma_s]$ =	180 N/mm^2
弯曲受压容许应力：	$[\sigma_b]$ =	15 N/mm^2	钢筋弹性模量：	E_s =	200000 N/mm^2
混凝土弹性模量：	E_c =	34500 N/mm^2	弹性模量比：	n =	10
桥面板顶面净保护层：		30 mm	桥轴直角最小配筋率：	ρ =	0.0015
桥面板底面净保护层：		35 mm	桥轴方向最小配筋率：	ρ =	0.0080

2.1 荷载计算

荷载为桥面板自重、桥面恒载、列车荷载、动力作用、人群荷载、高栏推力、风荷载。离心力和列车摇摆力对桥面板的影响较小，所以省略。

2.1.1 桥面板形状及荷载示意

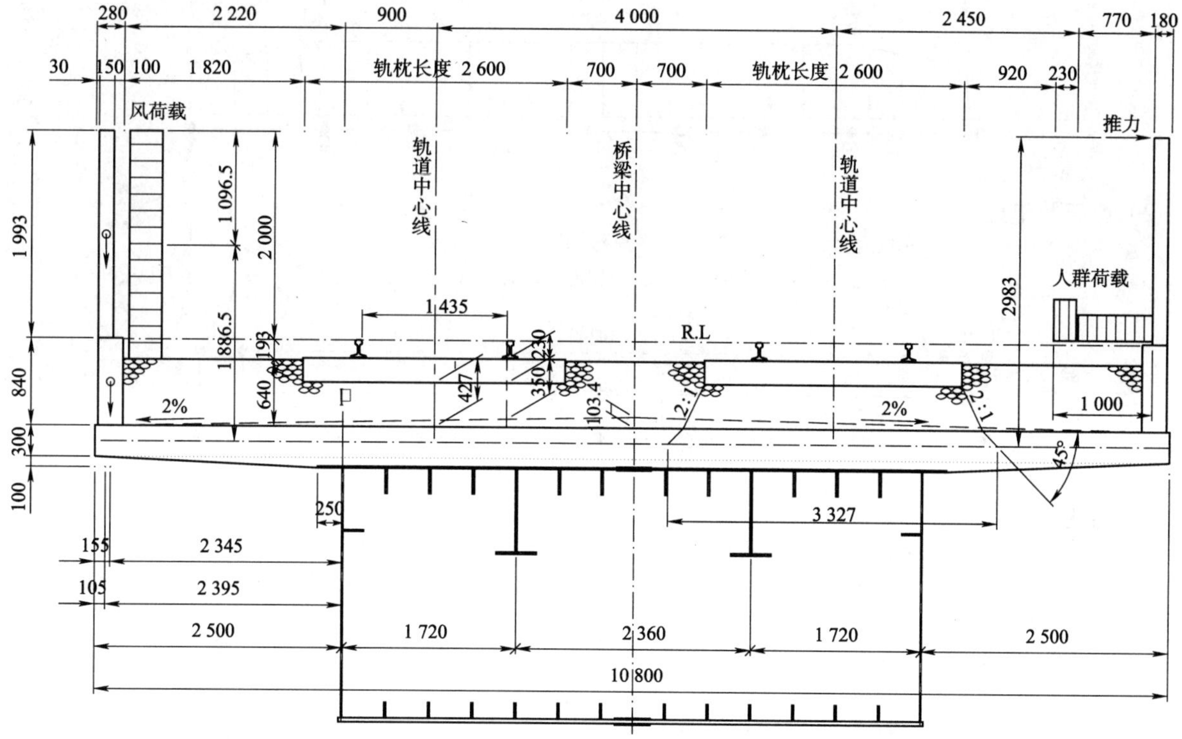

2.1.2 荷载

单向板,以桥轴方向 1.0 m 为计算单元

轨道有效宽度

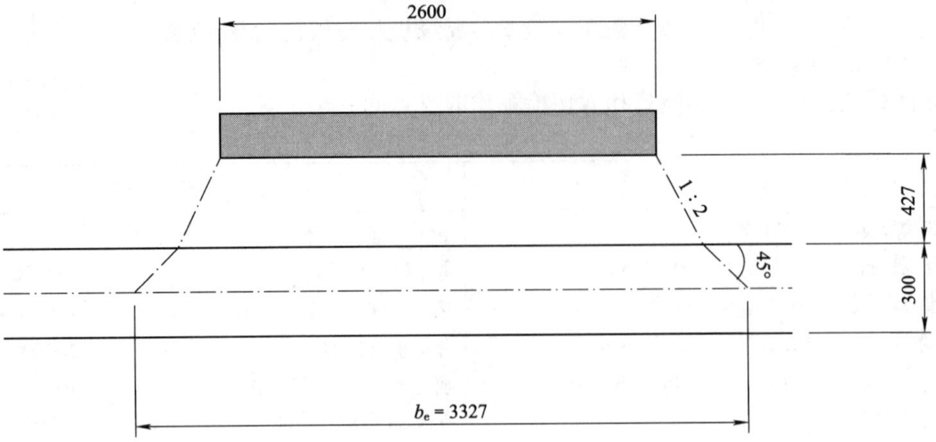

1）桥面板自重

			单位重量		厚度		单元长度		系数				
自由端部	q_z	=	25.0	×	300	×	1000	×	1.0	×	10^{-6}	=	7.5 kN/m
腹板之间	q_z	=	25.0	×	400	×	1000	×	1.0	×	10^{-6}	=	10.0 kN/m

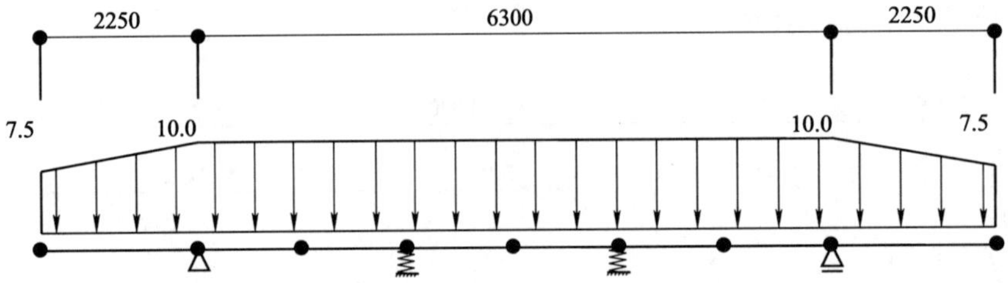

2）道砟及垫层

		单位重量		厚度		单元长度		系数				
q_1	=	21.0	×	540	×	1000	×	1.2	×	10^{-6}	=	13.61 kN/m

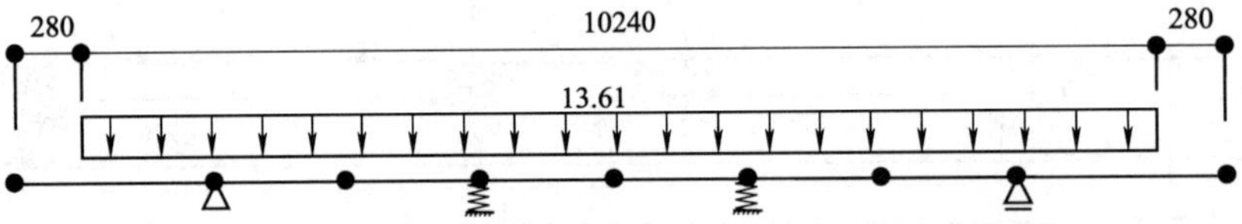

3）排水层

		单位重量		平均厚度		单元长度		系数				
q_2	=	23.0	×	100	×	1000	×	1.0	×	10^{-6}	=	2.30 kN/m

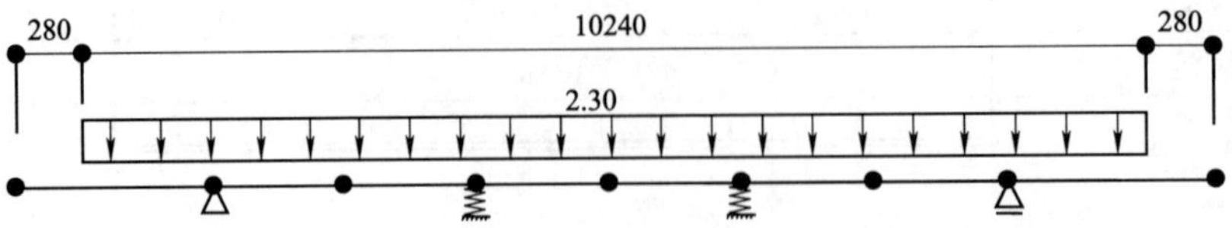

4）轨道

kN/m/线　b_e　单元长度　系数

$$q_3 = 6.97 / 3327 \times 1000 \times 1.0 = 2.094\ \text{kN/m}$$

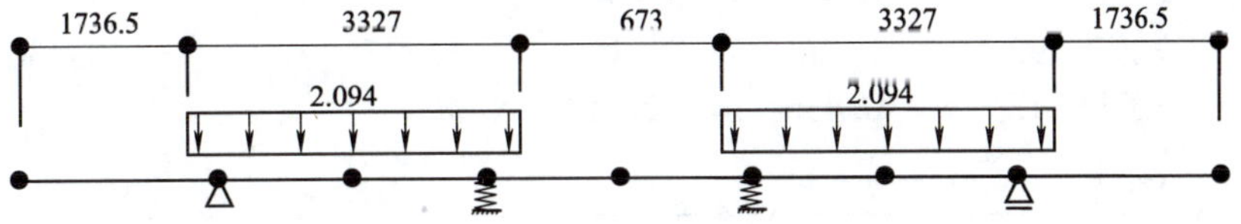

5）挡砟墙

单位重量　高　宽　单元长度

$$F_1 = 25.0 \times 840 \times 250 \times 1000 \times 10^{-9} = 5.250\ \text{kN}$$

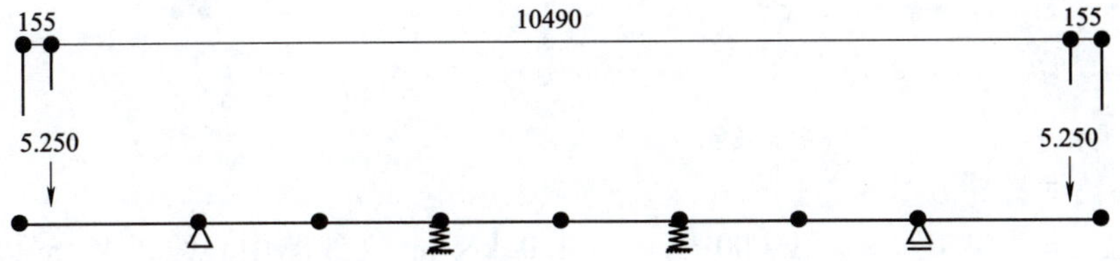

6）声屏障

$$F_2 = 10.0\ \text{kN}$$

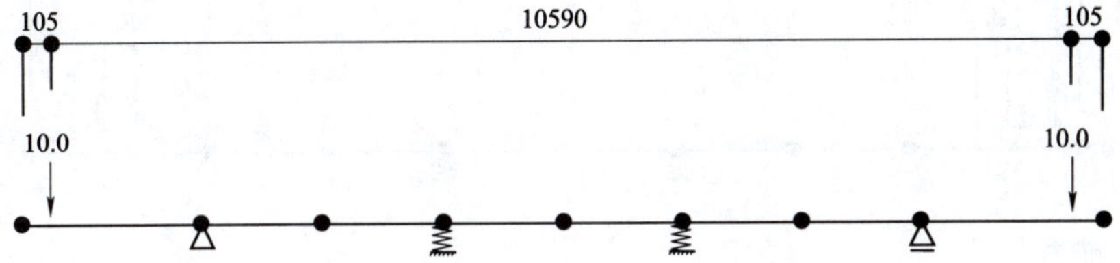

7）列车荷载

b_e　单元长度　系数

$$q_4 = 220.0 / 3327 \times 1000 \times 1.0 = 66.13\ \text{kN/m}$$

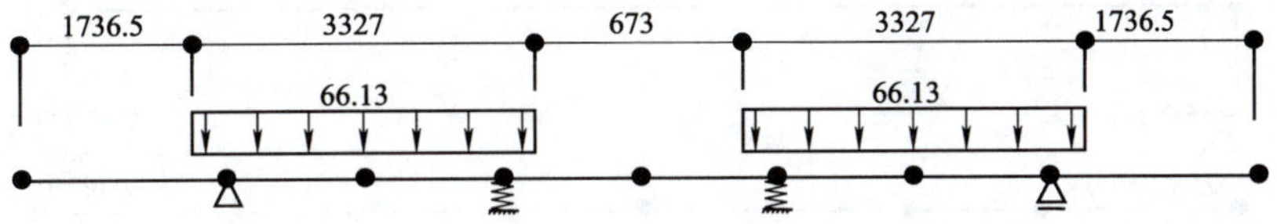

8）动力作用

$$h = 0.427\ \text{m}$$

$$\alpha = 4 \times (1 - h) = 4 \times (1 - 0.427) = 2.292$$

主梁腹板之间

$$L_1 = (1.720 + 2.360 + 1.720) / 3 = 1.933\ \text{m}$$

$$\mu = \alpha \times [6 / (30 + L_1)]$$

$$= 2.292 \times [6 / (30 + 1.933)] = 0.431$$

动力作用 $= 66.13 \times 0.431 = 28.48\ \text{kN/m}$

主梁伸出部分

$L_2 = 2 \times a$

$= 2 \times (3.327 + 4.000 - 5.800) / 2 = 1.527$ m

$\mu = \alpha \times [6 / (30 + L_2)]$

$= 2.292 \times [6 / (30 + 1.527)] = 0.436$

动力作用 $= 66.13 \times 0.436 = 28.84$ kN/m

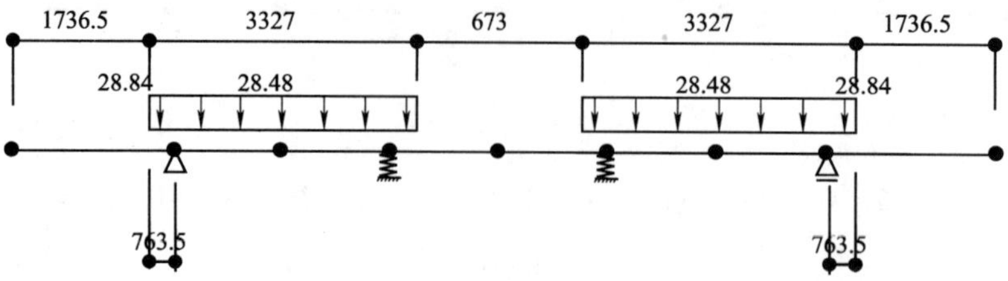

9）人群荷载

$L_P = W_{L_P} \times b$（单元长度）

$L_P = 4.0 \times 1.000 = 4.0$ kN/m （线路中心线 2.45 m 以外）

$L_P = 10.0 \times 1.000 = 10.0$ kN/m （线路中心线 2.45 m 以内）

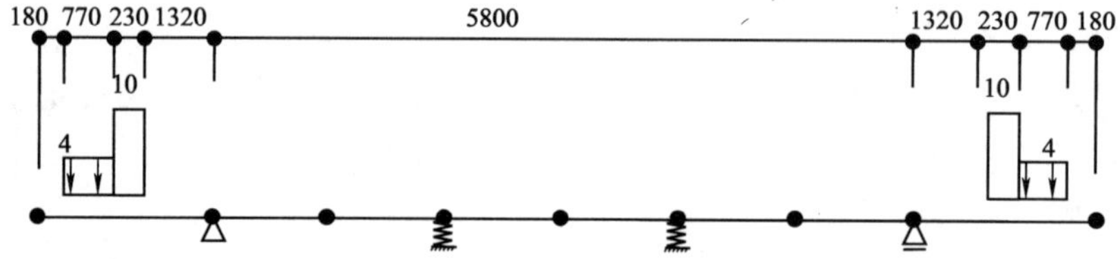

10）高栏水平推力

$H = 0.75 \times 1.000 = 0.750$ kN/m （单元长度）

$M = 0.75 \times 2.983 = 2.237$ kN · m/m

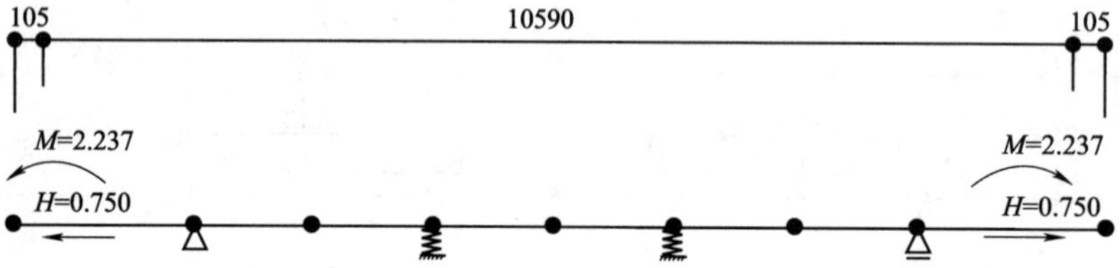

11）无车时风荷载

$W = 1.20$ kN/m^2

$H = 1.20 \times 2.193 \times 1.000 = 2.632$ kN/m （单元长度）

$M = 2.632 \times 1.8865 = 4.965$ kN · m/m

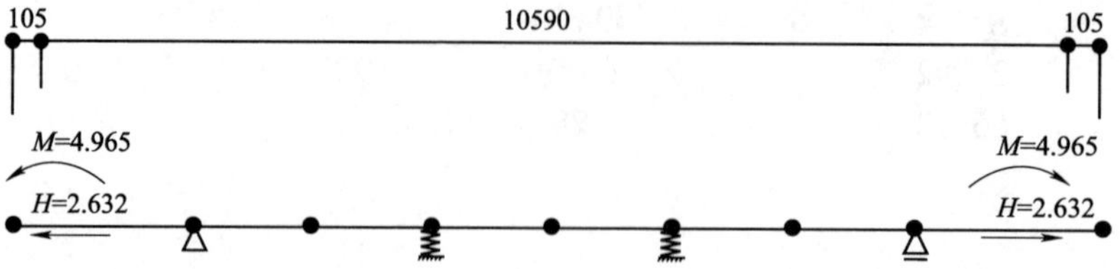

2.2 截面力计算

2.2.1 弹性支承

解析模型

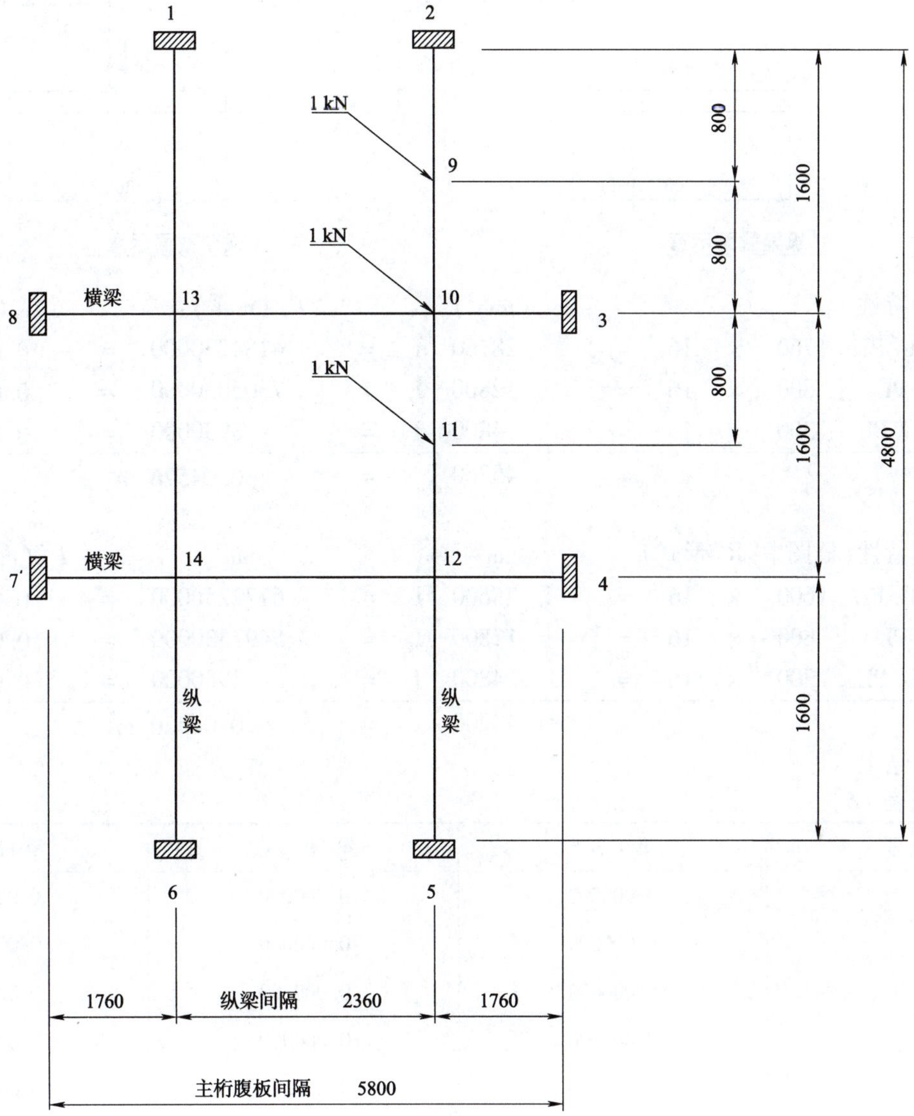

注:单位力 1 kN 的集中力分别作用在 9 节点、10 节点、11 节点上。

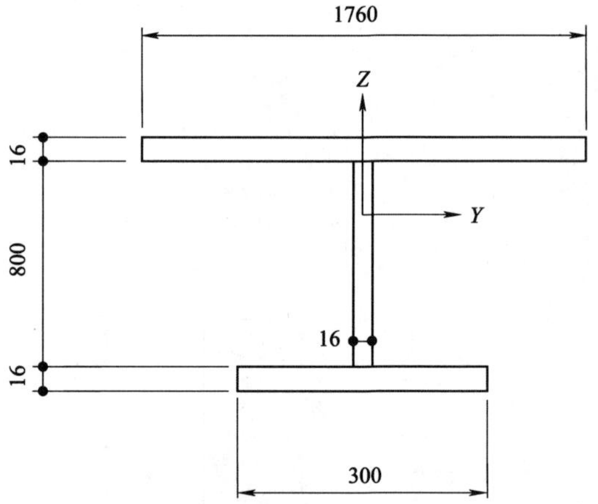

纵梁截面示意

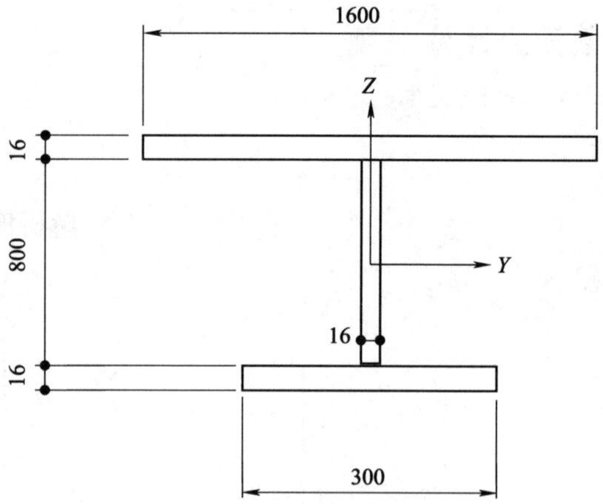

横肋截面示意

纵梁截面特性

					A_g (mm²)			I (mm⁴)		I (m⁴)
1 – U. FLG. PL	1760	×	16	=	28160	I_y	=	4184230000	=	0.00418423 m⁴
1 – WEB. PL	800	×	16	=	12800	I_z	=	7305030000	=	0.00730503 m⁴
1 – L. FLG. PL	300	×	16	=	4800	J	=	3930000	=	0.00000393 m⁴
				A_g =	45760		=	0.04576 m²		

横梁截面特性(概图中“R”形式)

					A_g (mm²)			I (mm⁴)		I (m⁴)
1 – U. FLG. PL	1600	×	16	=	25600	I_y	=	6772250000	=	0.00677225 m⁴
1 – WEB. PL	800	×	16	=	12800	I_z	=	5497330000	=	0.00549733 m⁴
1 – L. FLG. PL	300	×	16	=	4800	J	=	3980000	=	0.00000398 m⁴
				A_g =	43200		=	0.04320 m²		

解析计算结果

挠度一览表［δ］ ［mm］

节点号	第 9 节点	第 10 节点	第 11 节点
1	0.000000	0.000000	0.000000
2	0.000000	0.000000	0.000000
3	0.000000	0.000000	0.000000
4	0.000000	0.000000	0.000000
5	0.000000	0.000000	0.000000
6	0.000000	0.000000	0.000000
7	0.000000	0.000000	0.000000
8	0.000000	0.000000	0.000000
9	-0.000050	-0.000060	-0.000040
10	-0.000060	-0.000140	-0.000140
11	-0.000040	-0.000140	-0.000200
12	-0.000020	-0.000080	-0.000140
13	-0.000020	-0.000040	-0.000050
14	-0.000010	-0.000030	-0.000050

作用于第 9 节点时： δ = 0.00005 mm = 0.00000005 m

K_v = 1 / 0.00000005 = 20000000 kN/m

作用于第 10 节点时： δ = 0.00014 mm = 0.00000014 m

K_v = 1 / 0.00000014 = 7142857 kN/m

作用于第 11 节点时： δ = 0.0002 mm = 0.0000002 m

K_v = 1 / 0.00000020 = 5000000 kN/m

∴ 依据上述计算可得出最小弹性支承系数

K_{vmin} = 5000000 kN/m

2.2.2 解析计算

计算模型

纵梁为弹性支点

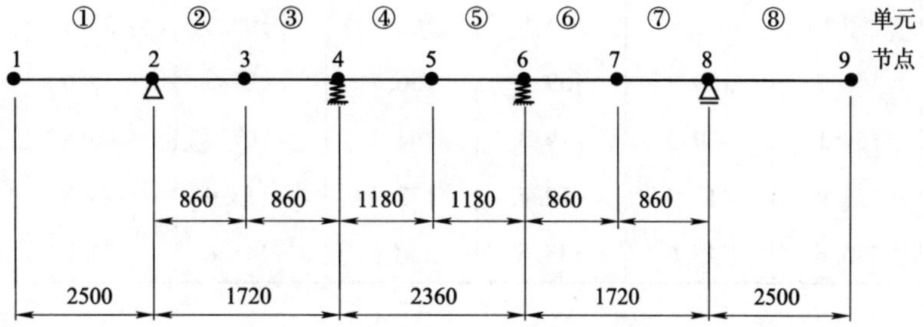

桥面板截面特性

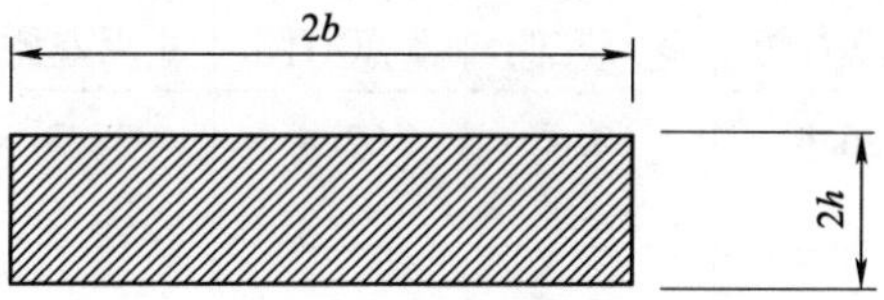

单元①,⑧外端

$2b$ = 1000 mm

$2h$ = 300 mm

$A = 2b \times 2h = 1.00 \times 0.30 = 0.300\ m^2$

$I = 2b \times (2h)^3 / 12 = 1.0 \times 0.3^3 / 12 = 0.00225\ m^4$

$$J = b \times h^3 \left[\frac{16}{3} - 3.36 \times \frac{h}{b} \times \left(1 - \frac{h^4}{12 \times b^4} \right) \right]$$

$$= 0.50 \times 0.15^3 \times \left[\frac{16}{3} - 3.36 \times \frac{0.15}{0.50} \times \left(1 - \frac{0.15^4}{12 \times 0.50^4} \right) \right]$$

$$= 0.00730\ m^4$$

单元②~⑦

$2b$ = 1000 mm

$2h$ = 400 − 90 = 310 mm （取桥面板截面最大削弱处,中间支点部主梁上翼缘板假定厚度:90 mm）

$A = 2b \times 2h = 1.00 \times 0.31 = 0.310\ m^2$

$$I = 2b \times (2h)^3 / 12 = 1.0 \times 0.31^3 / 12 = 0.00248 \text{ m}^4$$

$$J = b \times h^3 \left[\frac{16}{3} - 3.36 \times \frac{h}{b} \times \left(1 - \frac{h^4}{12 \times b^4} \right) \right]$$

$$= 0.50 \times 0.155^3 \times \left[\frac{16}{3} - 3.36 \times \frac{0.155}{0.50} \times \left(1 - \frac{0.155^4}{12 \times 0.50^4} \right) \right]$$

$$= 0.00799 \text{ m}^4$$

程序计算结果

输出结果

	反力(kN)				弯矩(kN·m)			
	2	4	6	8	2	3	4	5
D	160.8	−5.9	−5.9	160.8	−102.4	−38.4	4.8	23.6
$L+\mu$	156.7	159.3	159.3	156.7	−27.7	9.6	−23.4	10.4
$D+W$(无车)	164.1	−9.3	−9.3	164.1	−107.4	−40.5	5.6	24.4
$D+L_p+H$	173.9	−13.7	−13.7	173.9	−113.9	−43.3	6.7	25.5
$D+L+\mu+L_p+H$	330.6	145.6	145.6	330.6	−141.6	−33.7	−16.7	35.9

输出结果

	剪力(kN)							
	2点左侧	2点右侧	3点左侧	3点右侧	4点左侧	4点右侧	5点左侧	5点右侧
D	−74.4	86.4	62.4	62.4	38.3	32.3	0.0	0.0
$L+\mu$	−72.5	84.2	2.5	2.5	−79.2	80.1	0.0	0.0
$D+W$(无车)	−74.4	89.8	65.7	65.7	41.6	32.3	0.0	0.0
$D+L_p+H$	−79.7	94.2	70.1	70.1	46.0	32.3	0.0	0.0
$D+L+\mu+L_p+H$	−152.2	178.4	72.6	72.6	−33.1	112.4	0.0	0.0

2.3 桥面板检算

2.3.1 最小配筋量

依据《混桥》表 5.1.2 截面最小配筋率(%),进行检算。同时借助《混凝土示》规定,桥轴方向最小配筋率为 0.8%

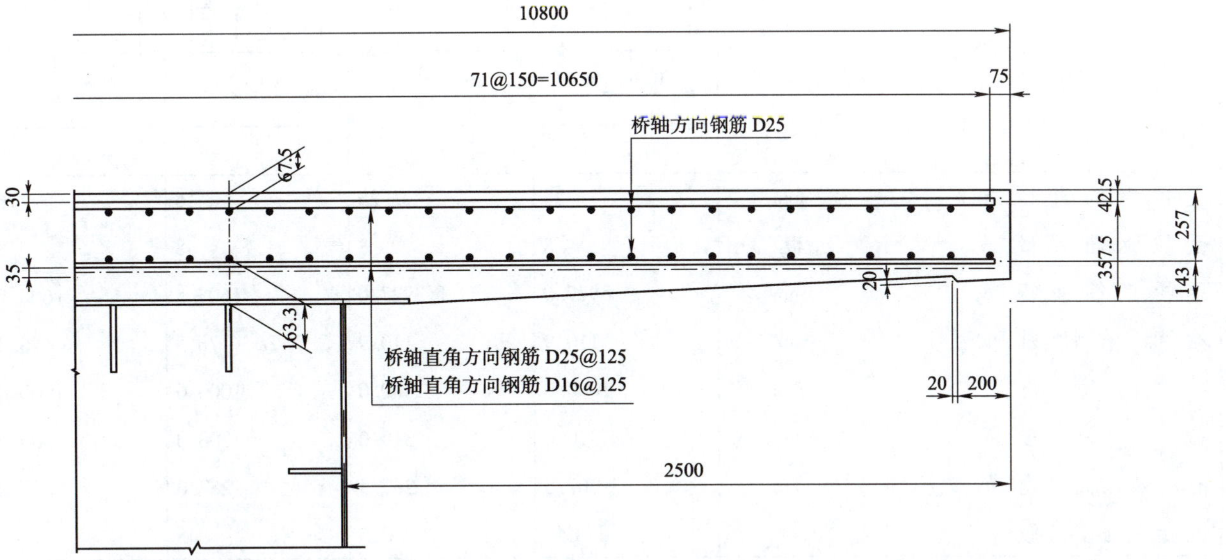

桥轴直角方向最小钢筋量

悬臂端最大负弯矩位置

D25　单元宽　钢筋间隔

$$A_s = 490.9 \times 1000 / 125 = 3927\ \text{mm}^2$$

$$b = 1000\ \text{mm}$$

$$d = 300 + 100 - 30 - 25 / 2 = 357.5\ \text{mm}$$

$$A_s = 3927\ \text{mm}^2 > \rho \times b \times d = 0.0015 \times 1000 \times 357.5 = 536\ \text{mm}^2$$

主梁腹板之间最大正弯矩位置

D16　单元宽　钢筋间隔

$$A_s = 201.1 \times 1000 / 125 = 1609\ \text{mm}^2$$

$$b = 1000\ \text{mm}$$

$$d = 300 + 0 - 35 - 16 / 2 = 257\ \text{mm}$$

$$A_s = 1609\ \text{mm}^2 > \rho \times b \times d = 0.0015 \times 1000 \times 257 = 386\ \text{mm}^2$$

桥轴方向最小钢筋量

D25　单元宽　钢筋间隔　段

$$A_s = 490.9 \times 10800 / 150 \times 2 = 70690\ \text{mm}^2$$

$$b = 10800\ \text{mm}$$

$$d = 300\ \text{mm}$$

$$A_s = 70690\ \text{mm}^2 > \rho \times b \times d = 0.0080 \times 10800 \times 300 = 25920\ \text{mm}^2$$

2.3.2　截面检算汇总

为了节省篇幅，略去常规的计算过程，仅将截面检算结果汇总如下。

检算汇总表

			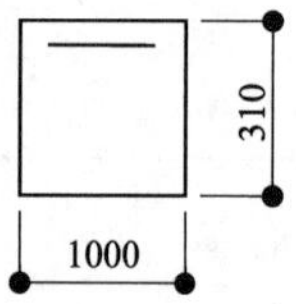	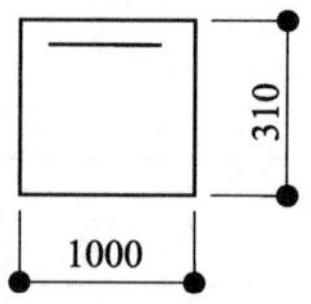	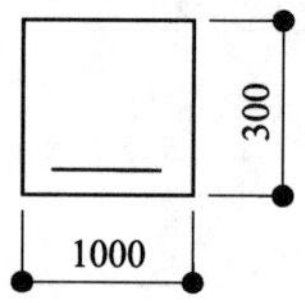	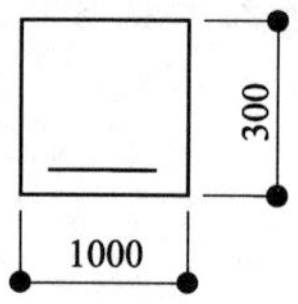
			2	3	4	5
受拉钢筋直径	d	mm	25	25	16	16
受拉钢筋数量	N	根	8	8	8	8
受拉钢筋面积	A_s	mm^2	3927.0	3927.0	1608.5	1608.5
截面中性轴	x	mm	110.9	110.9	76.3	76.3
截面宽度	b	mm	1000.0	1000.0	1000.0	1000.0
截面高度	h	mm	310.0	310.0	300.0	300.0
有效高度	h_0	mm	267.5	267.5	257.0	257.0
混凝土强度等级			C45	C45	C45	C45
恒载	D	kN·m	−102.4	−38.4	4.8	23.6
活载＋动力作用	$L+\mu$	kN·m	−27.7	9.6	−23.4	10.4
恒载＋风荷载	$D+W$	kN·m	−107.4	−40.5	5.6	24.4
恒载＋人群荷载	$D+L_P+H$	kN·m	−113.9	−43.3	6.7	25.5
恒＋活＋人群	$D+L+\mu+L_P+H$	kN·m	−141.6	−33.7	−16.7	35.9
截面检算用弯矩		kN·m	−141.6	−43.3	6.7	35.9
截面检算用剪力		kN	178.4	72.6	112.4	0.0
混凝土受压缘应力	$\sigma_c \leq [\sigma_b]$	N/mm^2	11 < 15.0	3 < 15.0	0.8 < 15.0	4.1 < 15.0
钢筋重心受拉应力	$\sigma_s \leq [\sigma_s]$	N/mm^2	156 < 180	48 < 180	18 < 180	96 < 180
混凝土剪切应力	$\tau_c \leq [\sigma_{tp-2}]$	N/mm^2	0.84 < 0.97	0.34 < 0.97	0.51 < 0.97	
混凝土裂缝宽度	$\omega_f \leq [\omega_f]$	mm	0.16 < 0.25	0.04 < 0.25		

§3 主梁设计

3.1 设计概述

连续结合梁截面力共有外力、内力、混凝土残余附着力、超静定力。

荷载汇总表

荷载类型		符号	荷载名称	受力阶段	主力	主+温度	主+风力	主+制动力
外力	恒载	D_1	钢箱梁自重	结合前	○	○	○	○
			混凝土模板		○	○	○	○
			混凝土桥面板		○	○	○	○
		D_2	桥面板以上恒载	结合后	○	○	○	○
			拆除混凝土模板		○	○	○	○
	活荷载	L	列车竖向静荷载		○	○	○	○
		μ	动力作用		○	○	○	○
		C	离心力		○	○	○	○
		L_F	摇摆力		○	○	○	○
		L_R	钢轨纵向力		○	○	○	○
	附加力	W	风力				○	
		B	制动力或者牵引力					○
内力		S_H	混凝土干燥收缩		○	○	○	○
		T	温度差的影响		○	○	○	○
混凝土残余附着力		T_S	Tension Stiffening		○	○	○	○
超静定力		S_H	混凝土干燥收缩		○	○	○	○
		C_R	混凝土徐变		○	○	○	○
		T	温度差			○		
容许应力提高系数			钢梁《结合》1.0.8,《钢桥》3.2.8		1.0	1.15	1.20	1.25
			混凝土《混桥》5.2.2		1.0	1.30	1.30	1.30

设计理念

		正弯矩区域截面	(中间支点范围)负弯矩区域截面
截面简图		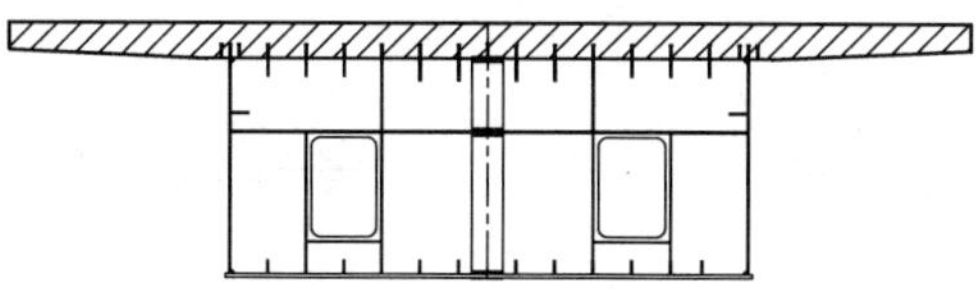	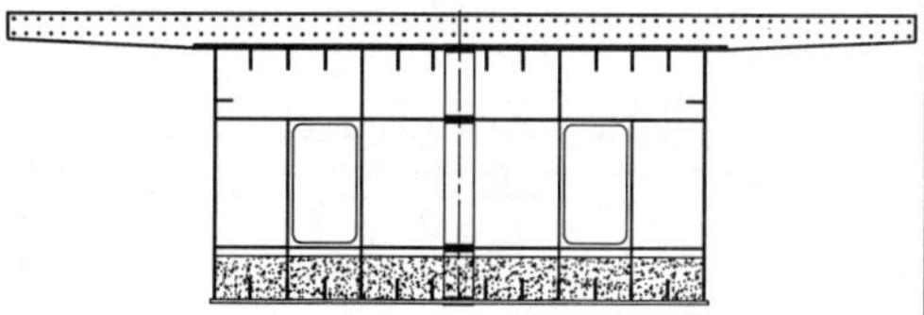
外力	结合前恒载	钢梁承载	钢梁承载
	结合后恒载	桥面板+钢梁共同承载($n=15$)	钢筋+钢梁+箱内混凝土板共同承载($n=15$)
	活荷载等作用	桥面板+钢梁共同承载($n=10$)	钢筋+钢梁+箱内混凝土板共同承载($n=10$)
	钢轨纵向力	部分钢梁截面承载	部分钢梁+箱内混凝土板共同承载($n=10$)
内力	混凝土干燥收缩	考虑	在负弯矩区内产生正弯矩,省略。
	温度差的影响	考虑(±15℃)	考虑(±15℃,但钢梁与箱内混凝土温度差±5℃)
混凝土残余附着力		由于桥面板不受拉,所以不计	考虑
超静定力	混凝土干燥收缩	由于产生负弯矩,正弯矩区省略	钢筋+钢梁+箱内混凝土板共同承载
	徐变的影响	由于产生负弯矩,正弯矩区省略	钢筋+钢梁+箱内混凝土板共同承载
	温度差的影响	由于产生负弯矩,正弯矩区省略	钢筋+钢梁+箱内混凝土板共同承载

内部应力验算

1)混凝土干燥收缩

		连续结合梁正弯矩区域				
		外力性质	内力性质(干燥收缩)			
		正弯矩	轴　力		正弯矩	
混凝土桥面板	顶　面	受压	+ N_c	受拉	+ M_c	受压
钢　箱　梁	上翼缘板	受压	− N_s	受压	+ M_s	受压
	下翼缘板	受拉	− N_s	受压	+ M_s	受拉

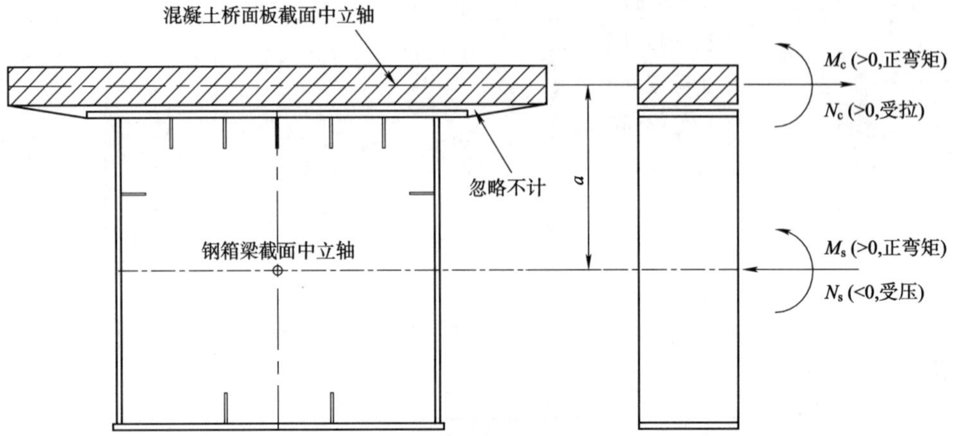

连续结合梁正弯矩区内力示意图

		连续结合梁(中间支点范围)负弯矩区域						
		外力性质	内力性质(干燥收缩)					
		负弯矩	轴　力		正弯矩		负弯矩	
混凝土桥面板	顶　面	受拉	+ N_{cu}	受拉	+ M_{cu}	受压	—	—
钢　箱　梁	上翼缘板	受拉	− $N_{su,d}$	受压	+ M_{su}	受压	− M_{sd}	受拉
	下翼缘板	受压	− $N_{su,d}$	受压	+ M_{su}	受拉	− M_{sd}	受压
箱内混凝土板	底　面	受压	+ N_{cd}	受拉	—	—	− M_{cd}	受压

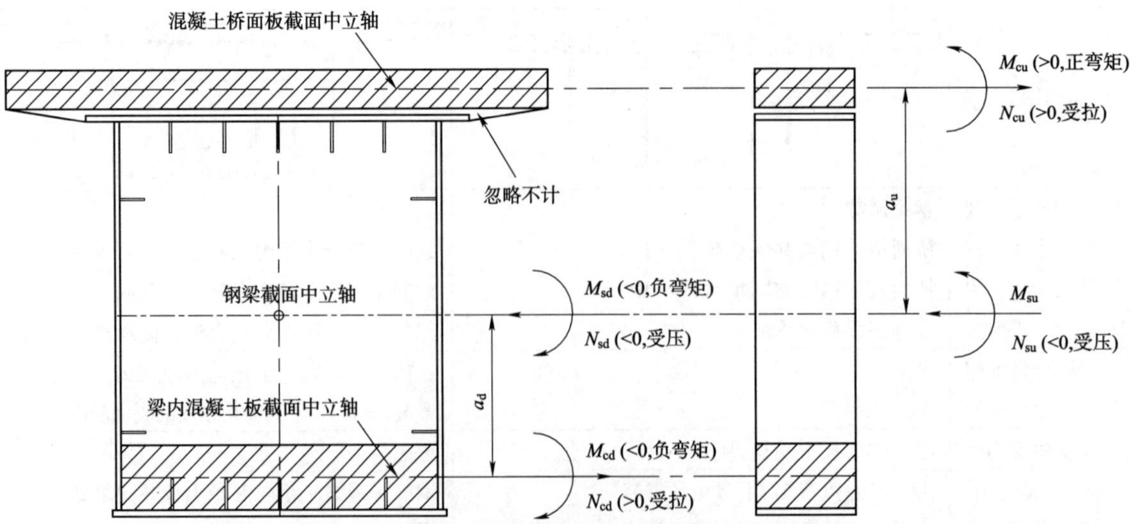

连续结合梁负弯矩区内力示意图

2)温度差

$t_{钢梁温度} > t_{桥面板}$		连续结合梁正弯矩区域				
		外力性质	内力性质(温度差)			
		正弯矩	轴　力		正弯矩	
混凝土桥面板	顶　　面	受压	+ N_c	受拉	+ M_c	受压
钢　箱　梁	上翼缘板	受压	− N_s	受压	+ M_s	受压
	下翼缘板	受拉	− N_s	受压	+ M_s	受拉

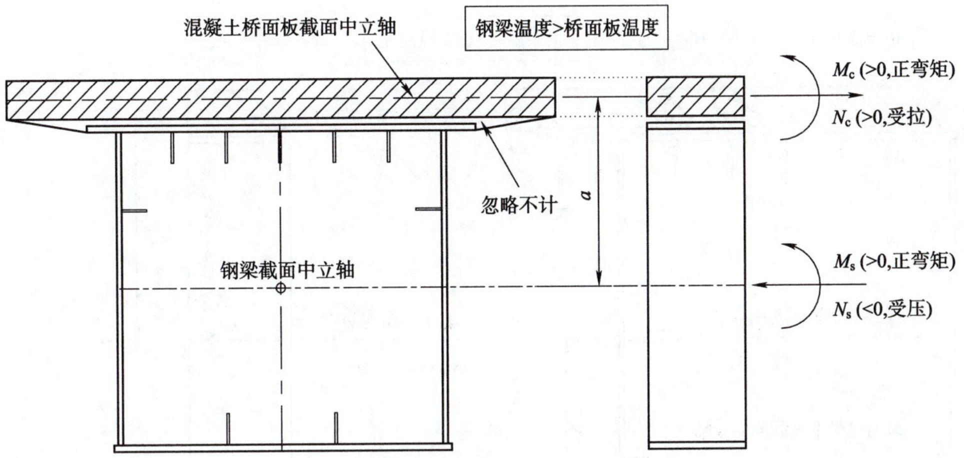

连续结合梁正弯矩内力示意图

$t_{钢梁温度} < t_{桥面板}$		连续结合梁(中间支点范围)负弯矩区域						
		外力性质	内力性质(温度差)					
		负弯矩	轴　力		正弯矩		负弯矩	
混凝土桥面板	顶　　面	受拉	− N_{cu}	受压			− M_{cu}	受拉
钢　箱　梁	上翼缘板	受拉	+ N_{su}	受拉	+ M_{sd}	受压	− M_{su}	受拉
	下翼缘板	受压	+ N_{sd}	受拉	+ M_{sd}	受拉	− M_{su}	受压
箱内混凝土板	底　　面	受压	− N_{cd}	受压	+ M_{cd}	受拉		

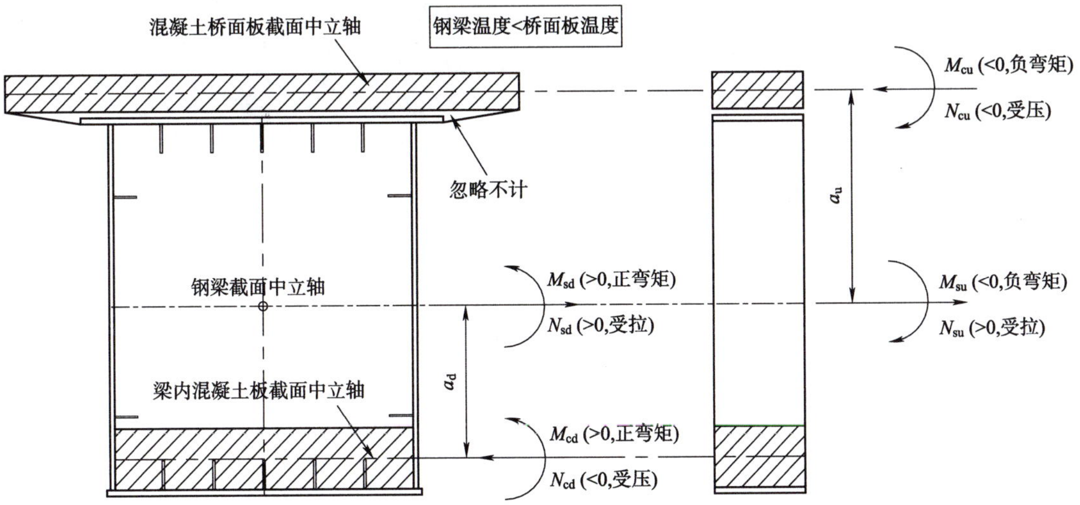

连续结合梁负弯矩区内力示意图

$t_{钢梁温度} > t_{桥面板}$		连续结合梁(中间支点范围)负弯矩区域						
		外力性质	内力性质(温度差)					
		负弯矩	轴　力		正弯矩		负弯矩	
混凝土桥面板	顶　　面	受拉	$+N_{cu}$	受拉	$+M_{cu}$	受压	—	—
钢　箱　梁	上翼缘板	受拉	$-N_{su}$	受压	$+M_{su}$	受压	$-M_{sd}$	受拉
	下翼缘板	受压	$-N_{sd}$	受压	$+M_{su}$	受拉	$-M_{sd}$	受压
梁内混凝土板	底　　面	受压	$+N_{cd}$	受拉	—	—	$-M_{cd}$	受压

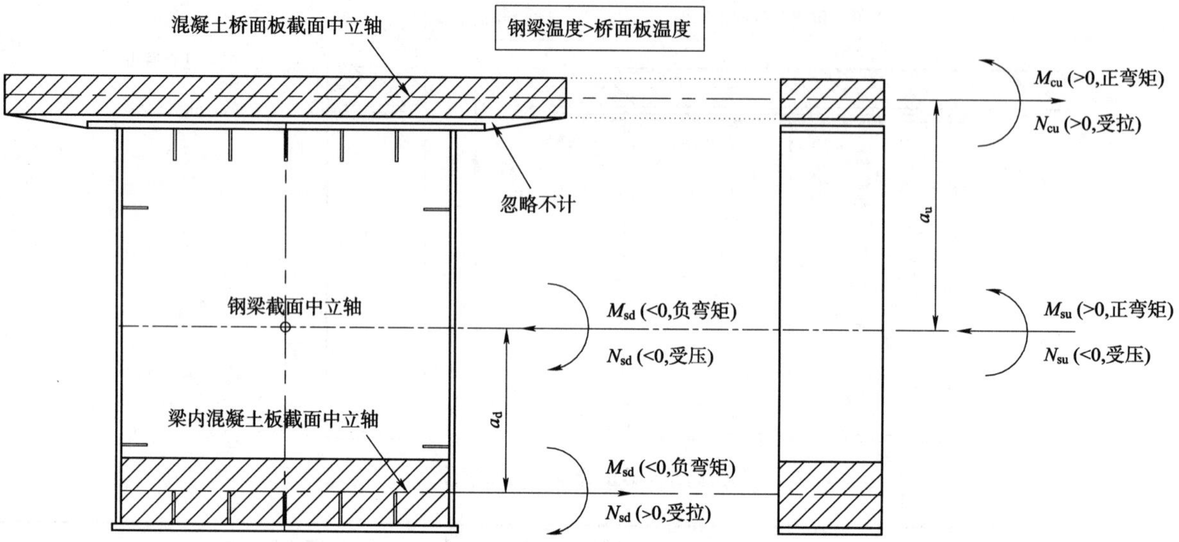

连续结合梁负弯矩区内力示意图

3）混凝土残余附着力（Tension Stiffening 效果）

ⅰ. 依据钢筋混凝土结构设计规范，结构设计中不考虑受拉区混凝土截面。而实际上，开裂后的混凝土仍有一定的残留附着力。这种残留附着力就称作为：Tension Stiffening 效果。

ⅱ.【定义】"混凝土被拉裂后，钢筋与混凝土之间仍保持着残留附着力效果（简称 T_S）"。

ⅲ. T_S 效果的大小与混凝土强度、配筋率、附着力程度有着直接的关系。

ⅳ. 德国赫尔墨特·波德（Helmut Bode）教授提出了钢筋的平均变形公式

$$\varepsilon_{sm} = \underbrace{\frac{M \times Z_1}{E_s \times I_1}}_{\text{钢梁+钢筋的变形}} + \underbrace{\frac{\beta_m \times f_{ctm}}{\rho_s \times \alpha_{st} \times E_s}}_{T_S\text{增加部分}} - \underbrace{\frac{\beta_m \times f_{ctm}}{\rho_s \times E_s}}_{\text{平均变形部分}}$$

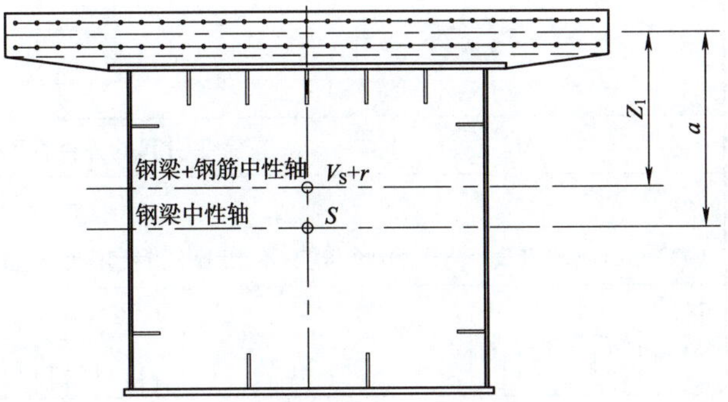

式中 M——弯矩

E_s——钢的弹性模量

I_1——钢梁+钢筋的截面 2 次惯性矩

Z_1——钢梁+钢筋的中性轴～桥面板中心的距离

β_m——0.2

f_{ctm}——混凝土抗拉强度

ρ_s——配筋率

α_{st}——$A_1 \times I_1 / (A_g \times I_g)$

A_1——钢梁+钢筋截面积

A_g——钢梁的截面积

I_g——钢梁的截面 2 次惯性矩

Tension Stiffening 效果引起的内力

$$\Delta N_{ts} = \frac{\beta_m \times f_{ctm} \times A_s}{\rho_s \times \alpha_{st}}$$

$$\Delta M_{ts} = \Delta N_{ts} \times a$$

式中 A_s——钢筋的截面积

a——钢梁中性轴～桥面板中性轴的距离

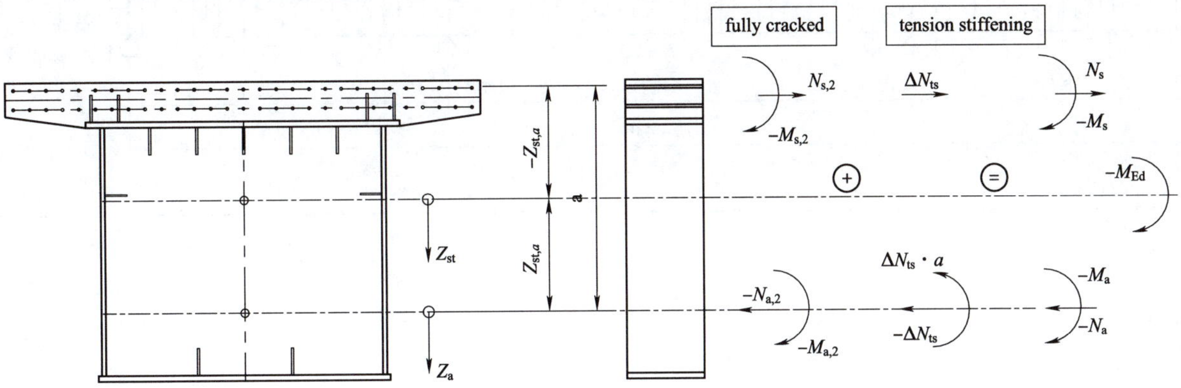

4)超静定力

超静定力解析计算时的弹性荷载加载范围

<table>
<tr><td>干燥收缩引起的弹性荷载加载范围</td><td>备 注</td></tr>
<tr><td>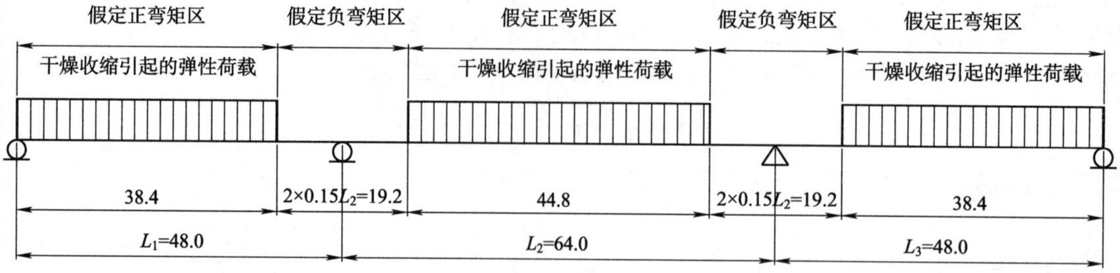
</td><td>中间支点区域混凝土受拉开裂,不考虑干燥收缩弹性荷载</td></tr>
<tr><td>徐变引起的弹性荷载加载范围</td><td></td></tr>
<tr><td>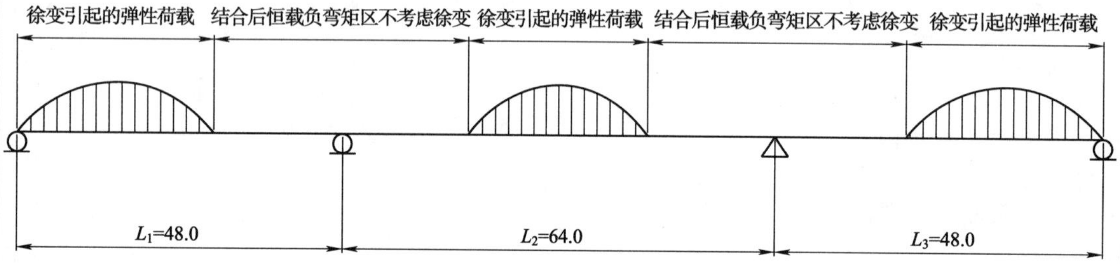
</td><td>中间支点区域混凝土受拉开裂,不考虑徐变弹性荷载</td></tr>
<tr><td>温度引起的弹性荷载加载范围</td><td></td></tr>
<tr><td>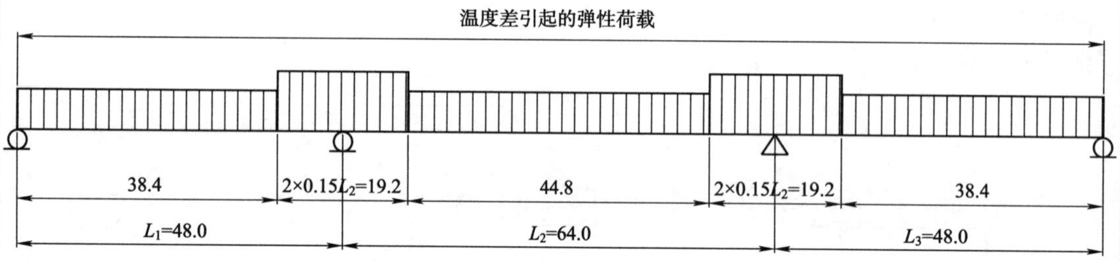
</td><td>温度差全区域加载</td></tr>
</table>

5)刚度

截面力解析计算(用)

荷 载 类 别	荷 载 符 号	弹性模量比	截 面 刚 度	
			一般区域	中间支点附近(0.15L)
结合前恒载	[M_{D1}]		I_g	I_g
结合后荷载	[M_{D2},M_L,M_μ]	$n_2=10$	I_{v10}	I_{v10}、I_f

截面检算(用)

荷 载 类 别				符 号	弹性模量比	截 面 刚 度	
						一般区域	中间支点附近(0.15L)
结合前	钢 梁	类 型	结合前恒载	[M_{D1}]		I_g	I_g
结合后	钢 梁	外 力	考虑徐变影响恒载	[M_{D2}]	$n_1=15$	I_{v15}	I_f
			活荷载	[M_L,M_μ]	$n_2=10$	I_{v10}	I_f
		内 力	混凝土干燥收缩	[M_{sh}]	$n_1=15$	I_g,I_c	I_g,I_c
			温度变化	[M_T]	$n=6$	I_g,I_c	I_g,I_c
			T_S 效果	[M_{TS}]			I_f
		强制位移	混凝土干燥收缩	[M_{sh}]	$n_1=15$		I_{v15}
			考虑徐变影响恒载	[M_{CR}]	$n_1=15$		I_{v15},I_{v6}
			温度差	[M_T]	$n=6$		I_6
	桥面板	外 力	考虑徐变影响恒载	[M_{D2}]	$n_1=15$	I_{v15}	I_f
			活荷载	[M_L,M_i]	$n_2=10$	I_{v10}	I_f
		内 力	混凝土干燥收缩	[M_{sh}]	$n_1=15$	I_c	I_c
			温度变化	[M_T]	$n=6$	I_c	I_c
			T_S 效果	[M_{TS}]			I_f

注:(1)I_c:桥面板截面 2 次惯性矩;

I_g:钢箱梁截面 2 次惯性矩;

I_{vi}:结合梁截面 2 次惯性矩;

I_f:钢梁 + 钢筋 2 次惯性矩。

(2)表中钢与混凝土的弹性模量比,为采用混凝土 C45 时的值。

6）荷载计算

ⅰ. 连续结合梁的外力计算，采用弹性加载法；收缩徐变和温度差引起的强制性位移采用弹性荷载法计算。

ⅱ. 结合前荷载全部由钢梁承受。
结合后荷载及运营荷载均由整个结合梁体承受。
为了节省篇幅，外力均采用程序求解。

ⅲ. 由于双线结合梁的横向刚度较大，依据以往设计经验，横向附加力的影响可忽略不计。

ⅳ. 内力计算中温度差的取值如下
依据《结合》1.0.7，桥面板之间在缺乏足够的技术资料时，温度差仍采用 ±15℃；
借鉴《铁道Ⅱ》中间支点范围梁内混凝土板与钢梁的温度差采用 ±5℃。

ⅴ. 连续结合梁的设计重点是针对于负弯矩区截面刚度的假定、负弯矩区的分布长度、有效宽度、截面检算。为了节省篇幅，拼接计算、加劲肋、支座等常规检算未列入此算例中，相关计算可参照同类算例[简支结合梁设计算例]。

ⅵ. 凡铁路桥梁设计规范中对连续结合梁的设计未有明确规定的细节，均借鉴了《铁道Ⅱ》中相关的结合梁设计条文。

弹性模量比一览表

内力项目	基本弹性模量比 n_0	$1+\Phi$	计算用 n
收缩徐变	6	2.5	15
恒载徐变	6	2.5	15
温度差	6	1.0	6

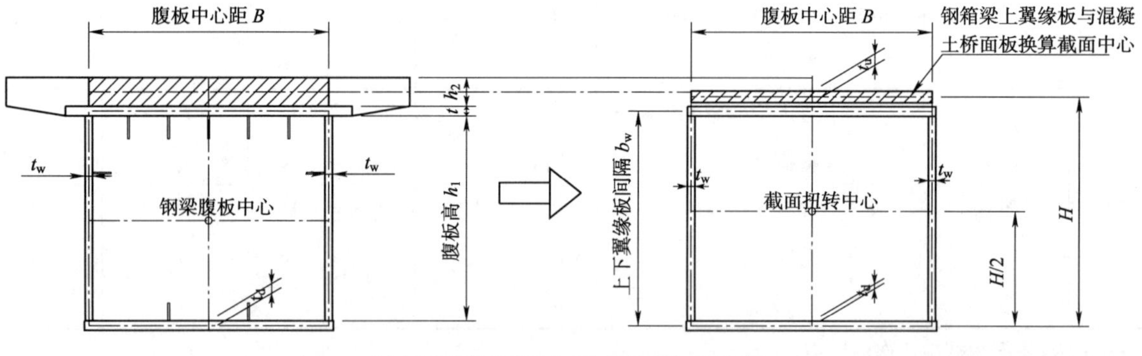

正弯矩区剪切截面以及扭转截面示意图

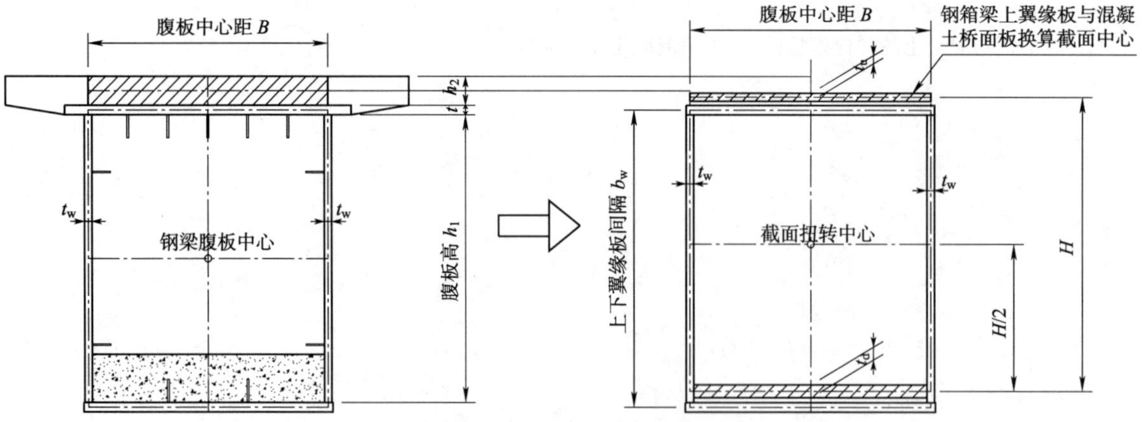

负弯矩区剪切截面以及扭转截面示意图

3.2 截面力

3.2.1 外力

3.2.1.1 荷载

1. 恒载

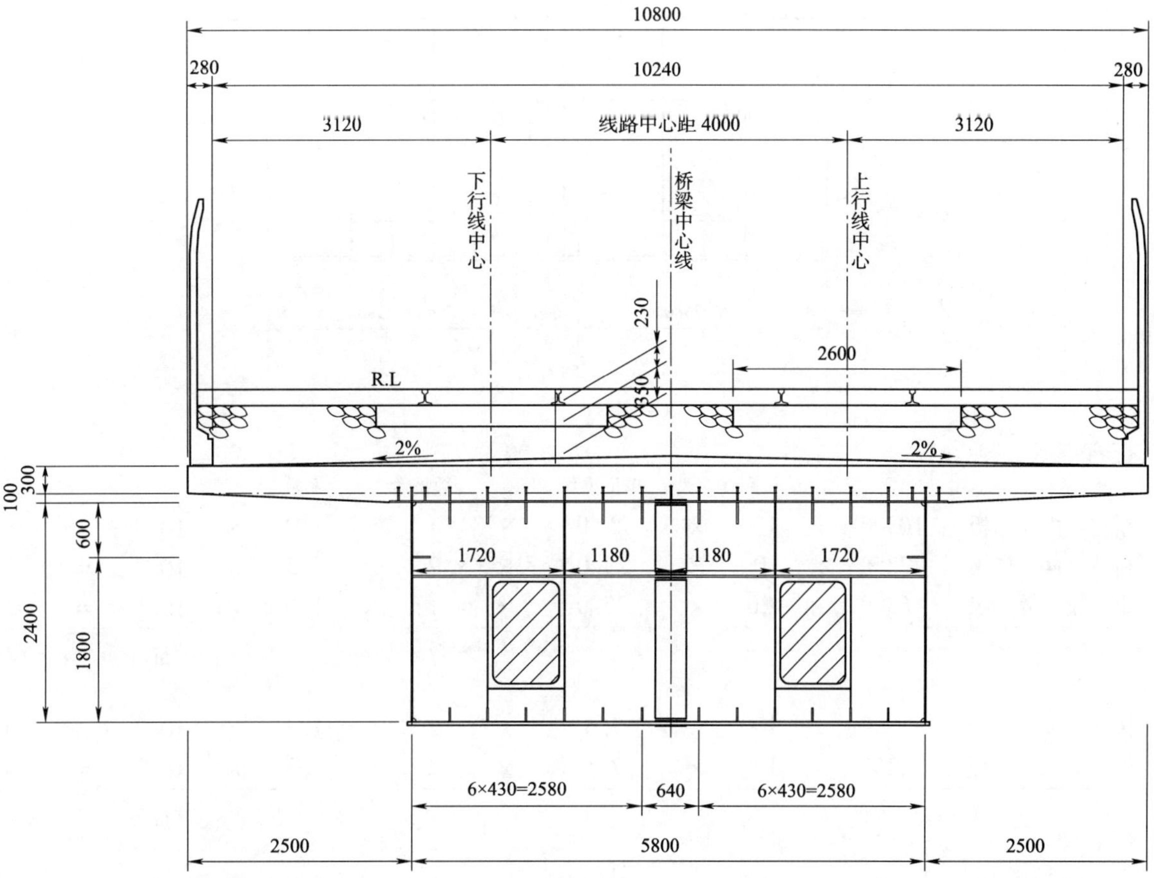

截面示意图

依据以往设计数据的统计以及设计经验的积累,设定恒载计算中附加系数。

连续梁钢重不确定性系数取 1.30。

参照《铁道Ⅱ》6.1－解说(2),道砟不确定系数取 1.20。

挡砟墙模板设置和拆除不影响结合后荷载的增减,所以这部分临时荷载不计。

挡砟墙内通常铺设检修通道和过桥管线,这里用道砟重量替代,计算偏于安全。

项　目	不确定系数	备　注
钢箱梁截面	1.3	跨中截面、中间支点截面
混凝土模板	1.3	
道 砟 重 量	1.2	

(1)结合前恒载 D_1

结合前恒载主要是三部分,即钢梁、混凝土模板、混凝土桥面板。桥面排水坡(素混凝土)和负弯矩区箱梁内混凝土板为结合后施工,因而将其归属于结合后恒载。

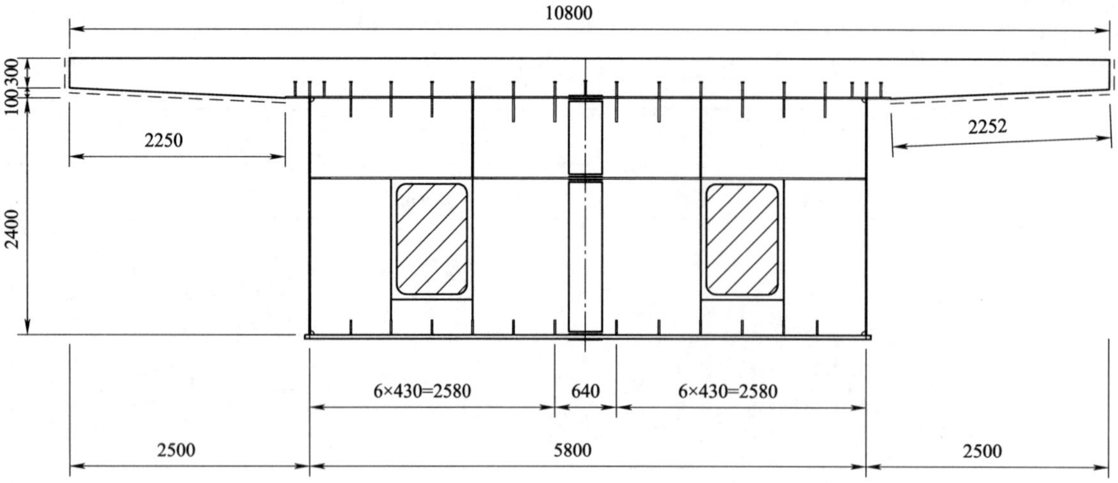

正弯矩区

	宽		厚		单位重量		数量		系数				
桥面板	10800	×	400	×	25.0	×	1	×	1.0	×	10^{-6}	=	108.0
桥面板	-2250	×	100	×	25.0	×	2	×	0.5	×	10^{-6}	=	-5.6
钢梁翼缘	-6300	×	20	×	25.0	×	1	×	1.0	×	10^{-6}	=	-3.2
											W_{D1-1}	=	99.2

模板	300	×	100	×	7.5	×	2	×	1.3	×	10^{-6}	=	0.6
模板	2252	×	100	×	7.5	×	2	×	1.3	×	10^{-6}	=	4.4
											W_{D1-2}	=	5.0

上翼缘板	6300	×	20	×	78.5	×	1	×	1.3	×	10^{-6}	=	12.9
腹板	2400	×	16	×	78.5	×	2	×	1.3	×	10^{-6}	=	7.8
下翼缘板	5900	×	30	×	78.5	×	1	×	1.3	×	10^{-6}	=	18.1
纵梁腹板	800	×	16	×	78.5	×	2	×	1.3	×	10^{-6}	=	2.6
纵梁翼缘	300	×	16	×	78.5	×	2	×	1.3	×	10^{-6}	=	1.0
隔板(间隔8 m)	5784	×	16	×	78.5	×	0.125	×	1.3	×	10^{-6}	=	1.2
上缘板肋	160	×	16	×	78.5	×	10	×	1.3	×	10^{-6}	=	2.6
下缘板肋	160	×	16	×	78.5	×	12	×	1.3	×	10^{-6}	=	3.1
水平板肋	160	×	16	×	78.5	×	2	×	1.3	×	10^{-6}	=	0.5
											W_{D1-3}	=	49.8

负弯矩区

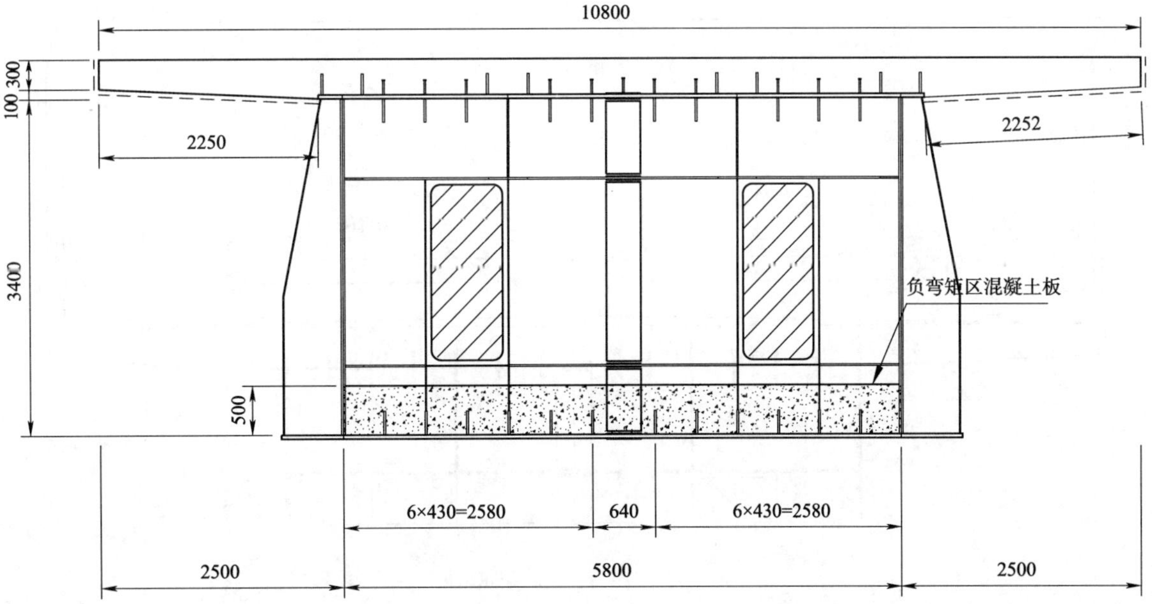

负弯矩区截面示意图

	宽		厚		单位重量		数量		系数				
桥面板	10800	×	400	×	25.0	×	1	×	1.0	×	10^{-6}	=	108.0
桥面板	−2250	×	100	×	25.0	×	2	×	0.5	×	10^{-6}	=	−5.6
钢梁翼缘	−6300	×	40	×	25.0	×	1	×	1.0	×	10^{-6}	=	−6.3
											W_{D1-1}	=	96.1
模板	300	×	100	×	7.5	×	2	×	1.3	×	10^{-6}	=	0.6
模板	2252	×	100	×	7.5	×	2	×	1.3	×	10^{-6}	=	4.4
											W_{D1-2}	=	5.0
上翼缘板	6300	×	40	×	78.5	×	1	×	1.3	×	10^{-6}	=	25.7
腹板	3400	×	28	×	78.5	×	2	×	1.3	×	10^{-6}	=	19.4
下翼缘板	5900	×	50	×	78.5	×	1	×	1.3	×	10^{-6}	=	30.1
纵梁腹板	800	×	16	×	78.5	×	2	×	1.3	×	10^{-6}	=	2.6
纵梁翼缘	300	×	16	×	78.5	×	2	×	1.3	×	10^{-6}	=	1.0
隔板(间隔8 m)	5772	×	28	×	78.5	×	0.125	×	1.3	×	10^{-6}	=	2.1
上缘板肋	300	×	20	×	78.5	×	10	×	1.3	×	10^{-6}	=	6.1
下缘板肋	300	×	30	×	78.5	×	12	×	1.3	×	10^{-6}	=	11.0
水平板肋	160	×	16	×	78.5	×	4	×	1.3	×	10^{-6}	=	1.0
											W_{D1-3}	=	99.1

(2)结合后恒载 D_2：

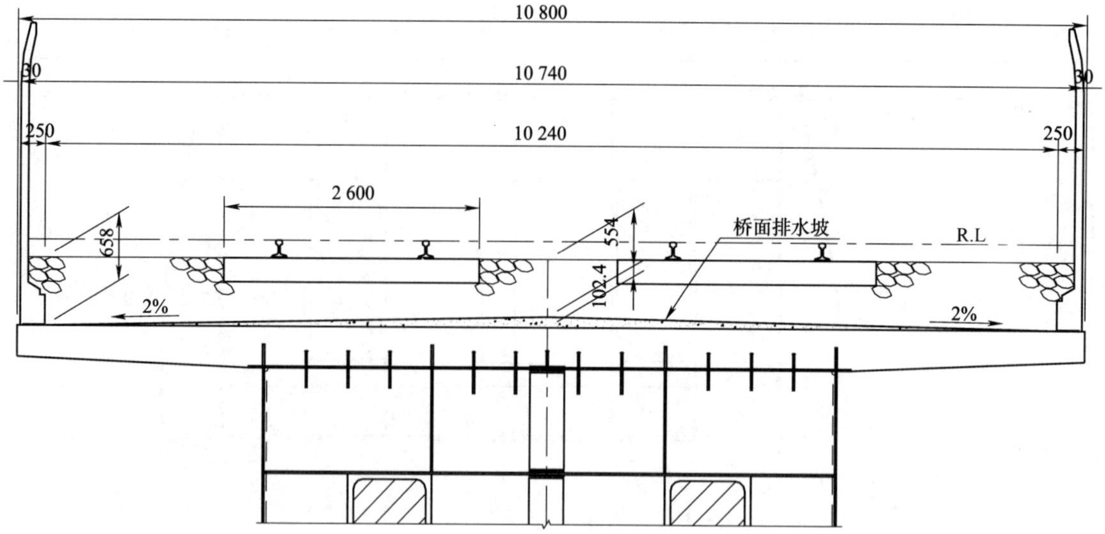

			高		厚		单位重量		系数				
道砟及垫层	W_1	=	10240	×	606	×	21.0	×	1.2	/	10^6	=	156.4
扣除枕木	W_2	=	−2600	×	230	×	21.0	×	0.60	/	10^6	=	−7.5
扣除枕木	W_3	=	−2600	×	230	×	21.0	×	0.60	/	10^6	=	−7.5
排水坡	W_4	=	10240	×	102.4	×	23.0	×	0.5	/	10^6	=	12.3
挡砟墙	W_5	=	658	×	250	×	25.0	×	2	/	10^6	=	8.2
轨道(含枕木)	W_6	=	6.97	×	2线							=	13.9
声屏障	W_7	=	10.0	×	2侧							=	20.0
结合前模板	W_8	=	−5.0									=	−5.0
挡砟墙模板	W_9	=										=	0.0
											W_{D2}	=	190.8 kN/m

支点箱内混凝土板	W_{10}	=	500	×	5772	×	25.0	×	1.0	/	10^6	=	72.2 kN/m

恒载一览表

[kN/m]

编号	符号	荷载名称		边跨正弯矩区	中间支点负弯矩区	中跨正弯矩区
				单元 1 ~ 16 单元 39 ~ 54	单元 17 ~ 20 单元 35 ~ 38	单元 21 ~ 34
Case1	D_{1-1}	结合前恒载	钢箱梁	50.0	100.0	50.0
Case2	D_{1-2}		混凝土模板	5.0	5.0	5.0
Case3	D_{1-3}		桥面板	100.0	100.0	100.0
Case4	D_2	结合后恒载	(含箱内混凝土板)	195.0	265.0	195.0

2. 列车荷载(L)

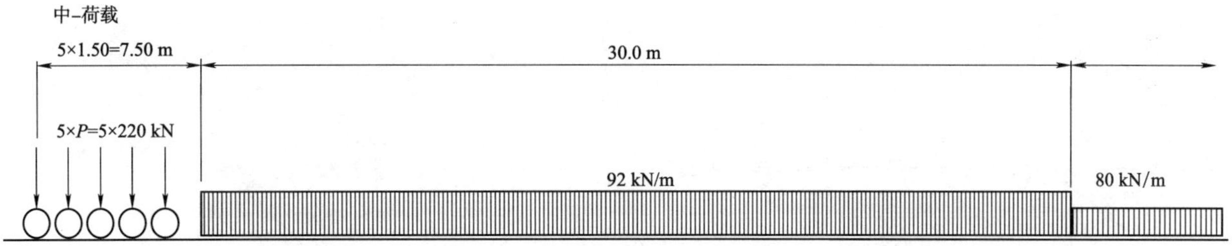

3. 动力系数$(1+\mu)$

(1)弯矩：

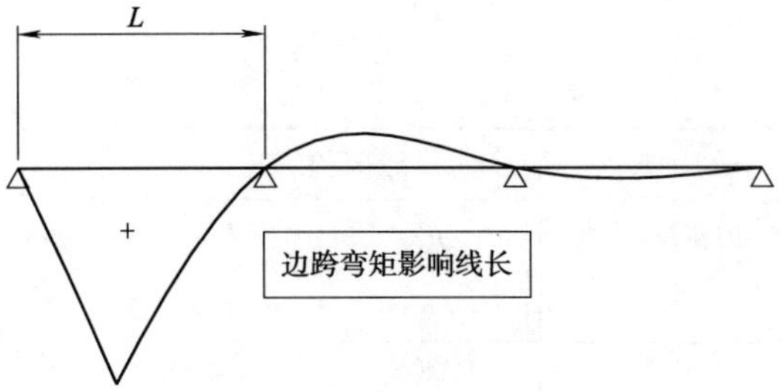

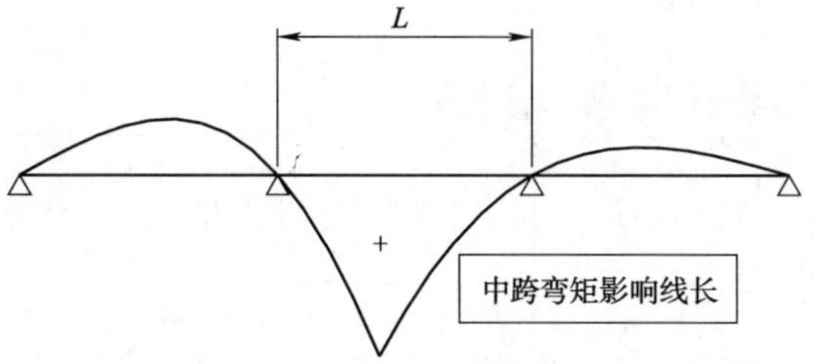

$$\text{边跨}\quad \mu_1=\frac{22}{40+L}=\frac{22}{40+48.0}=0.250$$

$$\text{中跨}\quad \mu_2=\frac{22}{40+L}=\frac{22}{40+64.0}=0.212$$

(2)反力：

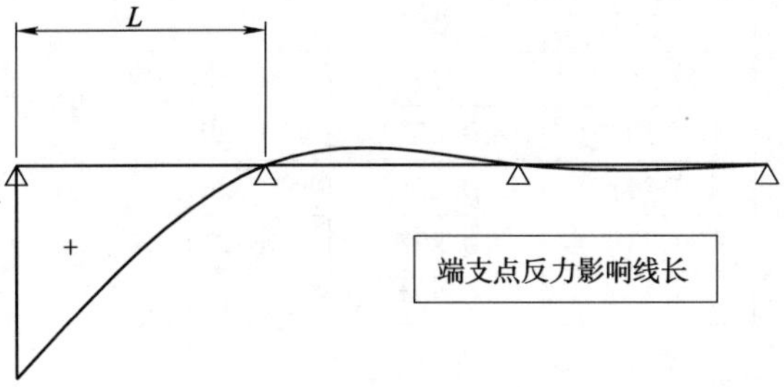

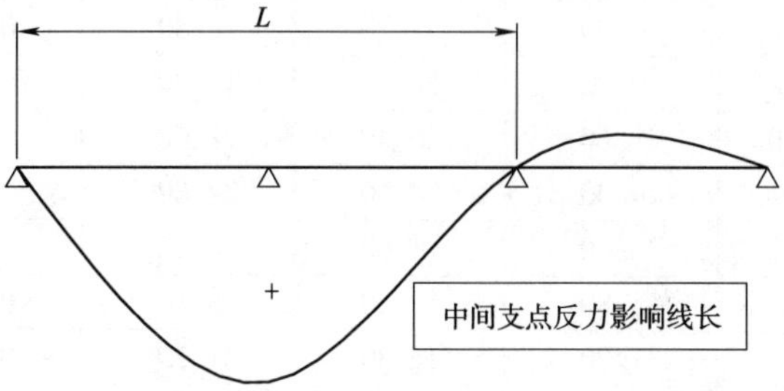

边跨反力

$$L=48.0\ \text{m}$$

$$\mu_1=\frac{22}{40+L}=\frac{22}{40+48.0}=0.250$$

中间支点反力

$$L=48.0+64.0=112.0\ \text{m}$$

$$\mu_2=\frac{22}{40+L}=\frac{22}{40+112.0}=0.145$$

(3)剪力：

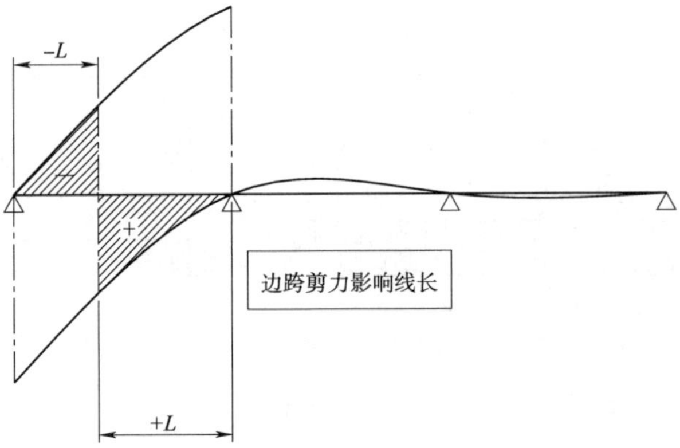

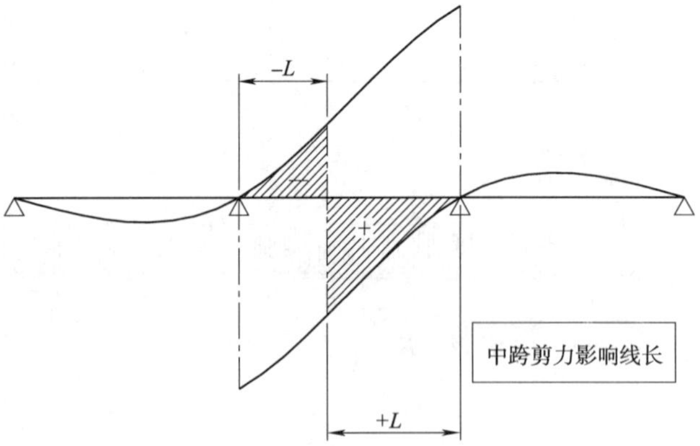

动力系数(用于剪力计算)

节点编号	位置	影响线加载长度		强度检算用		疲劳检算用		区间
				$\mu=22/(40+L)$		$\mu_f=18/(40+L)$		
	X(m)	$+L$(m)	$-L$(m)	$+L$(m)	$-L$(m)	$+L$(m)	$-L$(m)	
1	0.00	48.00	0.00	0.250	0.550	0.205	0.450	边跨范围
2	2.40	45.60	2.40	0.257	0.519	0.210	0.425	
3	4.80	43.20	4.80	0.264	0.491	0.216	0.402	
4	7.20	40.80	7.20	0.272	0.466	0.223	0.381	
5	9.60	38.40	9.60	0.281	0.444	0.230	0.363	
6	12.00	36.00	12.00	0.289	0.423	0.237	0.346	
7	14.40	33.60	14.40	0.299	0.404	0.245	0.331	
8	16.80	31.20	16.80	0.309	0.387	0.253	0.317	
9	19.20	28.80	19.20	0.320	0.372	0.262	0.304	
10	21.60	26.40	21.60	0.331	0.357	0.271	0.292	
11	24.00	24.00	24.00	0.344	0.344	0.281	0.281	
12	26.40	21.60	26.40	0.357	0.331	0.292	0.271	
13	28.80	19.20	28.80	0.372	0.320	0.304	0.262	
14	31.20	16.80	31.20	0.387	0.309	0.317	0.253	
15	33.60	14.40	33.60	0.404	0.299	0.331	0.245	
16	36.00	12.00	36.00	0.423	0.289	0.346	0.237	
17	38.40	9.60	38.40	0.444	0.281	0.363	0.230	
18	43.20	4.80	43.20	0.491	0.264	0.402	0.216	
19	48.00	0.00	48.00	0.550	0.250	0.450	0.205	中间支点
19	48.00	64.00	0.00	0.212	0.550	0.173	0.450	
20	52.80	59.20	4.80	0.222	0.491	0.181	0.402	中跨范围
21	57.60	54.40	9.60	0.233	0.444	0.191	0.363	
22	60.80	51.20	12.80	0.241	0.417	0.197	0.341	
23	64.00	48.00	16.00	0.250	0.393	0.205	0.321	
24	67.20	44.80	19.20	0.259	0.372	0.212	0.304	
25	70.40	41.60	22.40	0.270	0.353	0.221	0.288	
26	73.60	38.40	25.60	0.281	0.335	0.230	0.274	
27	76.80	35.20	28.80	0.293	0.320	0.239	0.262	
28	80.00	32.00	32.00	0.306	0.306	0.250	0.250	桥跨中心

4. 制动力

依据《桥规》4.3.7,... 制动力应按列车竖向静活载的7%计算,双线桥按一线的制动力考虑。

$B = 7\% \times [220 \times 5 + 92 \times 30 + 80 \times (161.5 - 37.5)] / 160$

$= 7\% \times 13780 / 160$

$= 6.0$ kN/m （1 轨道）

5. 长轨力

为了计算简捷,依据《铁道Ⅱ》3.7,取值如下:

$L_R = 10.0$ kN/m （1 轨道）

3.2.1.2　解析计算

1. 假定截面刚度

假定截面刚度计算中采用全截面计算，不计有效截面的折减。

2. 结合前假定刚度

为了简要说明，本算例仅在全桥取5个假定截面（正弯矩区取3个，负弯矩区2个）。

3. 结合后假定刚度

超静定结构中的截面力会因各个截面假定刚度变化而有差异。安全起见，连续结合梁解析计算时，通常是以产生最大外力来假定截面刚度。具体做法如下：

Step 1：为了求解负弯矩区间的截面最大外力，全区间（包括负弯矩区）计入混凝土截面刚度【I'_{v10}】，“钢梁＋桥面板（S＋RC）”；

求得负弯矩区结合后恒载负弯矩及其最大值 $-M_{D2}$；正弯矩区结合后恒载正弯矩及其最大值 $+M'_{D2}$

Step 2：反之为了求解正弯矩区间截面最大外力，不考虑负弯矩区间的混凝土桥面板刚度。将假定刚度【I''_{v10}】设定为“钢梁＋钢筋＋箱内混凝土板（S＋R＋RC）”；

此次解析计算，求得结合后恒载正弯矩最大值 $+M''_{D2}$

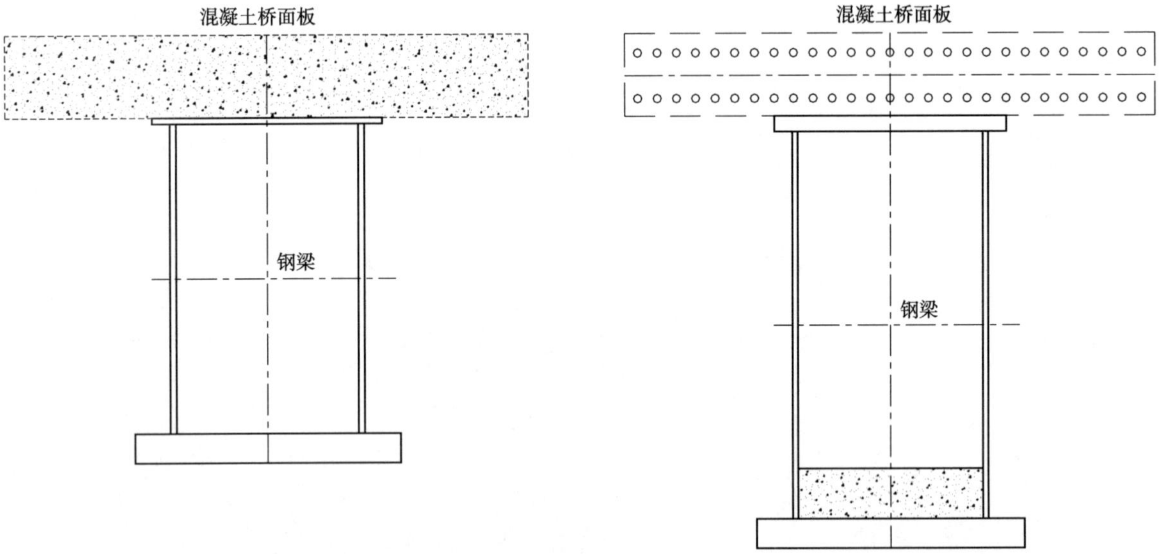

负弯矩区刚度示意

Step 3：比较前两步，可得出结合后正弯矩区刚度影响的外力修正系数ρ。

$$\rho = \frac{+M''_{D2}}{+M'_{D2}}$$

修正ρ分别乘上刚度（S＋RC）得出的结合后恒载正弯矩及活载正弯矩，即可得出修正后的外力值。

$$(+)M_{D2} = +M'_{D2} \times \rho$$

$$(+)M_{L} = +M'_{L} \times \rho$$

4. 正负弯矩区间的设定

依照现行设计规范，负弯矩区范围设定为中间支点左右两侧各自跨长的15%。然而实际计算结果连续梁中间支点部发生的负弯矩范围通常都大于此值。此算例中连续结合梁中间支点部边跨侧和中跨侧的负弯矩区分别为48.0 m×15% =7.2 m和64.0 m×15% =9.6 m。为了简化计算，中间支点部左右两侧负弯矩区长度均设定为9.6 m。

5. 解析计算输入数据

截面刚度及正负弯矩区

		注　　解	表示符号	截面刚度
结合前		钢梁	S	$I_g(n=0)$
结合后	正弯矩区	钢梁　+　混凝土桥面板	S　+　RC	$I'_{v10}(n=10)$
	负弯矩区	钢梁　+　桥面板内钢筋　+　箱内混凝土板	S　+　R　+　RC	$I''_{v10}(n=10)$

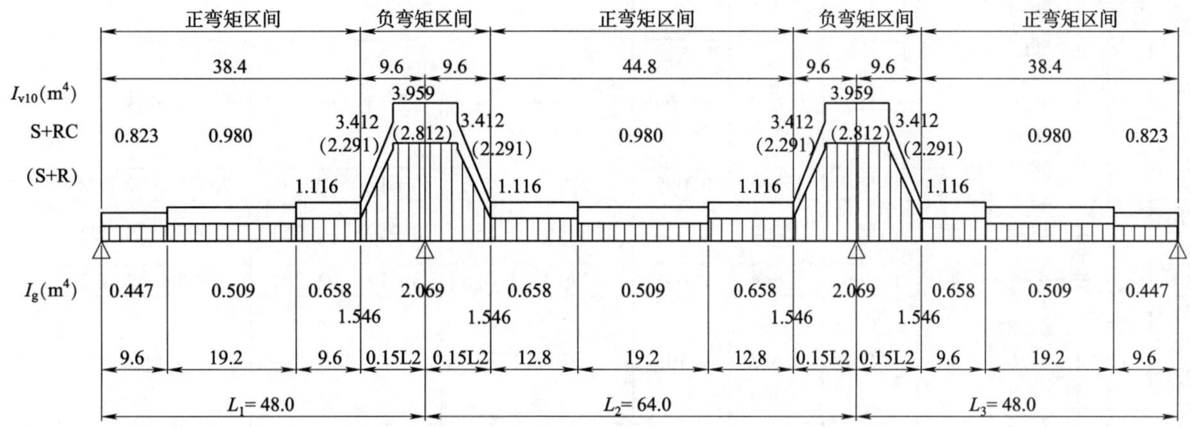

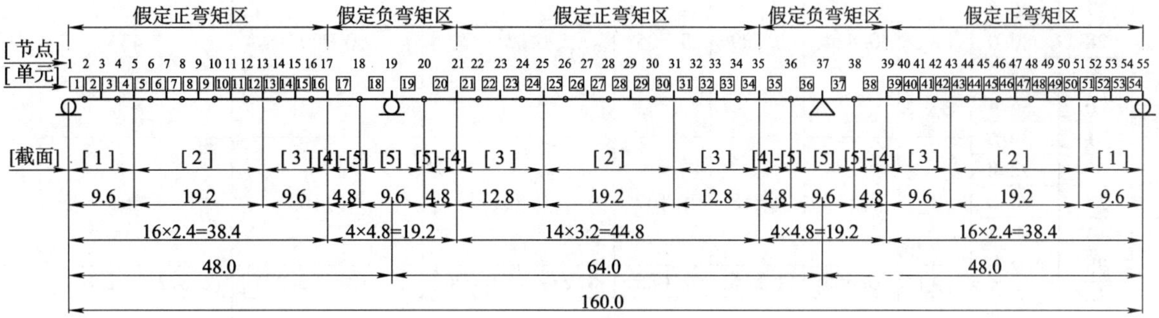

节点和单元示意图

支承条件

支点编号	竖直方向	水平方向	旋转
1	固　定	可　动	铰
19	固　定	可　动	铰
37	固　定	固　定	铰
55	固　定	可　动	铰

6. 假定截面刚度

单元编号	节点编号	坐标 X(m)	截面编号	结合前刚度($n=0$)			结合后刚度(S+RC,$n=10$),[S+R+RC]			备注
				A_g(m^2)	I_{sy}(m^4)	J_g(m^4)	A_{v10}(m^2)	I_{vy10}(m^4)	J_{v10}(m^4)	
1	1	0.0	[1]	0.387	0.447	0.824	0.711	0.823	1.261	+M
2	2	2.4								
3	3	4.8								
4	4	7.2								
5	5	9.6	[2]	0.434	0.509	0.905	0.758	0.980	1.434	
6	6	12.0								
7	7	14.4								
8	8	16.8								
9	9	19.2								
10	10	21.6								
11	11	24.0								
12	12	26.4								
13	13	28.8	[3]	0.567	0.658	1.109	0.891	1.116	1.603	
14	14	31.2								
15	15	33.6								
16	16	36.0								
17	17	38.4	[4]	0.666	1.546	2.085	1.279 [1.026]	3.412 [2.291]	2.872 [2.872]	−M
18	18	43.2	[5]	0.890	2.069	2.934	1.503 [1.250]	3.959 [2.812]	3.797 [3.797]	
19	19	48.0								
20	20	52.8	[4]	0.666	1.546	2.085	1.279 [1.026]	3.412 [2.291]	2.872 [2.872]	
21	21	57.6	[3]	0.567	0.658	1.109	0.891	1.116	1.603	+M
22	22	60.8								
23	23	64.0								
24	24	67.2								
25	25	70.4	[2]	0.434	0.509	0.905	0.758	0.980	1.434	
26	26	73.6								
27	27	76.8								
28	28	80.0								
29	29	83.2								
30	30	86.4								
31	31	89.6	[3]	0.567	0.658	1.109	0.891	1.116	1.603	
32	32	92.8								
33	33	96.0								
34	34	99.2								
35	35	102.4	[4]	0.666	1.546	2.085	1.279 [1.026]	3.412 [2.291]	2.872 [2.872]	−M
36	36	107.2	[5]	0.890	2.069	2.934	1.503 [1.250]	3.959 [2.812]	3.797 [3.797]	
37	37	112.0								
38	38	116.8	[4]	0.666	1.546	2.085	1.279 [1.026]	3.412 [2.291]	2.872 [2.872]	
39	39	121.6	[3]	0.567	0.658	1.109	0.891	1.116	1.603	+M
40	40	124.0								
41	41	126.4								
42	42	128.8								
43	43	131.2	[2]	0.434	0.509	0.905	0.758	0.980	1.434	
44	44	133.6								
45	45	136.0								
46	46	138.4								
47	47	140.8								
48	48	143.2								
49	49	145.6								
50	50	148.0								
51	51	150.4	[1]	0.387	0.447	0.824	0.711	0.823	1.261	
52	52	152.8								
53	53	155.2								
54	54	157.6								
	55	160.0								

(1)Section-1　　边跨(+ M)区间　　截面刚度:钢梁 + 桥面板(S + RC)

1	–	桥面板	10800	×	300	=	3240000	mm^2
0	–	上段钢筋	D25	×	491	=	0	mm^2
0	–	下段钢筋	D25	×	491	=	0	mm^2
1	–	上翼缘板	6300	×	16	=	100800	mm^2
2	–	纵梁腹板	800	×	16	=	25600	mm^2
2	–	纵梁翼缘	300	×	16	=	9600	mm^2
10	–	上缘板肋	160	×	16	=	25600	mm^2
2	–	箱梁腹板	2400	×	16	=	76800	mm^2
12	–	下缘板肋	160	×	16	=	30720	mm^2
1	–	下翼缘板	5900	×	20	=	118000	mm^2
0	–	混凝土板	5784	×	500	=	0	mm^2

腹板上端～桥面板中心轴	H_c	=	250.0	mm
腹板上端～上段钢筋重心	H_U	=	332.5	mm
腹板上端～下段钢筋重心	H_L	=	163.5	mm
腹板上端～混凝土桥面板顶	H_{RC}	=	400.0	mm
右侧腹板～右侧桥面板边缘	L_c	=	2500.0	mm

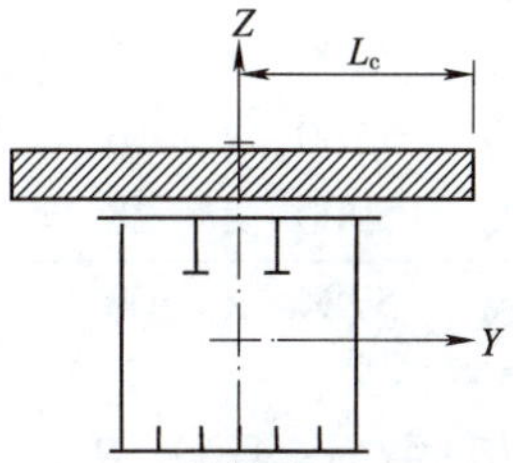

坐标系

箱形梁腹板中心距　B =　5800 mm

上翼缘纵梁～钢梁中心距离　ZL_1 =　1180 mm

上翼缘板肋～钢梁中心距离　ZL_2 =　320 mm　　750 mm　　1610 mm　2040 mm　2470 mm

下翼缘板肋～钢梁中心距离　ZL_3 =　320 mm　　750 mm　1180 mm　1610 mm　2040 mm　2470 mm

桥面板内上下段钢筋配置　B =　75　+　(71　×　150　=　10650)　+　75　=　10800

			结合前	结合后		
			$n=0$	$n=10$	$n=15$	$n=6$
混凝土桥面板截面积	A_{cu}	mm^2	…………	3240000	3240000	3240000
梁内混凝土板截面积	A_{cd}	mm^2	…………	0	0	0
钢梁截面积	A_s	mm^2	387120	387120	387120	387120
结合梁截面积	A_v	mm^2	…………	711120	603120	927120
腹板截面积	A_w	mm^2	76800	76800	76800	76800
纵向轴力抵抗截面积	A_r	mm^2	154864	154864	154864	154864
Y轴桥面板2次惯性矩	I_h	mm^4	…………	24300000000	24300000000	24300000000
Y轴截面2次惯性矩	I_y	mm^4	446700000000	823300000000	742400000000	929100000000
Z轴截面2次惯性矩	I_z	mm^4	1516200000000	4665500000000	3615700000000	6765000000000
X轴扭矩	J_x	mm^4	824000000000	1261000000000	1187500000000	1345300000000
Y轴回转半径	R_y	mm	1074.2	1076.0	1109.5	1001.1
Z轴回转半径	R_z	mm	1979.0	2561.4	2448.5	2701.3
Z轴方向偏心量	E_z	mm	−6.5	657.1	515.1	841.8
Y轴方向偏心量	E_y	mm	0.0	0.0	0.0	0.0
Y轴中性轴～桥面板上翼缘	Z_c	mm	…………	942.9	1084.9	758.2
Y轴中性轴～桥面板中心轴	d	mm	1456.5	792.9	934.9	608.2
Y轴中性轴～钢梁上翼缘顶	Z_u	mm	1222.5	558.9	700.9	374.2
Y轴中性轴～钢梁腹板上端	Z_{ud}	mm	1206.5	542.9	684.9	358.2
Y轴中性轴～钢梁腹板下端	Z_{ld}	mm	1193.5	1857.1	1715.1	2041.8
Y轴中性轴～钢梁下翼缘底	Z_l	mm	1213.5	1877.1	1735.1	2061.8
Z轴中性轴～桥面板左边缘	Y_{cl}	mm	…………	5400.0	5400.0	5400.0
Z轴中性轴～钢梁上缘左侧	Y_{ful}	mm	3150.0	3150.0	3150.0	3150.0
Z轴中性轴～钢梁腹板左侧	Y_{wl}	mm	2908.0	2908.0	2908.0	2908.0
Z轴中性轴～钢梁下缘左侧	Y_{fll}	mm	2950.0	2950.0	2950.0	2950.0
Z轴中性轴～桥面板右边缘	Y_{cr}	mm	…………	5400.0	5400.0	5400.0
Z轴中性轴～钢梁上缘右侧	Y_{fur}	mm	3150.0	3150.0	3150.0	3150.0
Z轴中性轴～钢梁腹板右侧	Y_{wr}	mm	2908.0	2908.0	2908.0	2908.0
Z轴中性轴～钢梁下缘右侧	Y_{flr}	mm	2950.0	2950.0	2950.0	2950.0

②Section-2　　边跨(+ *M*)区间　　截面刚度:钢梁 + 桥面板(S + RC)

1	–	桥面板	10800	×	300	=	3240000 mm²
0	–	上段钢筋	D25	×	491	=	0 mm²
0	–	下段钢筋	D25	×	491	=	0 mm²
1	–	上翼缘板	6300	×	16	=	100800 mm²
2	–	纵梁腹板	800	×	16	=	25600 mm²
2	–	纵梁翼缘	300	×	16	=	9600 mm²
10	–	上缘板肋	160	×	16	=	25600 mm²
2	–	箱梁腹板	2400	×	16	=	76800 mm²
12	–	下缘板肋	160	×	16	=	30720 mm²
1	–	下翼缘板	5900	×	28	=	165200 mm²
0	–	混凝土板	5784	×	500	=	0 mm²

腹板上端～桥面板中心轴	H_c	=	250.0 mm
腹板上端～上段钢筋重心	H_U	=	332.5 mm
腹板上端～下段钢筋重心	H_L	=	163.5 mm
腹板上端～混凝土桥面板顶	H_{RC}	=	400.0 mm
右侧腹板～右侧桥面板边缘	L_c	=	2500.0 mm

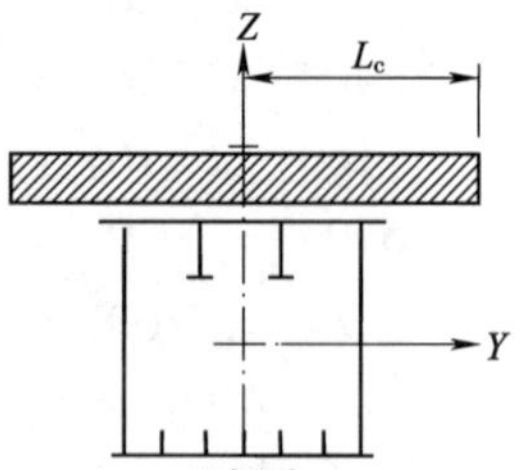

坐标系

箱形梁腹板中心距　B = 5800 mm

上翼缘纵梁～钢梁中心距离　ZL_1 = 1180 mm

上翼缘板肋～钢梁中心距离　ZL_2 = 320 mm　　750 mm　　1610 mm　2040 mm　2470 mm

下翼缘板肋～钢梁中心距离　ZL_3 = 320 mm　　750 mm　1180 mm　1610 mm　2040 mm　2470 mm

桥面板内上下段钢筋配置　B = 75 + (71 × 150 = 10650) + 75 = 10800

			结合前	结合后		
			$n=0$	$n=10$	$n=15$	$n=6$
混凝土桥面板截面积	A_{cu}	mm²	…………	3240000	3240000	3240000
梁内混凝土板截面积	A_{cd}	mm²	…………	0	0	0
钢梁截面积	A_s	mm²	434320	434320	434320	434320
结合梁截面积	A_v	mm²	…………	758320	650320	974320
腹板截面积	A_w	mm²	76800	76800	76800	76800
纵向轴力抵抗截面积	A_r	mm²	202064	202064	202064	202064
*Y*轴桥面板2次惯性矩	I_h	mm⁴	…………	24300000000	24300000000	24300000000
*Y*轴截面2次惯性矩	I_y	mm⁴	509100000000	979900000000	874800000000	1120700000000
*Z*轴截面2次惯性矩	I_z	mm⁴	1653200000000	4802500000000	3752700000000	6902000000000
*X*轴扭矩	J_x	mm⁴	904800000000	1433900000000	1342300000000	1540300000000
*Y*轴回转半径	R_y	mm	1082.7	1136.7	1159.8	1072.5
*Z*轴回转半径	R_z	mm	1951.0	2516.6	2402.2	2661.6
*Z*轴方向偏心量	E_z	mm	–138.8	540.0	388.9	741.8
*Y*轴方向偏心量	E_y	mm	0.0	0.0	0.0	0.0
*Y*轴中性轴～桥面板上翼缘	Z_c	mm	…………	1060.0	1211.1	858.2
*Y*轴中性轴～桥面板中心轴	d	mm	1588.8	910.0	1061.1	708.2
*Y*轴中性轴～钢梁上翼缘顶	Z_u	mm	1354.8	676.0	827.1	474.2
*Y*轴中性轴～钢梁腹板上端	Z_{ud}	mm	1338.8	660.0	811.1	458.2
*Y*轴中性轴～钢梁腹板下端	Z_{ld}	mm	1061.2	1740.0	1588.9	1941.8
*Y*轴中性轴～钢梁下翼缘底	Z_l	mm	1089.2	1768.0	1616.9	1969.8
*Z*轴中性轴～桥面板左边缘	Y_{cl}	mm	…………	5400.0	5400.0	5400.0
*Z*轴中性轴～钢梁上缘左侧	Y_{ful}	mm	3150.0	3150.0	3150.0	3150.0
*Z*轴中性轴～钢梁腹板左侧	Y_{wl}	mm	2908.0	2908.0	2908.0	2908.0
*Z*轴中性轴～钢梁下缘左侧	Y_{fll}	mm	2950.0	2950.0	2950.0	2950.0
*Z*轴中性轴～桥面板右边缘	Y_{cr}	mm	…………	5400.0	5400.0	5400.0
*Z*轴中性轴～钢梁上缘右侧	Y_{fur}	mm	3150.0	3150.0	3150.0	3150.0
*Z*轴中性轴～钢梁腹板右侧	Y_{wr}	mm	2908.0	2908.0	2908.0	2908.0
*Z*轴中性轴～钢梁下缘右侧	Y_{flr}	mm	2950.0	2950.0	2950.0	2950.0

③Section-3　边跨(±M)区间　截面刚度:钢梁+桥面板(S+RC)

1	–	桥面板	10800	×	300	=	3240000 mm^2
0	–	上段钢筋	D25	×	491	=	0 mm^2
0	–	下段钢筋	D25	×	491	=	0 mm^2
1	–	上翼缘板	6300	×	22	=	138600 mm^2
2	–	纵梁腹板	800	×	16	=	25600 mm^2
2	–	纵梁翼缘	300	×	16	=	9600 mm^2
10	–	上缘板肋	300	×	20	=	60000 mm^2
2	–	箱梁腹板	2400	×	20	=	96000 mm^2
12	–	下缘板肋	300	×	20	=	72000 mm^2
1	–	下翼缘板	5900	×	28	=	165200 mm^2
0	–	混凝土板	5780	×	500	=	0 mm^2

腹板上端~桥面板中心轴	H_c	=	250.0	mm
腹板上端~上段钢筋重心	H_U	=	332.5	mm
腹板上端~下段钢筋重心	H_L	=	163.5	mm
腹板上端~混凝土桥面板顶	H_{RC}	=	400.0	mm
右侧腹板~右侧桥面板边缘	L_c	=	2500.0	mm

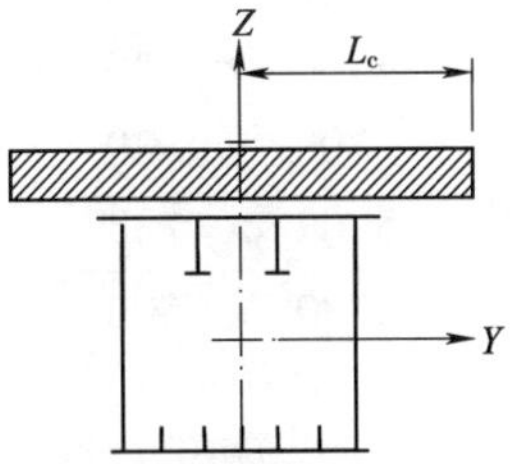

坐标系

箱形梁腹板中心距　B =　5800 mm

上翼缘纵梁~钢梁中心距离　ZL_1 =　1180 mm

上翼缘板肋~钢梁中心距离　ZL_2 =　320 mm　750 mm　1610 mm　2040 mm　2470 mm

下翼缘板肋~钢梁中心距离　ZL_3 =　320 mm　750 mm　1180 mm　1610 mm　2040 mm　2470 mm

桥面板内上下段钢筋配置　B =　75　+　(71　×　150　=　10650)　+　75　=　10800

			结合前	结合后		
			$n=0$	$n=10$	$n=15$	$n=6$
混凝土桥面板截面积	A_{cu}	mm^2	…………	3240000	3240000	3240000
梁内混凝土板截面积	A_{cd}	mm^2	…………	0	0	0
钢梁截面积	A_s	mm^2	567000	567000	567000	567000
结合梁截面积	A_v	mm^2	…………	891000	783000	1107000
腹板截面积	A_w	mm^2	96000	96000	96000	96000
纵向轴力抵抗截面积	A_r	mm^2	246800	246800	246800	246800
Y轴桥面板2次惯性矩	I_h	mm^4	…………	24300000000	24300000000	24300000000
Y轴截面2次惯性矩	I_y	mm^4	657800000000	1116200000000	1005300000000	1273500000000
Z轴截面2次惯性矩	I_z	mm^4	2135300000000	5284600000000	4234800000000	7384100000000
X轴扭矩	J_x	mm^4	1109400000000	1602500000000	1506500000000	1720500000000
Y轴回转半径	R_y	mm	1077.1	1119.3	1133.1	1072.6
Z轴回转半径	R_z	mm	1940.6	2435.4	2325.6	2582.7
Z轴方向偏心量	E_z	mm	−37.2	503.6	373.1	688.3
Y轴方向偏心量	E_y	mm	0.0	0.0	0.0	0.0
Y轴中性轴~桥面板上翼缘	Z_c	mm	…………	1096.4	1226.9	911.7
Y轴中性轴~桥面板中心轴	d	mm	1487.2	946.4	1076.9	761.7
Y轴中性轴~钢梁上翼缘顶	Z_u	mm	1259.2	718.4	848.9	533.7
Y轴中性轴~钢梁腹板上端	Z_{ud}	mm	1237.2	696.4	826.9	511.7
Y轴中性轴~钢梁腹板下端	Z_{ld}	mm	1162.8	1703.6	1573.1	1888.3
Y轴中性轴~钢梁下翼缘底	Z_l	mm	1190.8	1731.6	1601.1	1916.3
Z轴中性轴~桥面板左边缘	Y_{cl}	mm	…………	5400.0	5400.0	5400.0
Z轴中性轴~钢梁上缘左侧	Y_{ful}	mm	3150.0	3150.0	3150.0	3150.0
Z轴中性轴~钢梁腹板左侧	Y_{wl}	mm	2910.0	2910.0	2910.0	2910.0
Z轴中性轴~钢梁下缘左侧	Y_{fll}	mm	2950.0	2950.0	2950.0	2950.0
Z轴中性轴~桥面板右边缘	Y_{cr}	mm	…………	5400.0	5400.0	5400.0
Z轴中性轴~钢梁上缘右侧	Y_{fur}	mm	3150.0	3150.0	3150.0	3150.0
Z轴中性轴~钢梁腹板右侧	Y_{wr}	mm	2910.0	2910.0	2910.0	2910.0
Z轴中性轴~钢梁下缘右侧	Y_{flr}	mm	2950.0	2950.0	2950.0	2950.0

④Section-4　边跨(－*M*)区间　截面刚度:钢梁＋桥面板(S＋RC)

1	－	桥面板	10800	×	300	=	3240000 mm^2
0	－	上段钢筋	D25	×	491	=	0 mm^2
0	－	下段钢筋	D25	×	491	=	0 mm^2
1	－	上翼缘板	6300	×	22	=	138600 mm^2
2	－	纵梁腹板	800	×	16	=	25600 mm^2
2	－	纵梁翼缘	300	×	16	=	9600 mm^2
10	－	上缘板肋	300	×	20	=	60000 mm^2
2	－	箱梁腹板	3400	×	20	=	136000 mm^2
12	－	下缘板肋	300	×	20	=	72000 mm^2
1	－	下翼缘板	5900	×	38	=	224200 mm^2
1	－	混凝土板	5780	×	500	=	2890000 mm^2

腹板上端～桥面板中心轴　H_c = 250.0 mm

腹板上端～上段钢筋重心　H_U = 332.5 mm

腹板上端～下段钢筋重心　H_L = 163.5 mm

腹板上端～混凝土桥面板顶　H_{RC} = 400.0 mm

右侧腹板～右侧桥面板边缘　L_c = 2500.0 mm

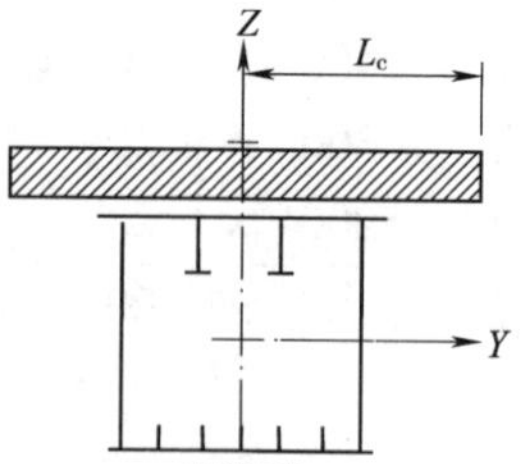

坐标系

箱形梁腹板中心距　*B* = 5800 mm

上翼缘纵梁～钢梁中心距离　ZL_1 = 1180 mm

上翼缘板肋～钢梁中心距离　ZL_2 = 320 mm　　750 mm　1610 mm　2040 mm　2470 mm

下翼缘板肋～钢梁中心距离　ZL_3 = 320 mm　　750 mm　1180 mm　1610 mm　2040 mm　2470 mm

桥面板内上下段钢筋配置　*B* = 75 ＋ (71 × 150 = 10650) ＋ 75 = 10800

			结合前	结合后		
			$n=0$	$n=10$	$n=15$	$n=6$
混凝土桥面板截面积	A_{cu}	mm^2	…………	3240000	3240000	3240000
梁内混凝土板截面积	A_{cd}	mm^2	…………	2890000	2890000	2890000
钢梁截面积	A_s	mm^2	666000	666000	666000	666000
结合梁截面积	A_v	mm^2	…………	1279000	1074667	1687667
腹板截面积	A_w	mm^2	136000	136000	136000	136000
纵向轴力抵抗截面积	A_r	mm^2	305800	305800	305800	305800
*Y*轴桥面板2次惯性矩	I_h	mm^4	…………	24300000000	24300000000	24300000000
*Y*轴截面2次惯性矩	I_y	mm^4	1546200000000	3411800000000	2801500000000	4618600000000
*Z*轴截面2次惯性矩	I_z	mm^4	2642800000000	6596700000000	5278700000000	9232600000000
*X*轴扭矩	J_x	mm^4	2085000000000	2871900000000	2721300000000	3055500000000
*Y*轴回转半径	R_y	mm	1523.7	1633.3	1614.6	1654.3
*Z*轴回转半径	R_z	mm	1992.0	2271.1	2216.3	2338.9
*Z*轴方向偏心量	E_z	mm	－187.7	68.6	15.7	136.0
*Y*轴方向偏心量	E_y	mm	0.0	0.0	0.0	0.0
*Y*轴中性轴～桥面板上翼缘	Z_c	mm	…………	2031.4	2084.3	1964.0
*Y*轴中性轴～桥面板中心轴	d	mm	2137.7	1881.4	1934.3	1814.0
*Y*轴中性轴～钢梁上翼缘顶	Z_u	mm	1909.7	1653.4	1706.3	1586.0
*Y*轴中性轴～钢梁腹板上端	Z_{ud}	mm	1887.7	1631.4	1684.3	1564.0
*Y*轴中性轴～钢梁腹板下端	Z_{ld}	mm	1512.3	1768.6	1715.7	1836.0
*Y*轴中性轴～钢梁下翼缘底	Z_l	mm	1550.3	1806.6	1753.7	1874.0
*Z*轴中性轴～桥面板左边缘	Y_{cl}	mm	…………	5400.0	5400.0	5400.0
*Z*轴中性轴～钢梁上缘左侧	Y_{ful}	mm	3150.0	3150.0	3150.0	3150.0
*Z*轴中性轴～钢梁腹板左侧	Y_{wl}	mm	2910.0	2910.0	2910.0	2910.0
*Z*轴中性轴～钢梁下缘左侧	Y_{fll}	mm	2950.0	2950.0	2950.0	2950.0
*Z*轴中性轴～桥面板右边缘	Y_{cr}	mm	…………	5400.0	5400.0	5400.0
*Z*轴中性轴～钢梁上缘右侧	Y_{fur}	mm	3150.0	3150.0	3150.0	3150.0
*Z*轴中性轴～钢梁腹板右侧	Y_{wr}	mm	2910.0	2910.0	2910.0	2910.0
*Z*轴中性轴～钢梁下缘右侧	Y_{flr}	mm	2950.0	2950.0	2950.0	2950.0

④Section-4　边跨(－M)区间　截面刚度:钢梁＋钢筋(S＋R)

0	–	桥面板	10800	×	300	=	0	mm^2
72	–	上段钢筋	D25	×	491	=	35352	mm^2
72	–	下段钢筋	D25	×	491	=	35352	mm^2
1	–	上翼缘板	6300	×	22	=	138600	mm^2
2	–	纵梁腹板	800	×	16	=	25600	mm^2
2	–	纵梁翼缘	300	×	16	=	9600	mm^2
10	–	上缘板肋	300	×	20	=	60000	mm^2
2	–	箱梁腹板	3400	×	20	=	136000	mm^2
12	–	下缘板肋	300	×	20	=	72000	mm^2
1	–	下翼缘板	5900	×	38	=	224200	mm^2
1	–	混凝土板	5780	×	500	=	2890000	mm^2

腹板上端～桥面板中心轴	H_c	=	250.0	mm
腹板上端～上段钢筋重心	H_U	=	332.5	mm
腹板上端～下段钢筋重心	H_L	=	163.5	mm
腹板上端～混凝土桥面板顶	H_{RC}	=	400.0	mm
右侧腹板～右侧桥面板边缘	L_c	=	2500.0	mm

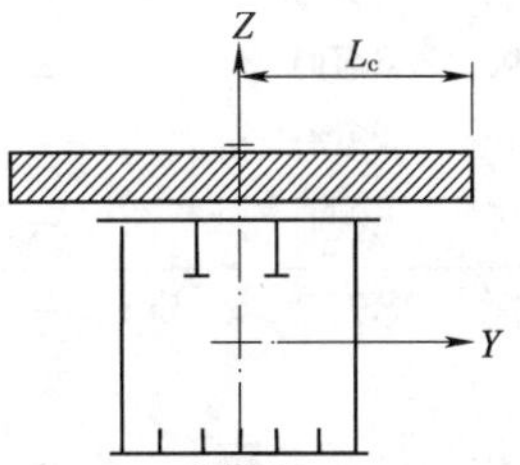

坐标系

箱形梁腹板中心距　B = 5800 mm

上翼缘纵梁～钢梁中心距离　ZL_1 = 1180 mm

上翼缘板肋～钢梁中心距离　ZL_2 = 320 mm　　750 mm　　1610 mm　2040 mm　2470 mm

下翼缘板肋～钢梁中心距离　ZL_3 = 320 mm　　750 mm　1180 mm　1610 mm　2040 mm　2470 mm

桥面板内上下段钢筋配置　B = 75 + (71 × 150 = 10650) + 75 = 10800

			结合前	结合后		
			$n=0$	$n=10$	$n=15$	$n=6$
混凝土桥面板截面积	A_{cu}	mm^2	…………	0	0	0
梁内混凝土板截面积	A_{cd}	mm^2	…………	2890000	2890000	2890000
钢梁截面积	A_s	mm^2	666000	666000	666000	666000
结合梁截面积	A_v	mm^2	…………	1025704	929371	1218371
腹板截面积	A_w	mm^2	136000	136000	136000	136000
纵向轴力抵抗截面积	A_r	mm^2	305800	305800	305800	305800
Y轴桥面板2次惯性矩	I_h	mm^4	…………	0	0	0
Y轴截面2次惯性矩	I_y	mm^4	1546200000000	2291200000000	2171100000000	2475300000000
Z轴截面2次惯性矩	I_z	mm^4	2986400000000	6940300000000	5622300000000	9576200000000
X轴扭矩	J_x	mm^4	2085000000000	2871900000000	2721300000000	3055500000000
Y轴回转半径	R_y	mm	1523.7	1494.6	1528.4	1425.4
Z轴回转半径	R_z	mm	2117.6	2601.2	2459.6	2803.5
Z轴方向偏心量	E_z	mm	－187.7	－396.1	－286.9	－562.8
Y轴方向偏心量	E_y	mm	0.0	0.0	0.0	0.0
Y轴中性轴～桥面板上翼缘	Z_c	mm	…………	2496.1	2386.9	2662.8
Y轴中性轴～桥面板中心轴	d	mm	2137.7	2346.1	2236.9	2512.8
Y轴中性轴～钢梁上翼缘顶	Z_u	mm	1909.7	2118.1	2008.9	2284.8
Y轴中性轴～钢梁腹板上端	Z_{ud}	mm	1887.7	2096.1	1986.9	2262.8
Y轴中性轴～钢梁腹板下端	Z_{ld}	mm	1512.3	1303.9	1413.1	1137.2
Y轴中性轴～钢梁下翼缘底	Z_l	mm	1550.3	1341.9	1451.1	1175.2
Z轴中性轴～桥面板左边缘	Y_{cl}	mm	…………	5400.0	5400.0	5400.0
Z轴中性轴～钢梁上缘左侧	Y_{ful}	mm	3150.0	3150.0	3150.0	3150.0
Z轴中性轴～钢梁腹板左侧	Y_{wl}	mm	2910.0	2910.0	2910.0	2910.0
Z轴中性轴～钢梁下缘左侧	Y_{fll}	mm	2950.0	2950.0	2950.0	2950.0
Z轴中性轴～桥面板右边缘	Y_{cr}	mm	…………	5400.0	5400.0	5400.0
Z轴中性轴～钢梁上缘右侧	Y_{fur}	mm	3150.0	3150.0	3150.0	3150.0
Z轴中性轴～钢梁腹板右侧	Y_{wr}	mm	2910.0	2910.0	2910.0	2910.0
Z轴中性轴～钢梁下缘右侧	Y_{flr}	mm	2950.0	2950.0	2950.0	2950.0

⑤Section-5　中间支点($-M$)　截面刚度：钢梁＋桥面板(S＋RC)

1	－	桥面板	10800	×	300	=	3240000	mm^2
0	－	上段钢筋	D25	×	491	=	0	mm^2
0	－	下段钢筋	D25	×	491	=	0	mm^2
1	－	上翼缘板	6300	×	32	=	201600	mm^2
2	－	纵梁腹板	800	×	16	=	25600	mm^2
2	－	纵梁翼缘	300	×	16	=	9600	mm^2
10	－	上缘板肋	300	×	20	=	60000	mm^2
2	－	箱梁腹板	3400	×	28	=	190400	mm^2
12	－	下缘板肋	300	×	30	=	108000	mm^2
1	－	下翼缘板	5900	×	50	=	295000	mm^2
1	－	混凝土板	5772	×	500	=	2886000	mm^2

腹板上端～桥面板中心轴	H_c	=	250.0	mm
腹板上端～上段钢筋重心	H_U	=	332.5	mm
腹板上端～下段钢筋重心	H_L	=	163.5	mm
腹板上端～混凝土桥面板顶	H_{RC}	=	400.0	mm
右侧腹板～右侧桥面板边缘	L_c	=	2500.0	mm

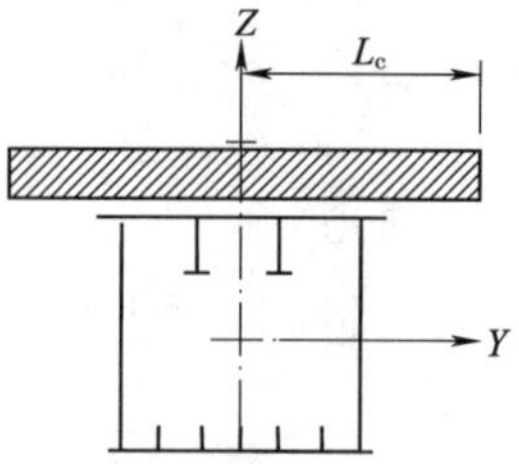

坐标系

箱形梁腹板中心距	B	=	5800	mm
上翼缘纵梁～钢梁中心距离	ZL_1	=	1180	mm
上翼缘板肋～钢梁中心距离	ZL_2	=	320	mm
下翼缘板肋～钢梁中心距离	ZL_3	=	320	mm

750 mm　　1610 mm　2040 mm　2470 mm

750 mm　1180 mm　1610 mm　2040 mm　2470 mm

桥面板内上下段钢筋配置　B = 75 + (71 × 150 = 10650) + 75 = 10800

			结合前	结合后		
			$n=0$	$n=10$	$n=15$	$n=6$
混凝土桥面板截面积	A_{cu}	mm^2	…………	3240000	3240000	3240000
梁内混凝土板截面积	A_{cd}	mm^2	…………	2886000	2886000	2886000
钢梁截面积	A_s	mm^2	890200	890200	890200	890200
结合梁截面积	A_v	mm^2	…………	1502800	1298600	1911200
腹板截面积	A_w	mm^2	190400	190400	190400	190400
纵向轴力抵抗截面积	A_r	mm^2	421816	421816	421816	421816
Y轴桥面板2次惯性矩	I_h	mm^4	…………	24300000000	24300000000	24300000000
Y轴截面2次惯性矩	I_y	mm^4	2069200000000	3959100000000	3341400000000	5177400000000
Z轴截面2次惯性矩	I_z	mm^4	3603600000000	7554100000000	6237300000000	10187800000000
X轴扭矩	J_x	mm^4	2934000000000	3797100000000	3606200000000	4050900000000
Y轴回转半径	R_y	mm	1524.6	1623.1	1604.1	1645.9
Z轴回转半径	R_z	mm	2012.0	2242.0	2191.6	2308.8
Z轴方向偏心量	E_z	mm	−219.6	11.9	−41.0	83.8
Y轴方向偏心量	E_y	mm	0.0	0.0	0.0	0.0
Y轴中性轴～桥面板上翼缘	Z_c	mm	…………	2088.1	2141.0	2016.2
Y轴中性轴～桥面板中心轴	d	mm	2169.6	1938.1	1991.0	1866.2
Y轴中性轴～钢梁上翼缘顶	Z_u	mm	1951.6	1720.1	1773.0	1648.2
Y轴中性轴～钢梁腹板上端	Z_{ud}	mm	1919.6	1688.1	1741.0	1616.2
Y轴中性轴～钢梁腹板下端	Z_{ld}	mm	1480.4	1711.9	1659.0	1783.8
Y轴中性轴～钢梁下翼缘底	Z_l	mm	1530.4	1761.9	1709.0	1833.8
Z轴中性轴～桥面板左边缘	Y_{cl}	mm	…………	5400.0	5400.0	5400.0
Z轴中性轴～钢梁上缘左侧	Y_{ful}	mm	3150.0	3150.0	3150.0	3150.0
Z轴中性轴～钢梁腹板左侧	Y_{wl}	mm	2914.0	2914.0	2914.0	2914.0
Z轴中性轴～钢梁下缘左侧	Y_{fll}	mm	2950.0	2950.0	2950.0	2950.0
Z轴中性轴～桥面板右边缘	Y_{cr}	mm	…………	5400.0	5400.0	5400.0
Z轴中性轴～钢梁上缘右侧	Y_{fur}	mm	3150.0	3150.0	3150.0	3150.0
Z轴中性轴～钢梁腹板右侧	Y_{wr}	mm	2914.0	2914.0	2914.0	2914.0
Z轴中性轴～钢梁下缘右侧	Y_{flr}	mm	2950.0	2950.0	2950.0	2950.0

⑤Sootion 5　中间支点(－M)　截面刚度.钢梁+钢筋(S+R)

0	－	桥面板	10800	× 300	=	0 mm^2
72	－	上段钢筋	D25	× 491	=	35352 mm^2
72	－	下段钢筋	D25	× 491	=	35352 mm^2
1	－	上翼缘板	6300	× 32	=	201600 mm^2
2	－	纵梁腹板	800	× 16	=	25600 mm^2
2	－	纵梁翼缘	300	× 16	=	9600 mm^2
10	－	上缘板肋	300	× 20	=	60000 mm^2
2	－	箱梁腹板	3400	× 28	=	190400 mm^2
12	－	下缘板肋	300	× 30	=	108000 mm^2
1	－	下翼缘板	5900	× 50	=	295000 mm^2
1	－	混凝土板	5772	× 500	=	2886000 mm^2

腹板上端～桥面板中心轴　H_c = 250.0 mm

腹板上端～上段钢筋重心　H_U = 332.5 mm

腹板上端～下段钢筋重心　H_L = 163.5 mm

腹板上端～混凝土桥面板顶　H_{RC} = 400.0 mm

右侧腹板～右侧桥面板边缘　L_c = 2500.0 mm

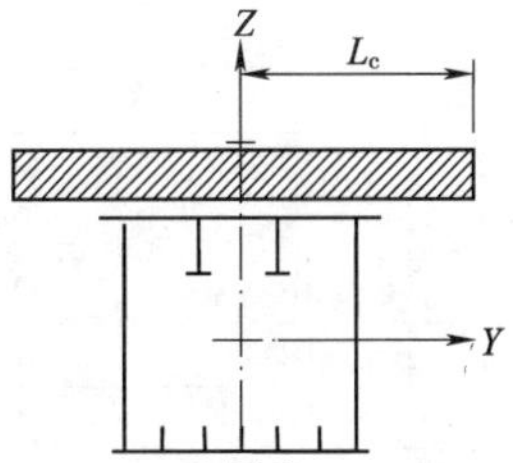

坐标系

箱形梁腹板中心距　B = 5800 mm

上翼缘纵梁～钢梁中心距离　ZL_1 = 1180 mm

上翼缘板肋～钢梁中心距离　ZL_2 = 320 mm　750 mm　1610 mm　2040 mm　2470 mm

下翼缘板肋～钢梁中心距离　ZL_3 = 320 mm　750 mm　1180 mm　1610 mm　2040 mm　2470 mm

桥面板内上下段钢筋配置　B = 75 + (71 × 150 = 10650) + 75 = 10800

			结合前	结合后		
			$n=0$	$n=10$	$n=15$	$n=6$
混凝土桥面板截面积	A_{cu}	mm^2	…………	0	0	0
梁内混凝土板截面积	A_{cd}	mm^2	…………	2886000	2886000	2886000
钢梁截面积	A_s	mm^2	890200	890200	890200	890200
结合梁截面积	A_v	mm^2	…………	1249504	1153304	1441904
腹板截面积	A_w	mm^2	190400	190400	190400	190400
纵向轴力抵抗截面积	A_r	mm^2	421816	421816	421816	421816
Y轴桥面板2次惯性矩	I_h	mm^4	…………	0	0	0
Y轴截面2次惯性矩	I_y	mm^4	2069200000000	2812200000000	2691100000000	3006700000000
Z轴截面2次惯性矩	I_z	mm^4	3947100000000	7897600000000	6580800000000	10531300000000
X轴扭矩	J_x	mm^4	2934000000000	3797100000000	3606200000000	4050900000000
Y轴回转半径	R_y	mm	1524.6	1500.2	1527.5	1444.0
Z轴回转半径	R_z	mm	2105.7	2514.1	2388.7	2702.5
Z轴方向偏心量	E_z	mm	－219.6	－381.1	－292.0	－523.8
Y轴方向偏心量	E_y	mm	0.0	0.0	0.0	0.0
Y轴中性轴～桥面板上翼缘	Z_c	mm	…………	2481.1	2392.0	2623.8
Y轴中性轴～桥面板中心轴	d	mm	2169.6	2331.1	2242.0	2473.8
Y轴中性轴～钢梁上翼缘顶	Z_u	mm	1951.6	2113.1	2024.0	2255.8
Y轴中性轴～钢梁腹板上端	Z_{ud}	mm	1919.6	2081.1	1992.0	2223.8
Y轴中性轴～钢梁腹板下端	Z_{ld}	mm	1480.4	1318.9	1408.0	1176.2
Y轴中性轴～钢梁下翼缘底	Z_l	mm	1530.4	1368.9	1458.0	1226.2
Z轴中性轴～桥面板左边缘	Y_{cl}	mm	…………	5400.0	5400.0	5400.0
Z轴中性轴～钢梁上缘左侧	Y_{ful}	mm	3150.0	3150.0	3150.0	3150.0
Z轴中性轴～钢梁腹板左侧	Y_{wl}	mm	2914.0	2914.0	2914.0	2914.0
Z轴中性轴～钢梁下缘左侧	Y_{fll}	mm	2950.0	2950.0	2950.0	2950.0
Z轴中性轴～桥面板右边缘	Y_{cr}	mm	…………	5400.0	5400.0	5400.0
Z轴中性轴～钢梁上缘右侧	Y_{fur}	mm	3150.0	3150.0	3150.0	3150.0
Z轴中性轴～钢梁腹板右侧	Y_{wr}	mm	2914.0	2914.0	2914.0	2914.0
Z轴中性轴～钢梁下缘右侧	Y_{flr}	mm	2950.0	2950.0	2950.0	2950.0

3.2.1.3 外力计算汇总

弯矩汇总表

[kN·m]

节点编号	位置	结合前恒载	结合后恒载		单线活荷载		$\rho = D_2(S+R)/D_2(S+RC)$
	X(m)	D_1	D_2(S+RC)	D_2(S+R)	Lmax	Lmin	
1	0.000	0	0	0	0	0	
2	2.400	5463	6850	6988	5105	-1285	
3	4.800	10027	12578	12853	9453	-2571	
4	7.200	13693	17182	17594	13061	-3856	
5	9.600	16460	20662	21212	15945	-5142	
6	12.000	18329	23020	23708	18152	-6427	
7	14.400	19299	24254	25079	19824	-7712	
8	16.800	19371	24365	25328	21003	-8998	104.0%
9	19.200	18543	23353	24454	21648	-10283	
10	21.600	16818	21218	22456	21767	-11569	
11	24.000	14194	17960	19335	21355	-12854	
12	26.400	10671	13578	15091	20420	-14139	
13	28.800	6250	8073	9724	18953	-15425	
14	31.200	930	1445	3233	16961	-16710	
15	33.600	-5289	-6306	-4381	14459	-17996	
16	36.000	-12406	-15181	-13117	11547	-19281	
17	38.400	-20421	-25178	-22978	9279	-20675	
18	43.200	-39397	-48812	-46336	6731	-28131	
19	48.000	-63216	-78282	-75532	6449	-39390	
20	52.800	-39554	-48964	-46213	5419	-26981	
21	57.600	-20734	-25482	-22732	6674	-17947	
22	60.800	-10351	-12503	-9752	8391	-13883	
23	64.000	-1565	-1521	1230	10964	-11389	
24	67.200	5624	7465	10216	14475	-10646	
25	70.400	11215	14454	17205	17612	-10466	
26	73.600	15209	19446	22197	19816	-10286	
27	76.800	17605	22441	25192	21088	-10106	
28	80.000	18403	23439	26190	21432	-9926	111.7%
29	83.200	17605	22441	25192	21088	-10106	
30	86.400	15209	19446	22197	19816	-10286	
31	89.600	11215	14454	17205	17612	-10466	
32	92.800	5624	7465	10216	14475	-10646	
33	96.000	-1565	-1521	1230	10964	-11389	
34	99.200	-10351	-12503	-9752	8391	-13883	
35	102.400	-20734	-25482	-22732	6674	-17947	
36	107.200	-39554	-48964	-46213	5419	-26981	
37	112.000	-63216	-78282	-75532	6449	-39390	
38	116.800	-39397	-48812	-46336	6731	-28131	
39	121.600	-20421	-25178	-22978	9279	-20675	
40	124.000	-12406	-15181	-13117	11547	-19281	
41	126.400	-5289	-6306	-4381	14459	-17996	
42	128.800	930	1445	3233	16961	-16710	
43	131.200	6250	8073	9724	18953	-15425	
44	133.600	10671	13578	15091	20420	-14139	
45	136.000	14194	17960	19335	21355	-12854	
46	138.400	16818	21218	22456	21767	-11569	
47	140.800	18543	23353	24454	21648	-10283	
48	143.200	19371	24365	25328	21003	-8998	104.0%
49	145.600	19299	24254	25079	19824	-7712	
50	148.000	18329	23020	23708	18152	-6427	
51	150.400	16460	20662	21212	15945	-5142	
52	152.800	13693	17182	17594	13061	-3856	
53	155.200	10027	12578	12853	9453	-2571	
54	157.600	5463	6850	6988	5105	-1285	
55	160.000	0	0	0	0	0	

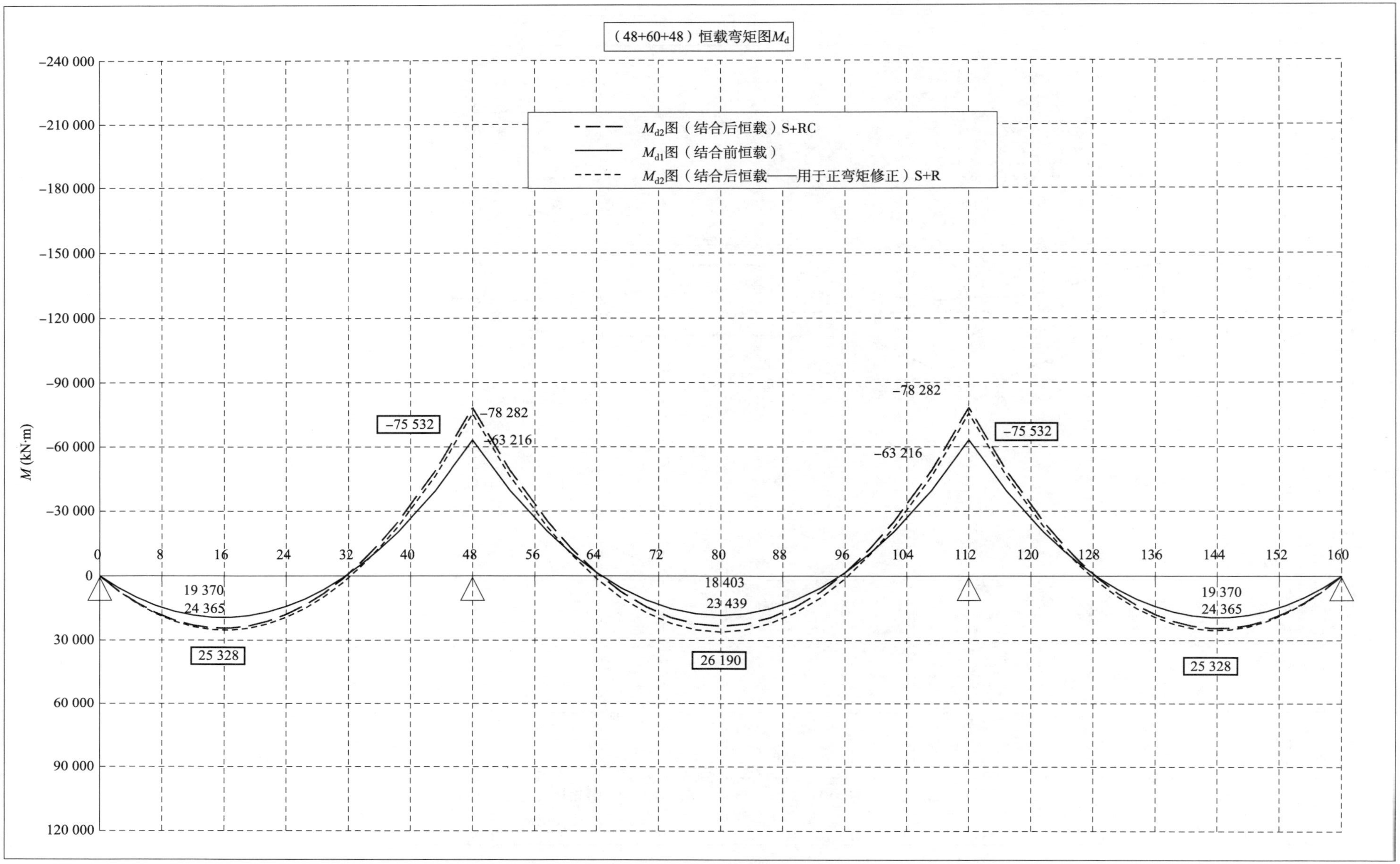
（48+60+48）恒载弯矩图M_d
M_{d2}图（结合后恒载）S+RC
M_{d1}图（结合前恒载）
M_{d2}图（结合后恒载——用于正弯矩修正）S+R
M (kN·m)
−240 000
−210 000
−180 000
−150 000
−120 000
−90 000
−60 000
−30 000
0
30 000
60 000
90 000
120 000
0 8 16 24 32 40 48 56 64 72 80 88 96 104 112 120 128 136 144 152 160
−75 532
−78 282
−63 216
−78 282
−75 532
−63 216
19 370
24 365
25 328
18 403
23 439
26 190
19 370
24 365
25 328

(48+64+48）连续结合梁单线活荷载弯矩（M_L）

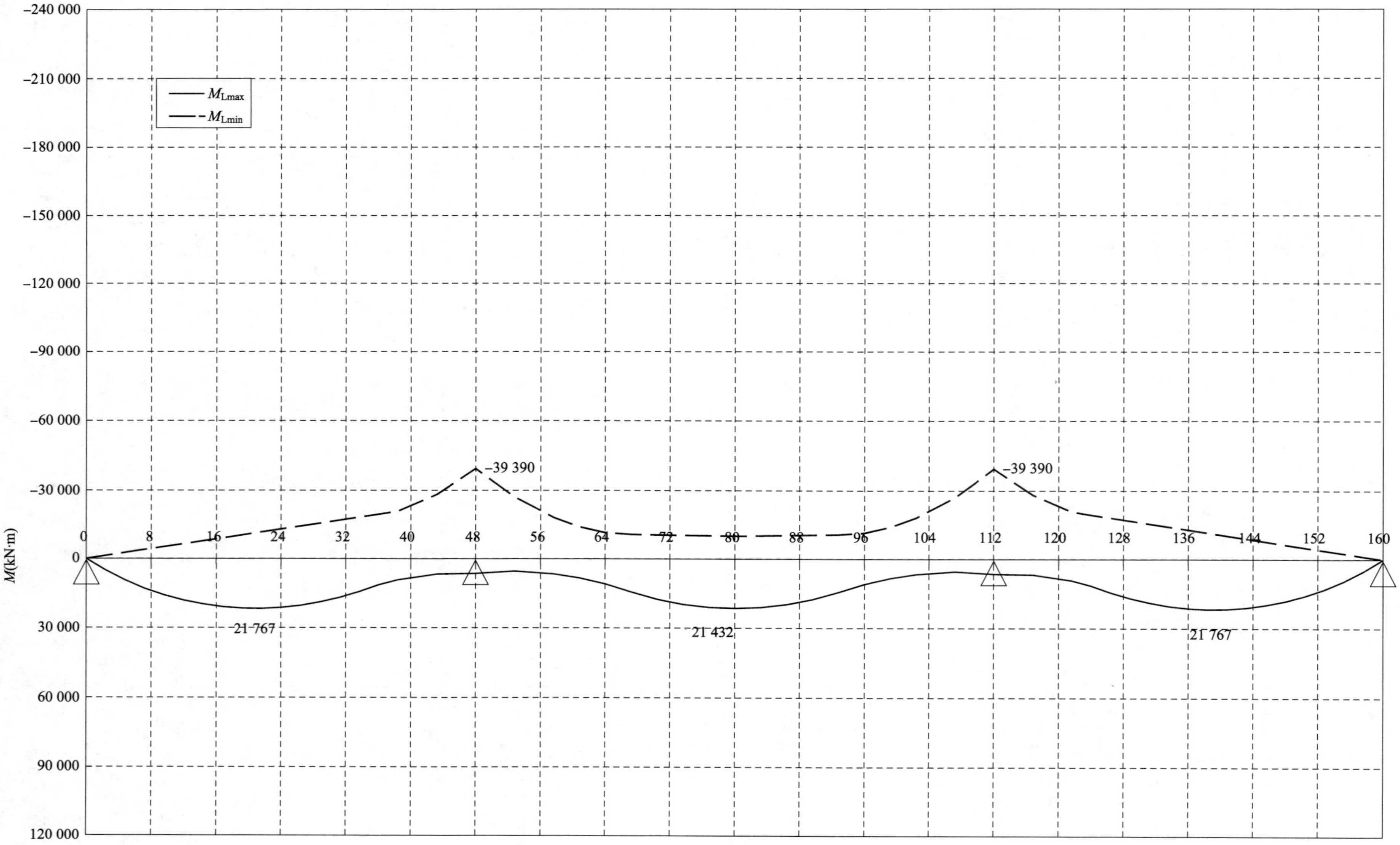

（48+64+48）荷载组合（恒载+双线活荷载） $D_1+D_2+L+\mu$弯矩合计

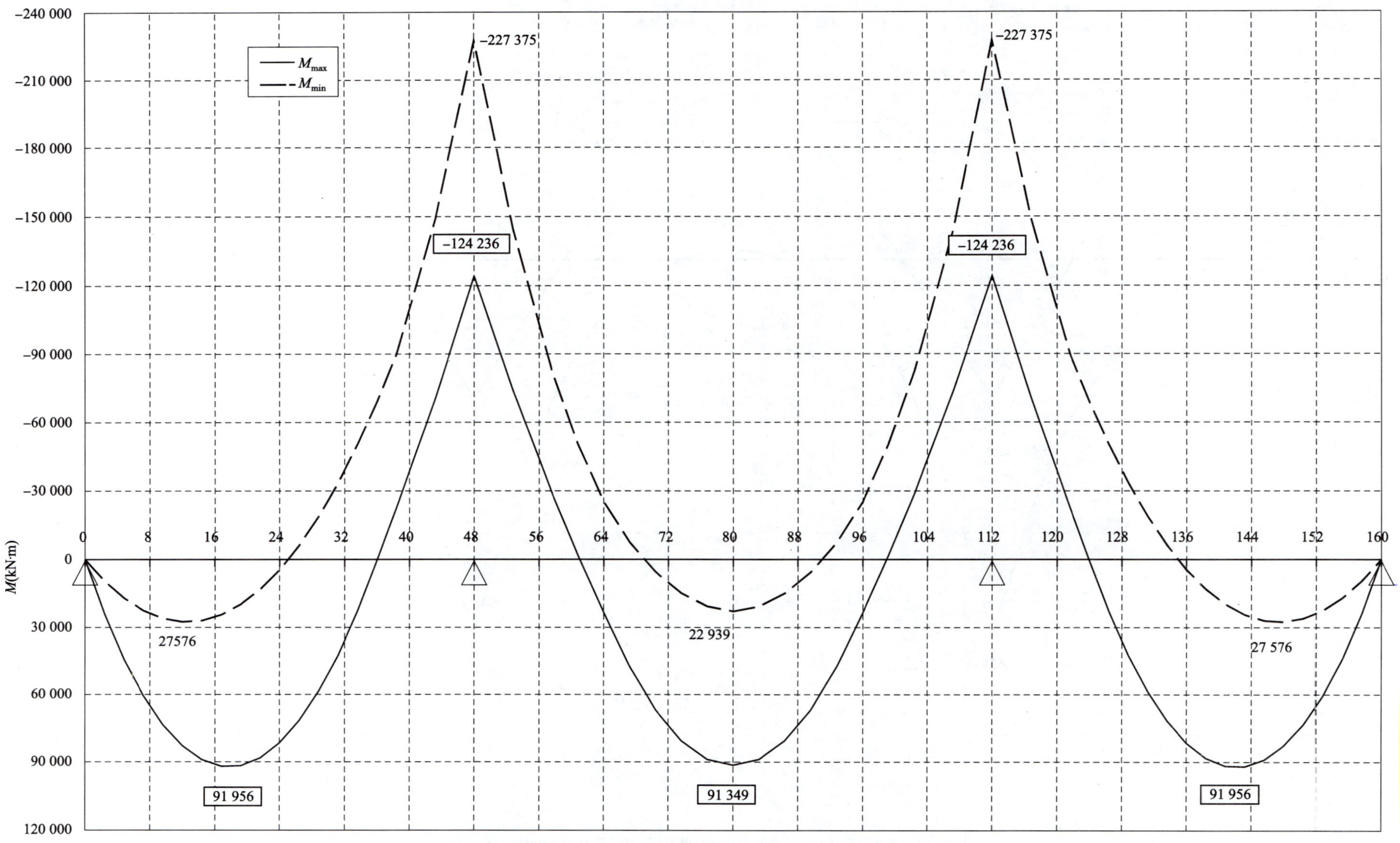

（48+64+48）荷载组合(结合后恒载+双线活荷载，用于开裂计算)$D_2+L+\mu$合计

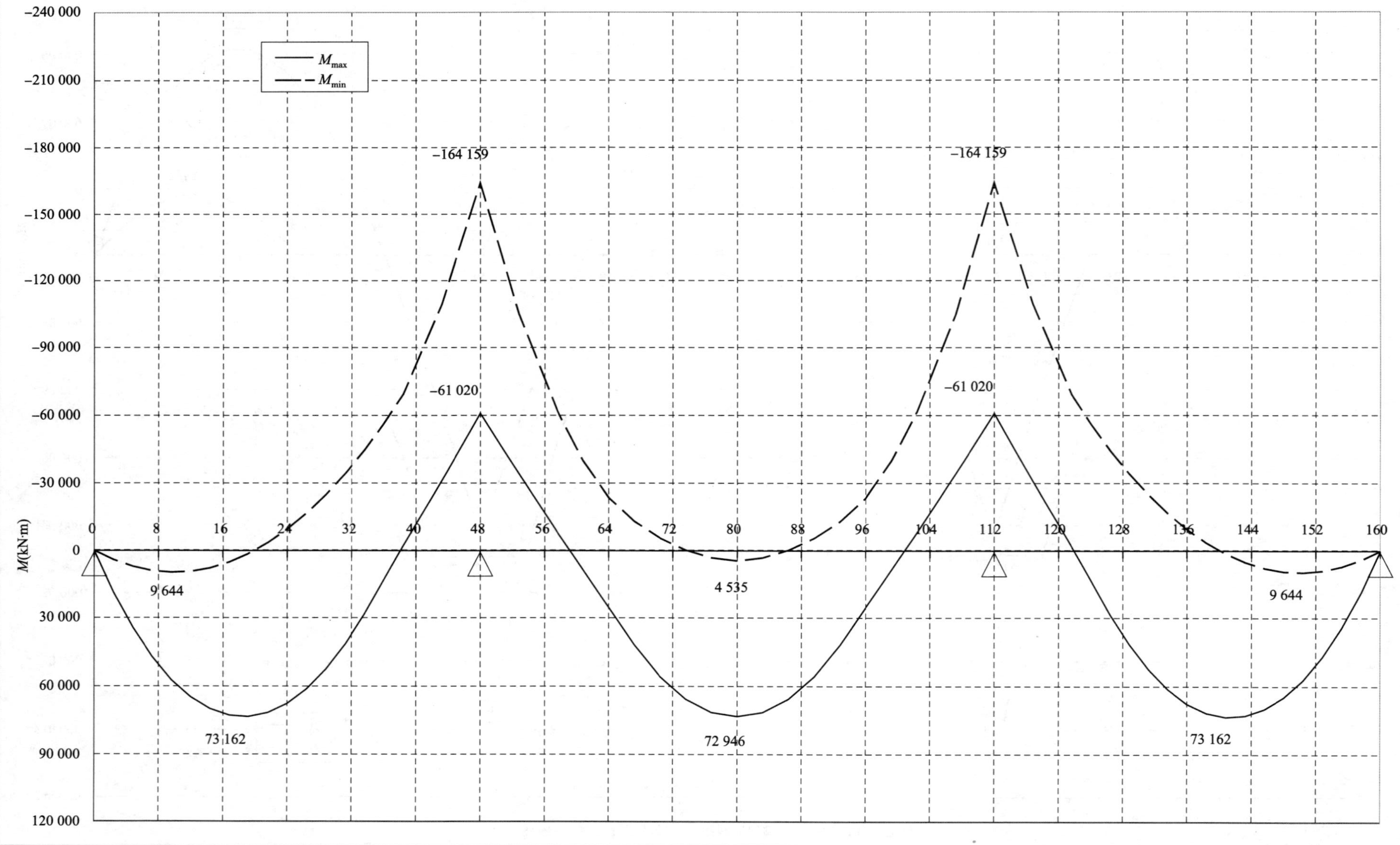

剪力以及轴力汇总表 [kN]

节点编号	位置 X(m)	结合前恒载 D_1	结合后恒载 D_2(S+RC)	单线活荷载 L_{max}	L_{min}	水平摇摆力 L_{Fmax}	L_{Fmin}	长轨力 (轴)L_R	制动力 (轴)B
1	0.00	2463	3088	2355	-536	100	-15	0	0
2	2.40	2089	2620	2118	-536	93	-15	-24	-14
3	4.80	1715	2152	1894	-550	87	-15	-48	-29
4	7.20	1340	1684	1685	-591	80	-20	-72	-43
5	9.60	966	1216	1490	-664	73	-27	-96	-58
6	12.00	591	748	1309	-735	67	-33	-120	-72
7	14.40	217	280	1143	-806	61	-39	-144	-86
8	16.80	-157	-188	991	-884	55	-45	-168	-101
9	19.20	-532	-656	853	-994	49	-51	-192	-115
10	21.60	-906	-1124	729	-1115	43	-57	-216	-130
11	24.00	-1281	-1592	618	-1249	38	-62	-240	-144
12	26.40	-1655	-2060	520	-1395	32	-68	-264	-158
13	28.80	-2029	-2528	434	-1551	28	-72	-288	-173
14	31.20	-2404	-2996	360	-1717	23	-77	-312	-187
15	33.60	-2778	-3464	298	-1894	19	-81	-336	-202
16	36.00	-3153	-3932	245	-2078	15	-85	-360	-216
17	38.40	-3527	-4400	202	-2271	12	-88	-384	-230
18	43.20	-4432	-5504	146	-2673	6	-94	-432	-259
19	48.00	-5493	-6776	134	-3058	5	-100	-480	-288
19	48.00	5460	6744	3291	-371	100	-13	-480	-288
20	52.80	4399	5472	2859	-380	95	-13	-528	-317
21	57.60	3494	4368	2443	-413	89	-13	-576	-346
22	60.80	2995	3744	2179	-448	85	-15	-608	-365
23	64.00	2496	3120	1958	-495	80	-20	-640	-384
24	67.20	1997	2496	1743	-556	74	-26	-672	-403
25	70.40	1498	1872	1534	-633	69	-31	-704	-422
26	73.60	998	1248	1338	-737	63	-37	-736	-442
27	76.80	499	624	1160	-860	56	-44	-768	-461
28	80.00	0	0	1000	-1000	50	-50	-800	-480
29	83.20	-499	-624	860	-1160	44	-56	-832	-499
30	86.40	-998	-1248	737	-1338	37	-63	-864	-518
31	89.60	-1498	-1872	633	-1534	31	-69	-896	-538
32	92.80	-1997	-2496	556	-1743	26	-74	-928	-557
33	96.00	-2496	-3120	495	-1958	20	-80	-960	-576
34	99.20	-2995	-3744	448	-2179	15	-85	-992	-595
35	102.40	-3494	-4368	413	-2443	13	-89	-1024	-614
36	107.20	-4399	-5472	380	-2859	13	-95	-1072	-643
37	112.00	-5460	-6744	371	-3291	13	-100	-1120	-672
37	112.00	5493	6776	3058	-134	100	-5	-1120	-672
38	116.80	4432	5504	2673	-146	94	-6	432	259
39	121.60	3527	4400	2271	-202	88	-12	384	230
40	124.00	3153	3932	2078	-245	85	-15	360	216
41	126.40	2778	3464	1894	-298	81	-19	336	202
42	128.80	2404	2996	1717	-360	77	-23	312	187
43	131.20	2029	2528	1551	-434	72	-28	288	173
44	133.60	1655	2060	1395	-520	68	-32	264	158
45	136.00	1281	1592	1249	-618	62	-38	240	144
46	138.40	906	1124	1115	-729	57	-43	216	130
47	140.80	532	656	994	-853	51	-49	192	115
48	143.20	157	188	884	-991	45	-55	168	101
49	145.60	-217	-280	806	-1143	39	-61	144	86
50	148.00	-591	-748	735	-1309	33	-67	120	72
51	150.40	-966	-1216	664	-1490	27	-73	96	58
52	152.80	-1340	-1684	591	-1685	20	-80	72	43
53	155.20	-1715	-2152	550	-1894	15	-87	48	29
54	157.60	-2089	-2620	536	-2118	15	-93	24	14
55	160.00	-2463	-3088	536	-2355	15	-100	0	0

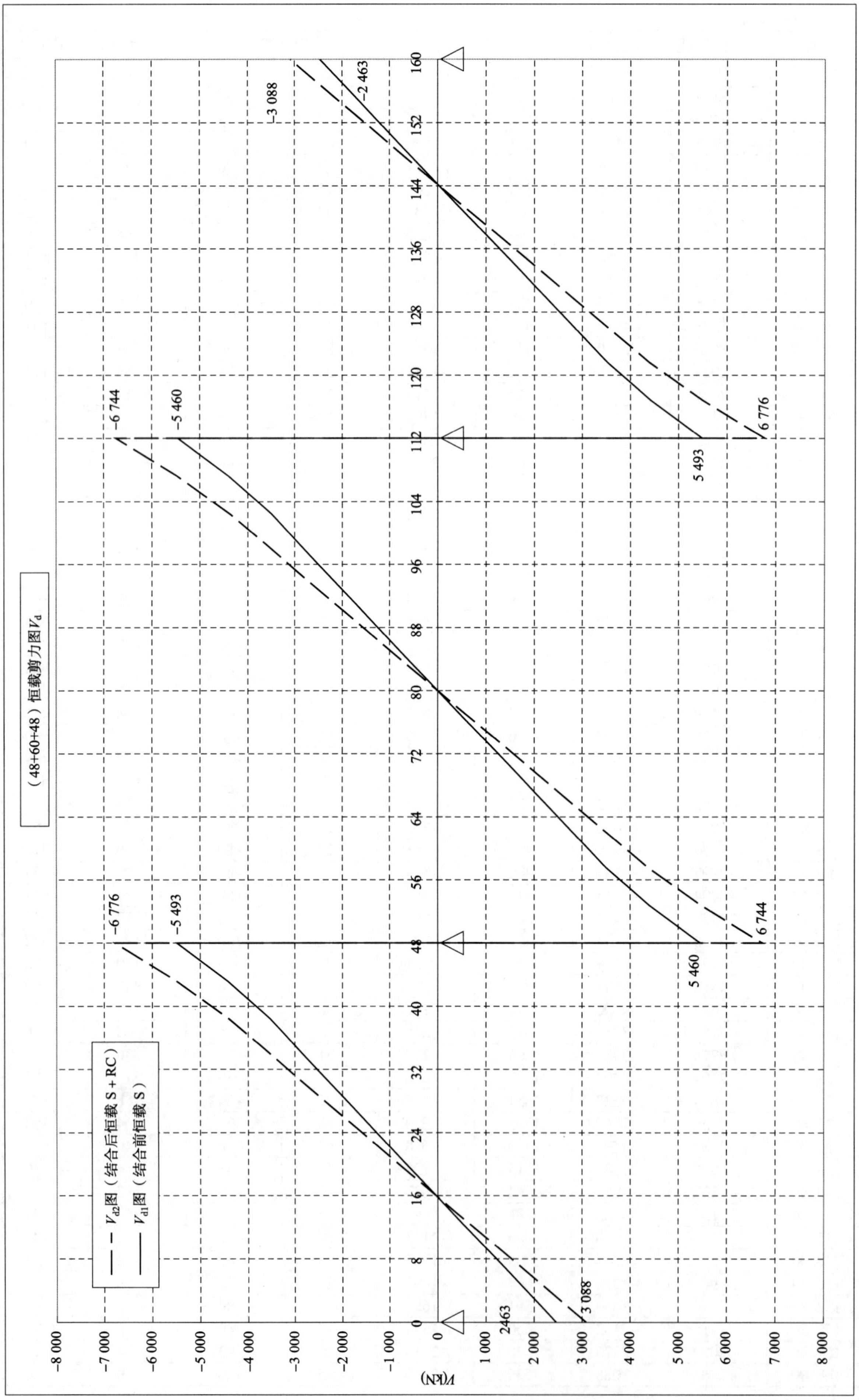
（48+60+48）恒载剪力图V_d
V_{d2}图（结合后恒载S＋RC）
V_{d1}图（结合前恒载S）
V(kN)
−8 000
−7 000
−6 000
−5 000
−4 000
−3 000
−2 000
−1 000
0
1 000
2 000
3 000
4 000
5 000
6 000
7 000
8 000
0
8
16
24
32
40
48
56
64
72
80
88
96
104
112
120
128
136
144
152
160
2463
3 088
−6 776
−5 493
5 460
6 744
−6 744
−5 460
5 493
6 776
−3 088
−2 463

（48+64+48）剪力(单线活荷载)V

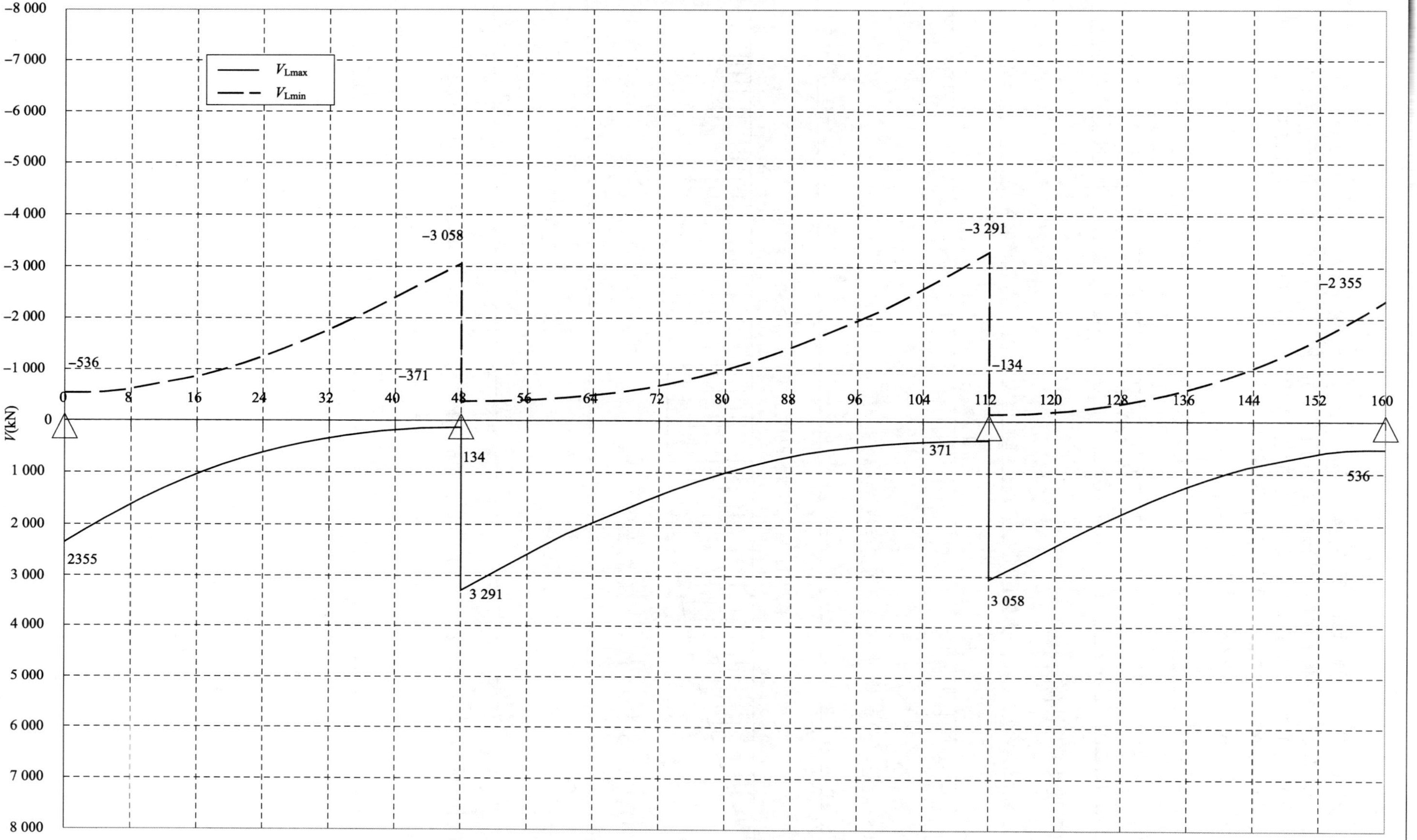

3.2.2 超静定力

3.2.2.1 混凝土干燥收缩—弹性荷载计算

结合梁混凝土桥面板干燥收缩使得全梁受到正弯矩的影响，向下方变形。由于连续梁中间支点对变形予以约束，各个支点产生了超静定反力。支点的超静定反力，使得全梁产生了负弯矩，也就是混凝土干燥收缩引起了结构的附加应力。其计算方法如下：

(1)计算混凝土干燥收缩引起的弯矩 M_g

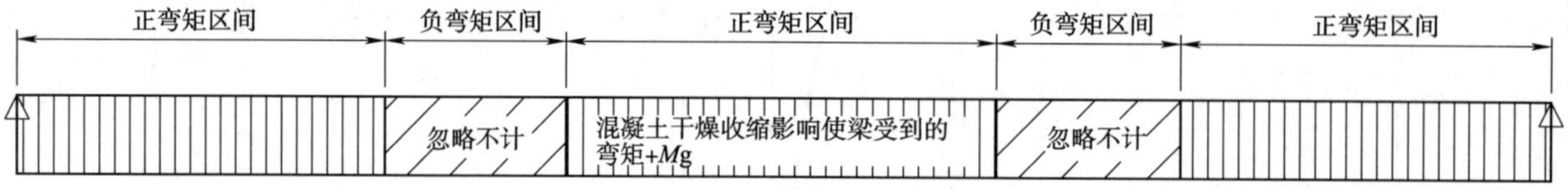

(2)变换成弹性荷载 $q(x)$

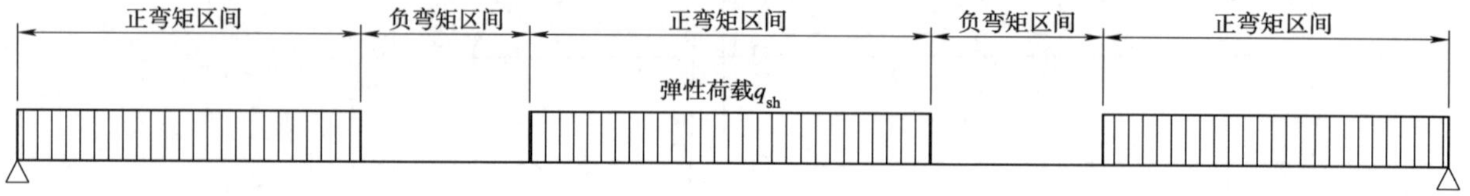

(3)依据 $q(x)$ 荷载，求解出中间支点位置的弯矩 M

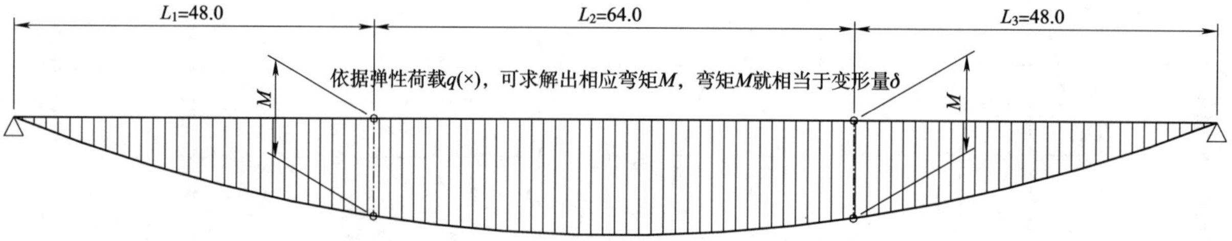

(4)将上一步求解出的 M 变换成强制性位移 δ

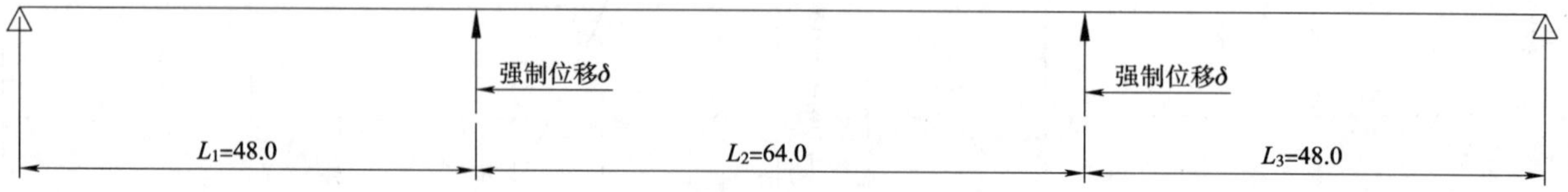

(5)强制性位移 δ，可以解析出中间支点位置的超静定反力，及边跨和中跨各个位置的弯矩 M_0

(6)超静定力 M_0参与外力计算

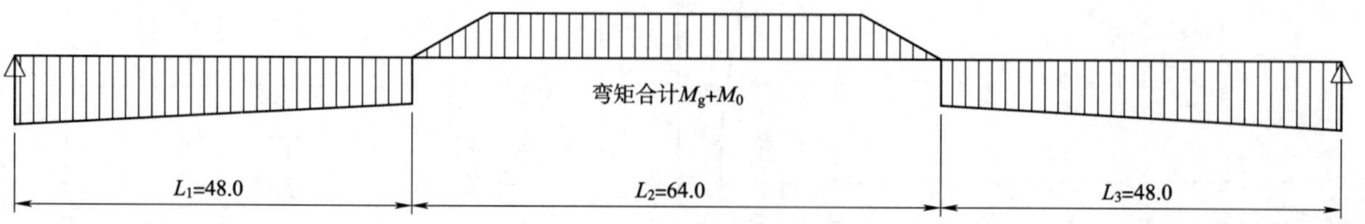

【计算方法】

① 混凝土干燥收缩—弹性荷载 $q(x)$ 采用共轭梁理论挠度计算方式，弹性荷载加载的范围在中间支点（$\approx 0.15L$）以外，截面刚度采用结合梁换算截面（$n=15$）

② 依据①求解的中间支点挠度，采用强制性位移，解析出超静定反力。

③ 由超静定反力，即可求得各个位置的弯矩

④ 将①、②步算出的挠度叠加，预拱度设置中混凝土干燥收缩部分的挠度即可考虑进去。

【弹性荷载】《道示》（解 9.2.11）

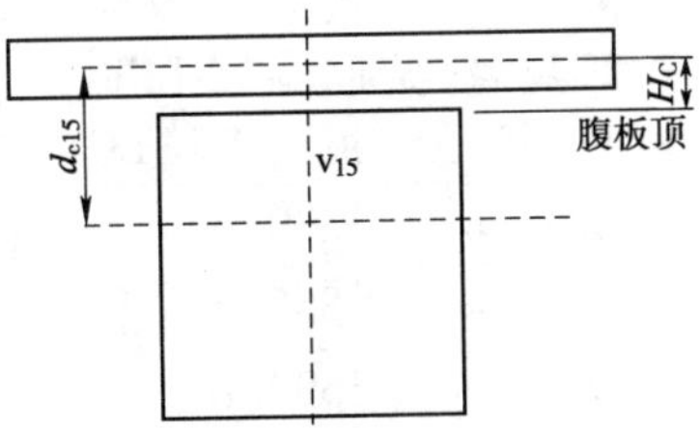

$$q(x) = \frac{\varepsilon_c \times A_c \times d_{c15}}{n_{15} \times I_{v15}}$$

公式中 ε_c	=	0.00015	混凝土收缩 $\alpha_c \times t$
α_c	=	0.00001	混凝土膨胀系数
t	=	15℃	整体灌注的钢筋混凝土相当于降低温度
n	=	6	钢与钢筋混凝土弹性模量比 E_g/E_c
n_{15}	$\approx$	15	计算混凝土收缩（考虑徐变）的弹性模量比 $n\times(1+\varphi_1)$
$(1+\varphi_1)$	=	2.5	干燥收缩时桥面板影响的徐变系数
A_c	:		混凝土桥面板截面积（mm^2）
d_{c15}	:		混凝土桥面板中立轴～结合梁换算截面中立轴的距离（mm）
I_{v15}	:		结合梁换算截面 2 次惯性矩（mm^4）

第 1 跨正弯矩区截面 Section-1（荷载计算时，采用全截面）

n_{15} = 15 H_c = 250 mm

						$A(mm^2)$	$Z(mm)$	$A\times Z$	$I_{v15}(mm^4)$
桥面板截面	1-Slab	10800	×	300	=	216000	1450	313200000	455760000000
上翼缘板	1-UFLG	6300	×	16	=	100800	1208	121766400	147095961600
小纵梁腹板	2-UWeb	800	×	16	=	25600	800	20480000	17749333333
小纵梁翼缘	2-UFLG	300	×	16	=	9600	392	3763200	1475379200
上翼缘纵肋	10-URib	160	×	16	=	25600	1120	28672000	32167253333
腹板	2-Web	2400	×	16	=	76800			36864000000
下翼缘纵肋	12-LRib	160	×	16	=	30720	-1120	-34406400	38600704000
下翼缘板	1-LFLG	5900	×	20	=	118000	-1210	-142780000	172767733333

Z_c = 1084.9　　A_g = 603120　　310695200　　902480364800

Z_u = 700.9　　A_c = 3240000　　$\Delta I_{v15} = A_g \times \delta^2$ = -160055697610

Z_d = 1735.2　　$\delta = A\times Z/A_g$ = 515.2　　I_{v15} = 742424667190

$$d_{c15} = Z_c - h_c / 2 = 1084.9 - 300 / 2 = 934.9\ \text{mm}$$

$$q_{sh} = \frac{\varepsilon_c \times A_c \times d_{c15}}{n_{15} \times I_{v15}} = \frac{0.00015 \times 3240000 \times 934.9}{15 \times 742424667190 \times 10^{-3}}$$

$$= 40.80 \times 10^{-6}\ 1/m$$

正弯矩区截面 Section-2

n_{15} = 15 H_c = 250 mm

						$A(\mathrm{mm}^2)$	$Z(\mathrm{mm})$	$A\times Z$	$I_{v15}(\mathrm{mm}^4)$
桥面板截面	1-Slab	10800	×	300	=	216000	1450	313200000	455760000000
上翼缘板	1-UFLG	6300	×	16	=	100800	1208	121766400	147095961600
小纵梁腹板	2-UWeb	800	×	16	=	25600	800	20480000	17749333333
小纵梁翼缘	2-UFLG	300	×	16	=	9600	392	3763200	1475379200
上翼缘纵肋	10-URib	160	×	16	=	25600	1120	28672000	32167253333
腹板	2-Web	2400	×	16	=	76800			36864000000
下翼缘纵肋	12-LRib	160	×	16	=	30720	-1120	-34406400	38600704000
下翼缘板	1-LFLG	5900	×	30	=	177000	-1215	-215055000	261305100000

Z_c = 1239.9 A_g = 662120 238420200 991017731467

Z_u = 855.9 A_c = 3240000 $\Delta I_{v15} = A_g \times \delta^2 =$ -85853662739

Z_d = 1590.1 $\delta = A \times Z / A_g$ = 360.1 $I_{v15} =$ 905164068727

$$d_{c15} = Z_c - h_c / 2 = 1239.9 - 300 / 2 = 1089.9 \text{ mm}$$

$$q_{sh} = \frac{\varepsilon_c \times A_c \times d_{c15}}{n_{15} \times I_{v15}} = \frac{0.00015 \times 3240000 \times 1089.9}{15 \times 905164068727 \times 10^{-3}}$$

$$= 39.01 \times 10^{-6}\ 1/\mathrm{m}$$

正弯矩区截面 Section-3

n_{15} = 15 H_c = 250 mm

						$A(\mathrm{mm}^2)$	$Z(\mathrm{mm})$	$A\times Z$	$I_{v15}(\mathrm{mm}^4)$
桥面板截面	1-Slab	10800	×	300	=	216000	1450	313200000	455760000000
上翼缘板	1-UFLG	6300	×	22	=	138600	1211	167844600	203265400800
小纵梁腹板	2-UWeb	800	×	16	=	25600	800	20480000	17749333333
小纵梁翼缘	2-UFLG	300	×	16	=	9600	392	3763200	1475379200
上翼缘纵肋	10-URib	300	×	20	=	60000	1050	63000000	66600000000
腹板	2-Web	2400	×	20	=	96000			46080000000
下翼缘纵肋	12-LRib	300	×	20	=	72000	-1050	-75600000	79920000000
下翼缘板	1-LFLG	5900	×	28	=	165200	-1214	-200552800	243481892267

Z_c = 1226.9 A_g = 783000 292135000 1114332005600

Z_u = 848.9 A_c = 3240000 $\Delta I_{v15} = A_g \times \delta^2 =$ -108996426630

Z_d = 1601.1 $\delta = A \times Z / A_g$ = 373.1 $I_{v15} =$ 1005335578970

$$d_{c15} = Z_c - h_c / 2 = 1226.9 - 300 / 2 = 1076.9 \text{ mm}$$

$$q_{sh} = \frac{\varepsilon_c \times A_c \times d_{c15}}{n_{15} \times I_{v15}} = \frac{0.00015 \times 3240000 \times 1076.9}{15 \times 1005335578970 \times 10^{-3}}$$

$$= 34.71 \times 10^{-6}\ 1/\mathrm{m}$$

电算解析结果

由于弹性荷载值 $q_{sh}\times10^{-6}$ 太小，所以解析计算时仅带入 q_{sh} 值，最后将 δ 值乘以 10^{-6} 进行修正。

					计算结果						
弹性荷载产生的挠度值	$\delta_{(M)19}$	=	M_{19}	=	66758 kN·m						
							修正		单位转换		
强制位移	δ_{sh19}	=	δ_{sh37}	=	66758	×	10^{-6}	×	1000	=	66.8 mm
强制位移引起的超静定反力	R_{sh19}	=	R_{sh37}	=	173.7 kN						
	R_{sh1}	=	R_{sh55}	=	−173.7 kN						

超静定反力得出的弯矩

第1跨中央	M_0	=	173.7	×	24.0	=	4170 kN·m
第1中间支点	M_0	=	173.7	×	48.0	=	8340 kN·m
第2跨中央	M_0	=					8340 kN·m

3.2.2.2　混凝土徐变—弹性荷载计算

结合梁混凝土桥面板在持续荷载(结合后恒载)作用下,徐变变形使得全梁受到正弯矩的影响,向下方变形。由于连续梁中间支点对变形予以约束,因此各个支点产生了超静定反力。

【弹性荷载】《道示》(解 9.2.4,解 9.2.6)

$$q(x) = \frac{A_c \times d_{c15} \times d_{c6} \times \alpha}{n_6 \times E_g \times I_{v15} \times I_{v6}} \times M_{d2}$$

公式中 n_6	=	6	钢与钢筋混凝土弹性模量比 E_g / E_c
$(1+\phi)$	=	2.5	徐变系数
α	=	0.60	系数 ϕ / $(1+\phi)$
M_{d2}	:		结合后恒载弯矩(kN·m)
A_c	:		混凝土桥面板截面积(mm^2)
$I_{v6}(I_{v15})$	:		结合梁换算截面2次惯性矩(mm^4)
$d_{c6}(d_{c15})$	:		混凝土桥面板中立轴~结合梁换算截面中立轴的距离(mm)
E_g	:		钢的弹性模量　210000 N/mm^2

第1跨正弯矩区截面 Section-1(荷载计算时,采用全截面)

n_6 = 6	H_c = 250 mm						$A(mm^2)$	$Z(mm)$	$A\times Z$	$I_{v6}(mm^4)$
桥面板截面	1-Slab	10800	×	300	=		540000	1450	783000000	1139400000000
上翼缘板	1-UFLG	6300	×	16	=		100800	1208	121766400	147095961600
小纵梁腹板	2-UWeb	800	×	16	=		25600	800	20480000	17749333333
小纵梁翼缘	2-UFLG	300	×	16	=		9600	392	3763200	1475379200
上翼缘纵肋	10-URib	160	×	16	=		25600	1120	28672000	32167253333
腹板	2-Web	2400	×	16	=		76800			36864000000
下翼缘纵肋	12-LRib	160	×	16	=		30720	-1120	-34406400	38600704000
下翼缘板	1-LFLG	5900	×	20	=		118000	-1210	-142780000	172767733333
Z_c = 758.2				A_g	=		927120		780495200	1586120364800
Z_u = 374.2				A_c	=		3240000		$\Delta I_{v6} = A_g\times\delta^2$ =	-657060534028
Z_d = 2061.9				$\delta = A\times Z/A_g$	=		841.9		I_{v6} =	929059830772

$d_{c6} = Z_c - h_c / 2 = 758.2 - 300 / 2 = 608.2$ mm

$$q_{cr} = \frac{A_c \times d_{c15} \times d_{c6} \times \alpha}{n_6 \times E_g \times I_{v15} \times I_{v6}} \times M_{d2}$$

$$= \frac{3240000 \times 934.9 \times 608.2 \times 0.60}{6 \times 210000 \times 742424667190 \times 929059830772 \times 10^{-9}} \times M_{d2}$$

$$= 1.272E-09\ 1/kN\cdot m^2 \times M_{d2}$$

$$= \boxed{1.272} \times 10^{-9}\ 1/kN\cdot m^2 \times M_{d2}$$

正弯矩区截面 Section-2

n_2 = 6 H_c = 250 mm

						$A(mm^2)$	$Z(mm)$	$A\times Z$	$I_{v6}(mm^4)$
桥面板截面	1-Slab	10800	×	300	=	540000	1450	783000000	1139400000000
上翼缘板	1-UFLG	6300	×	16	=	100800	1208	121766400	147095961600
小纵梁腹板	2-UWeb	800	×	16	=	25600	800	20480000	17749333333
小纵梁翼缘	2-UFLG	300	×	16	=	9600	392	3763200	1475379200
上翼缘纵肋	10-URib	160	×	16	=	25600	1120	28672000	32167253333
腹板	2-Web	2400	×	16	=	76800			36864000000
下翼缘纵肋	12-LRib	160	×	16	=	30720	-1120	-34406400	38600704000
下翼缘板	1-LFLG	5900	×	30	=	177000	-1215	-215055000	261305100000

Z_c = 881.8 A_g = 986120 708220200 1674657731467

Z_u = 497.8 A_c = 3240000 $\Delta I_{v6} = A_g \times \delta^2 =$ -508637615460

Z_d = 1948.2 $\delta = A\times Z/A_g$ = 718.2 I_{v6} = 1166020116007

$d_{c6} = Z_c - h_c / 2 = 881.8 - 300 / 2 = 731.8$ mm

$$q_{cr} = \frac{A_c \times d_{c15} \times d_{c6} \times \alpha}{n_6 \times E_g \times I_{v15} \times I_{v6}} \times M_{d2}$$

$$= \frac{3240000 \times 1089.9 \times 731.8 \times 0.60}{6 \times 210000 \times 905164068727 \times 1166020116007 \times 10^{-9}} \times M_{d2}$$

$$= 1.166E-09\ 1/kN\cdot m^2 \times M_{d2}$$

$$= \boxed{1.166} \times 10^{-9}\ 1/kN\cdot m^2 \times M_{d2}$$

正弯矩区截面 Section-3

n_2 = 6 H_c = 250 mm

						$A(mm^2)$	$Z(mm)$	$A\times Z$	$I_{v6}(mm^4)$
桥面板截面	1-Slab	10800	×	300	=	540000	1450	783000000	1139400000000
上翼缘板	1-UFLG	6300	×	22	=	138600	1211	167844600	203265400800
小纵梁腹板	2-UWeb	800	×	16	=	25600	800	20480000	17749333333
小纵梁翼缘	2-UFLG	300	×	16	=	9600	392	3763200	1475379200
上翼缘纵肋	10-URib	300	×	20	=	60000	1050	63000000	66600000000
腹板	2-Web	2400	×	20	=	96000			46080000000
下翼缘纵肋	12-LRib	300	×	20	=	72000	-1050	-75600000	79920000000
下翼缘板	1-LFLG	5900	×	28	=	165200	-1214	-200552800	243481892267

Z_c = 911.7 A_g = 1107000 761935000 1797972005600

Z_u = 533.7 A_c = 3240000 $\Delta I_{v6} = A_g \times \delta^2 =$ -524433638379

Z_d = 1916.3 $\delta = A\times Z/A_g$ = 688.3 I_{v6} = 1273538367221

$d_{c6} = Z_c - h_c / 2 = 911.7 - 300 / 2 = 761.7$ mm

$$q_{cr} = \frac{A_c \times d_{c15} \times d_{c6} \times \alpha}{n_6 \times E_g \times I_{v15} \times I_{v6}} \times M_{d2}$$

$$= \frac{3240000 \times 1076.9 \times 761.7 \times 0.60}{6 \times 210000 \times 1005335578970 \times 1273538367221 \times 10^{-9}} \times M_{d2}$$

$$= 9.885E-10\ 1/kN\cdot m^2 \times M_{d2}$$

$$= \boxed{0.988} \times 10^{-9}\ 1/kN\cdot m^2 \times M_{d2}$$

节点编号	X (m)	M_{D2} (kN·m)	$\frac{A_c \times d_{c15} \times d_{c6} \times \alpha}{n_6 \times E_g \times I_{v15} \times I_{v6}}$	弹性荷载 $q(x)\times10^{-6}(1/m)$
1	0.00	0	1.2717E-09	0.00
2	2.40	6850	1.2717E-09	8.71
3	4.80	12578	1.2717E-09	16.00
4	7.20	17182	1.2717E-09	21.85
5	9.60	20662	1.2717E-09	26.28
6	12.00	23020	1.1660E-09	26.84
7	14.40	24254	1.1660E-09	28.28
8	16.80	24365	1.1660E-09	28.41
9	19.20	23353	1.1660E-09	27.23
10	21.60	21218	1.1660E-09	24.74
11	24.00	17960	1.1660E-09	20.94
12	26.40	13578	1.1660E-09	15.83
13	28.80	8073	1.1660E-09	9.41
14	31.20	1445	9.8848E-10	1.43
	31.647	0		0.0
15	33.60	-6306		0.0
16	36.00	-15181		0.0
17	38.40	-25178		0.0
18	43.20	-48812		0.0
19	48.00	-78282		0.0
20	52.80	-48964		0.0
21	57.60	-25482		0.0
22	60.80	-12503		0.0
23	64.00	-1521		0.0
	64.542	0		0.0
24	67.20	7465	9.8848E-10	7.38
25	70.40	14454	1.1660E-09	16.85
26	73.60	19446	1.1660E-09	22.67
27	76.80	22441	1.1660E-09	26.17
28	80.00	23439	1.1660E-09	27.33
29	83.20	22441	1.1660E-09	26.17
30	86.40	19446	1.1660E-09	22.67
31	89.60	14454	1.1660E-09	16.85
32	92.80	7465	9.8848E-10	7.38
	95.458	0		0.0
33	96.00	-1521		0.0
34	99.20	-12503		0.0
35	102.40	-25482		0.0
36	107.20	-48964		0.0
37	112.00	-78282		0.0
38	116.80	-48812		0.0
39	121.60	-25178		0.0
40	124.00	-15181		0.0
41	126.40	-6306		0.0
	128.353	0		0.0
42	128.80	1445	9.8848E-10	1.43
43	131.20	8073	1.1660E-09	9.41
44	133.60	13578	1.1660E-09	15.83
45	136.00	17960	1.1660E-09	20.94
46	138.40	21218	1.1660E-09	24.74
47	140.80	23353	1.1660E-09	27.23
48	143.20	24365	1.1660E-09	28.41
49	145.60	24254	1.1660E-09	28.28
50	148.00	23020	1.1660E-09	26.84
51	150.40	20662	1.2717E-09	26.28
52	152.80	17182	1.2717E-09	21.85
53	155.20	12578	1.2717E-09	16.00
54	157.60	6850	1.2717E-09	8.71
55	160.00	0	1.2717E-09	0.00

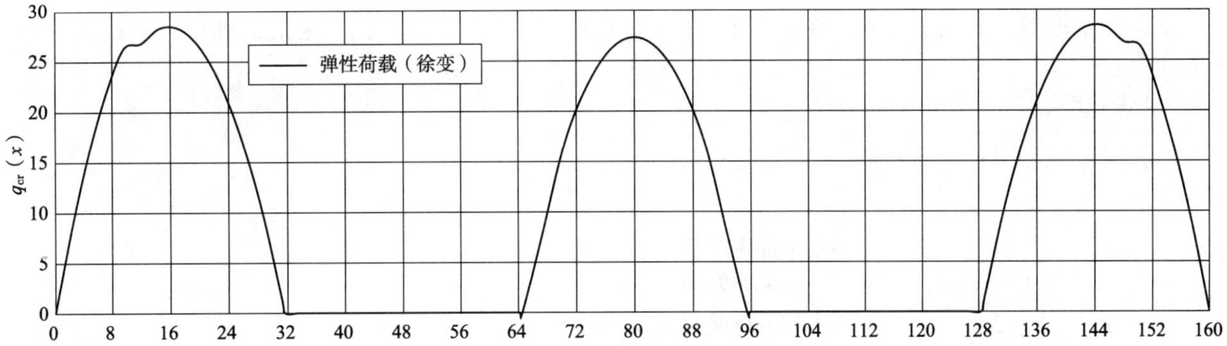

电算解析结果

弹性荷载产生的挠度值	$\delta_{(M)19}$	=	M_{19}	=	22806 kN·m					
强制位移	δ_{cr19}	=	δ_{cr37}	=	22806	×	10^{-6}	×	1000	= 22.8 mm

强制位移引起的超静定反力	R_{cr19}	=	R_{cr37}	=	59.4 kN
	R_{cr1}	=	R_{cr55}	=	−59.4 kN

超静定反力得出的弯矩							
第1跨中央	M_0	=	59.4	×	24.0	=	1424 kN·m
第1中间支点	M_0	=	59.4	×	48.0	=	2849 kN·m
第2跨中央	M_0	=					2849 kN·m

3.2.2.3　温度差—弹性荷载计算

结合梁中混凝土桥面板与钢梁在温度差(钢梁温度高时，+15℃)作用下,全梁受到正弯矩的影响,向下方变形。

【弹性荷载】

$$q(x) = \frac{\varepsilon_t \times A_c \times d_{c6}}{n_6 \times I_{v6}}$$

公式中 n_6	=	6	钢与钢筋混凝土弹性模量比 E_g / E_c
α	=	0.0000118	钢的膨胀系数
Δt	=	15°	钢与钢筋混凝土的温度差
ε_t	=	0.000177	温度差引起的收缩率 $(\alpha \times \Delta t)$
A_c	:		混凝土桥面板截面积(mm^2)
d_{c6}	:		混凝土桥面板中立轴~结合梁换算截面中立轴的距离(mm)
I_{v6}	:		结合梁换算截面2次惯性矩(mm^4)

第1跨正弯矩区截面 Section-1(荷载计算时,采用全截面)

n_6 = 6	H_c = 250 mm					$A(mm^2)$	$Z(mm)$	$A \times Z$	$I_{v6}(mm^4)$
桥面板截面	1-Slab	10800	×	300	=	540000	1450	783000000	1139400000000
上翼缘板	1-UFLG	6300	×	16	=	100800	1208	121766400	147095961600
小纵梁腹板	2-UWeb	800	×	16	=	25600	800	20480000	17749333333
小纵梁翼缘	2-UFLG	300	×	16	=	9600	392	3763200	1475379200
上翼缘纵肋	10-URib	160	×	16	=	25600	1120	28672000	32167253333
腹板	2-Web	2400	×	16	=	76800			36864000000
下翼缘纵肋	12-LRib	160	×	16	=	30720	-1120	-34406400	38600704000
下翼缘板	1-LFLG	5900	×	20	=	118000	-1210	-142780000	172767733333

Z_c = 758.2　　A_g = 927120　　780495200　　1586120364800

Z_u = 374.2　　A_c = 3240000　　$\Delta I_{v6} = A_g \times \delta^2 =$ -657060534028

Z_d = 2061.9　　$\delta = A \times Z / A_g$ = 841.9　　I_{v6} = 929059830772

$d_{c6} = Z_c - h_c / 2 = 758.2 - 300 / 2 = 608.2$ mm

$$q_t = \frac{\varepsilon_t \times A_c \times d_{c6}}{n_6 \times I_{v6}} = \frac{0.000177 \times 3240000 \times 608.2}{6 \times 929059830772 \times 10^{-3}} = \boxed{6.257E-05}\ 1/m$$

$= 62.57 \times 10^{-6}$ 1/m

正弯矩区截面 Section-2

n_6 = 6 H_c = 250 mm

							$A(mm^2)$	$Z(mm)$	$A\times Z$	$I_{v6}(mm^4)$
桥面板截面	1-Slab	10800	×	300	=		540000	1450	783000000	1139400000000
上翼缘板	1-UFLG	6300	×	16	=		100800	1208	121766400	147095961600
小纵梁腹板	2-UWeb	800	×	16	=		25600	800	20480000	17749333333
小纵梁翼缘	2-UFLG	300	×	16	=		9600	392	3763200	1475379200
上翼缘纵肋	10-URib	160	×	16	=		25600	1120	28672000	32167253333
腹板	2-Web	2400	×	16	=		76800			36864000000
下翼缘纵肋	12-LRib	160	×	16	=		30720	−1120	−34406400	38600704000
下翼缘板	1-LFLG	5900	×	30	=		177000	−1215	−215055000	261305100000

Z_c = 881.8 A_g = 986120 708220200 1674657731467

Z_u = 497.8 A_c = 3240000 $\Delta I_{v6} = A_g\times\delta^2 =$ −508637615460

Z_d = 1948.2 $\delta = A\times Z/A_g$ = 718.2 $I_{v6} =$ 1166020116007

$d_{c6} = Z_c - h_c/2 = 881.8 - 300/2 = 731.8$ mm

$$q_t = \frac{\varepsilon_t \times A_c \times d_{c6}}{n_6 \times I_{v6}} = \frac{0.000177 \times 3240000 \times 731.8}{6 \times 1166020116007 \times 10^{-3}} = \boxed{5.999E-05}\ 1/m$$

$= 59.99 \times 10^{-6}$ 1/m

正弯矩区截面 Section-3

n_6 = 6 H_c = 250 mm

							$A(mm^2)$	$Z(mm)$	$A\times Z$	$I_{v6}(mm^4)$
桥面板截面	1-Slab	10800	×	300	=		540000	1450	783000000	1139400000000
上翼缘板	1-UFLG	6300	×	22	=		138600	1211	167844600	203265400800
小纵梁腹板	2-UWeb	800	×	16	=		25600	800	20480000	17749333333
小纵梁翼缘	2-UFLG	300	×	16	=		9600	392	3763200	1475379200
上翼缘纵肋	10-URib	300	×	20	=		60000	1050	63000000	66600000000
腹板	2-Web	2400	×	20	=		96000			46080000000
下翼缘纵肋	12-LRib	300	×	20	=		72000	−1050	−75600000	79920000000
下翼缘板	1-LFLG	5900	×	28	=		165200	−1214	−200552800	243481892267

Z_c = 911.7 A_g = 1107000 761935000 1797972005600

Z_u = 533.7 A_c = 3240000 $\Delta I_{v6} = A_g\times\delta^2 =$ −524433638379

Z_d = 1916.3 $\delta = A\times Z/A_g$ = 688.3 $I_{v6} =$ 1273538367221

$d_{c6} = Z_c - h_c/2 = 911.7 - 300/2 = 761.7$ mm

$$q_t = \frac{\varepsilon_t \times A_c \times d_{c6}}{n_6 \times I_{v6}} = \frac{0.000177 \times 3240000 \times 761.7}{6 \times 1273538367221 \times 10^{-3}} = \boxed{5.717E-05}\ 1/m$$

$= 57.17 \times 10^{-6}$ 1/m

负弯矩区截面 Section-4

n_6 = 6	H_c = 250 mm					$A(mm^2)$	$Z(mm)$	$A\times Z$	$I_{v6}(mm^4)$
桥面板截面	1-Slab	10800	×	300	=	540000	1950	1053000000	2057400000000
上翼缘板	1-UFLG	6300	×	22	=	138600	1711	237144600	405760000800
小纵梁腹板	2-UWeb	800	×	16	=	25600	1300	33280000	44629333333
小纵梁翼缘	2-UFLG	300	×	16	=	9600	892	8563200	7638579200
上翼缘纵肋	10-URib	300	×	20	=	60000	1550	93000000	144600000000
腹板	2-Web	3400	×	20	=	136000			131013333333
下翼缘纵肋	12-LRib	300	×	20	=	72000	-1550	-111600000	173520000000
下翼缘板	1-LFLG	5900	×	38	=	224200	-1719	-385399800	662529234933
下混凝土板	1-LFLG	5780	×	500	=	481667	-1450	-698416672	1022738895897

Z_c = 1964.0 A_g = 1687667 229571329 4649829377497

Z_u = 1586.0 A_c = 3240000 $\Delta I_{v6} = A_g \times \delta^2 =$ -31228855607

Z_d = 1874.0 $\delta = A\times Z/A_g$ = 136.0 I_{v6} = 4618600521890

$d_{c6} = Z_c - h_c / 2 = 1964.0 - 300 / 2 = 1814.0$ mm

$$q_t = \frac{\varepsilon_t \times A_c \times d_{c6}}{n_6 \times I_{v6}} = \frac{0.000177 \times 3240000 \times 1814.0}{6 \times 4618600521890 \times 10^{-3}} = \boxed{3.754E-05}\ 1/m$$

$= 37.54 \times 10^{-6}$ 1/m

负弯矩区截面 Section-5

n_6 = 6	H_c = 250 mm					$A(mm^2)$	$Z(mm)$	$A\times Z$	$I_{v2}(mm^4)$
桥面板截面	1-Slab	10800	×	300	=	540000	1950	1053000000	2057400000000
上翼缘板	1-UFLG	6300	×	32	=	201600	1716	345945600	593659852800
小纵梁腹板	2-UWeb	800	×	16	=	25600	1300	33280000	44629333333
小纵梁翼缘	2-UFLG	300	×	16	=	9600	892	8563200	7638579200
上翼缘纵肋	10-URib	300	×	20	=	60000	1550	93000000	144600000000
腹板	2-Web	3400	×	28	=	190400			183418666667
下翼缘纵肋	12-LRib	300	×	30	=	108000	-1550	-167400000	260280000000
下翼缘板	1-LFLG	5900	×	50	=	295000	-1725	-508875000	877870833333
下混凝土板	1-LFLG	5772	×	500	=	481000	-1450	-697450000	1021323333333

Z_c = 2016.3 A_g = 1911200 160063800 5190820598667

Z_u = 1648.3 A_c = 3240000 $\Delta I_{v6} = A_g \times \delta^2 =$ -13405276250

Z_d = 1833.8 $\delta = A\times Z/A_g$ = 83.8 I_{v6} = 5177415322417

$d_{c6} = Z_c - h_c / 2 = 2016.3 - 300 / 2 = 1866.3$ mm

$$q_t = \frac{\varepsilon_t \times A_c \times d_{c6}}{n_6 \times I_{v6}} = \frac{0.000177 \times 3240000 \times 1866.3}{6 \times 5177415322417 \times 10^{-3}} = \boxed{3.445E-05}\ 1/m$$

$= 34.45 \times 10^{-6}$ 1/m

电算解析结果

弹性荷载产生的挠度值　$\delta_{(M)19} = M_{19} = 141833$ kN·m

强制位移　$\delta_{t19} = \delta_{t37} = 141833 \times 10^{-6} \times 1000 = 141.8$ mm

强制位移引起的超静定反力　$R_{t19} = R_{t37} = 369.1$ kN

$R_{t1} = R_{t55} = -369.1$ kN

超静定反力得出的弯矩

第 1 跨中央　$M_0 = 369.1 \times 24.0 = 8859$ kN·m

第 1 中间支点　$M_0 = 369.1 \times 48.0 = 17718$ kN·m

第 2 跨中央　$M_0 = 17718$ kN·m

3.2.3　内力

1. 混凝土收缩(考虑徐变)M_g

$$N_g = N_c = \frac{\varepsilon_c \times E_g}{\frac{n_{15}}{A_c} + \frac{1}{A_g} + \frac{n_{15} \times d^2}{I_c + n_{15} \times I_g}}$$

$$M_g = \frac{n_{15} \times I_g}{I_c + n_{15} \times I_g} \times N_g \times d$$

$$M_c = \frac{I_c}{I_c + n_{15} \times I_g} \times N_c \times d$$

2. 温度变化的 M_g

$$N_g = N_c = \frac{\varepsilon_t \times E_g}{\frac{n_6}{A_c} + \frac{1}{A_g} + \frac{n_6 \times d^2}{I_c + n_6 \times I_g}}$$

$$M_g = \frac{n_6 \times I_g}{I_c + n_6 \times I_g} \times N_g \times d$$

$$M_c = \frac{I_c}{I_c + n_6 \times I_g} \times N_c \times d$$

式中　n_{15}——计算混凝土收缩(考虑徐变时)钢与混凝土的弹性模量比　15

n_6——计算温度变化影响时钢与钢筋混凝土弹性模量比　6

A_c——混凝土板截面积;

A_g——钢梁截面积;

I_c——混凝土板自身惯性矩　$10800 \times 300^3 / 12 = 24300000000\ \text{mm}^4$

I_g——钢梁自身惯性矩

d——混凝土板的截面重心～钢梁截面重心间的距离。

ε_t——温度差引起的收缩率

ε_c——混凝土收缩率

3. 内力计算结果一览表

		单位	[1]	[2]	[3]	[4]	[5]
计算条件	A_g	mm^2	387120	434320	567000	666000	890200
	A_c	mm^2	3240000	3240000	3240000	3240000	3240000
	d	mm	1456.5	1588.8	1487.2	2137.7	2169.6
	I_g	mm^4	446700000000	509100000000	657800000000	1546200000000	2069200000000
	I_c	mm^4	24300000000	24300000000	24300000000	24300000000	24300000000
	ε_c		0.000150	0.000150	0.000150	0.000150	0.000150
	ε_t		0.000177	0.000177	0.000177	0.000177	0.000177
	n_{15}		15	15	15	15	15
	n_6		6	6	6	6	6
	E_g	N/mm^2	210000	210000	210000	210000	210000
收缩徐变	N_c	kN	2637	2653	3232	3468	3925
	M_g	kN·m	3827	4202	4795	7406	8509
	M_c	kN·m	14	13	12	8	7
温度差	N_c	kN	4066	4097	5343	5899	7086
	M_g	kN·m	5869	6458	7897	12577	15344
	M_c	kN·m	53	51	49	33	30

3.2.4 附着力

中间支点附着力计算顺序

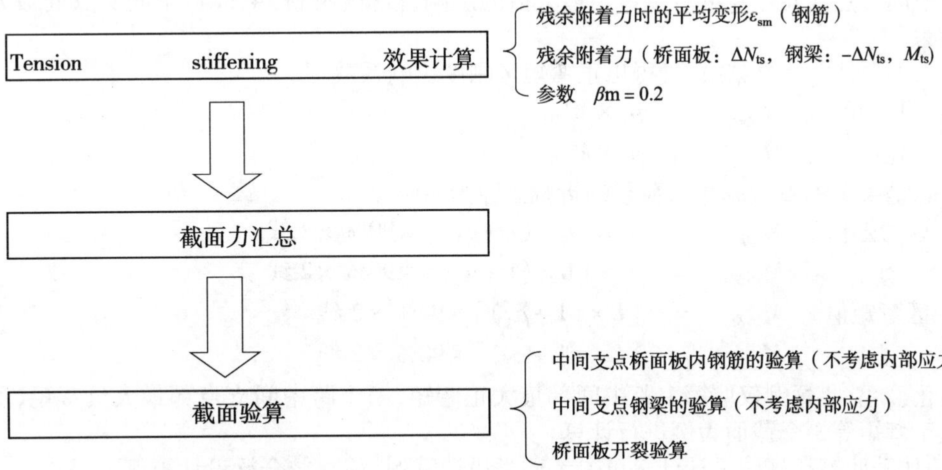

残余附着力时的平均变形(钢筋)

$$\varepsilon_{sm} = \underbrace{\frac{M}{E_s \times I_1} Z_1}_{\text{钢梁+钢筋的变形}} + \underbrace{\beta_m \frac{f_{ctm}}{\rho_s \times \alpha_{st} \times E_s}}_{\text{TS增加部分}} - \underbrace{\beta_m \frac{f_{ctm}}{\rho_s \times E_s}}_{\text{平均变形部分}}$$

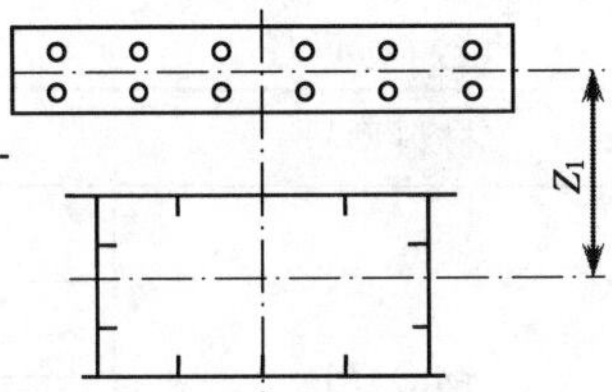

残余附着力

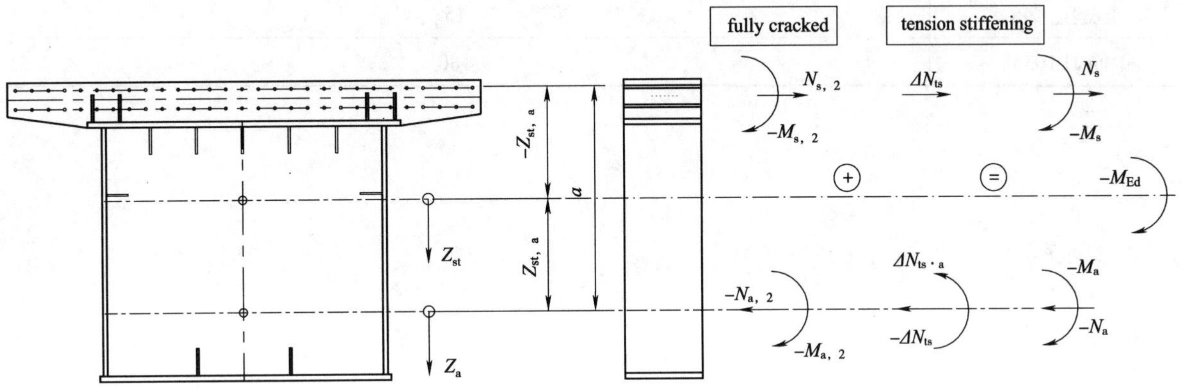

$$\Delta N_{ts} = \beta_m \frac{f_{ctm} \times A_s}{\rho_s \times \alpha_{st}}$$

$$M_{ts} = \Delta N_{ts} \times a$$

计算内容以及过程参见 3.3.3 第 1 跨中间支点

3.3 主梁检算

前提：

1. 考虑到中间支点处支座宽度对负弯矩最大值的影响，依据《混桥》4.3.7，中间支点处最大负弯矩折减系数为 0.9
2. 依据 3.2.1.3 外力计算结果，可得出正弯矩区刚度影响系数

   $\rho_1 = 1.040 \quad M_{边跨} = \rho_1 \times M'_{D2}$

   $\rho_2 = 1.117 \quad M_{中跨} = \rho_2 \times M'_{D2}$
3. 根据《桥规》4.3.9，双线列车活荷载的折减系数为 90%。

   正弯矩区弯矩值 $M_{边跨} = \rho_1 \times [L \times (1+\mu_1)] \times 90\% \times 2$ 线

   $M_{中跨} = \rho_2 \times [L \times (1+\mu_2)] \times 90\% \times 2$ 线

   负弯矩区弯矩值 $M_{边跨} = [L \times (1+\mu_1)] \times 90\% \times 2$ 线

   $M_{中跨} = [L \times (1+\mu_2)] \times 90\% \times 2$ 线
4. 为了简化篇幅，此算例仅取第 1 跨中间部最大正弯矩、第 1 跨中间支点部最大负弯矩、第 2 跨中间部最大正弯矩等 3 个截面为例进行计算。
5. 拼接、端加劲肋等常规的设计计算可参考同类设计算例《简支结合梁设计算例》。
6. 材料的容许应力

容许应力 [MPa]

材料型号	厚度(mm)	$[\sigma]$	$[\sigma_w]$	$[\tau]$
钢 Q370q	50 ~ 60	194.1	203	116
	35 ~ 50	194.1	203	116
	16 ~ 35	204	214	122
	≤ 16	210	220	126
混凝土 C45	15			
钢筋 HRB335	180			

3.3.1 有效宽度

此算例中公式采用日本《铁道构造物等设计标准·同解说 钢·合成构造物》平成21年7月(2009年7月)

(1) 等价跨长

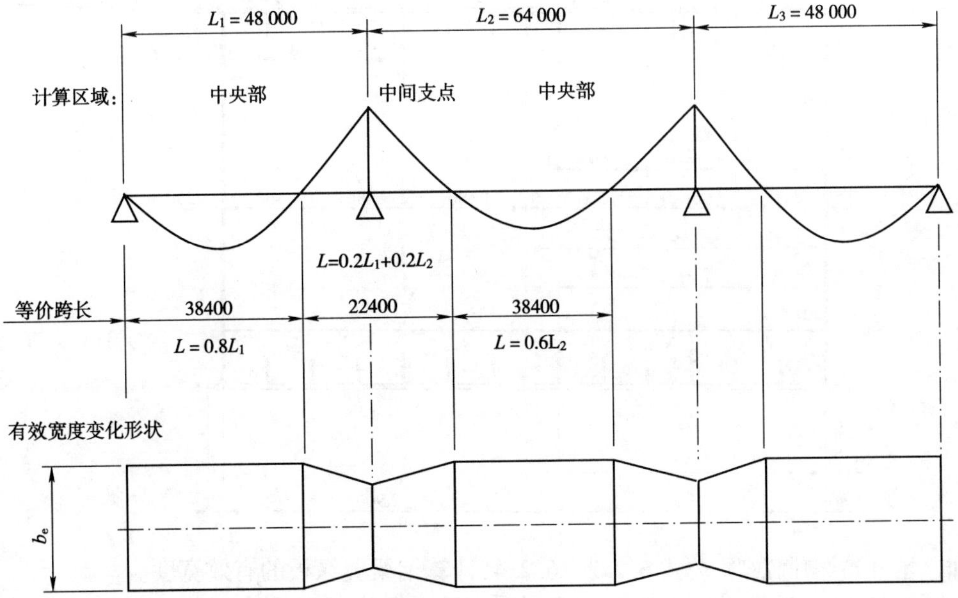

依据《铁道Ⅰ》第Ⅱ篇 表6.2.2,计算等价跨长

基本跨长	第1跨(边跨)	L_1	=	48000 mm						
	第2跨(中跨)	L_2	=	64000 mm						
	第3跨(边跨)	L_3	=	48000 mm						
等价跨长	第1跨中央部	L	=	$0.8\times L_1$	=	0.80	×	48000	=	38400 mm
	第1中间支点	L	=	$0.2\times(L_1+L_2)$	=	0.20	×	112000	=	22400 mm
	第2跨中央部	L	=	$0.6\times L_2$	=	0.60	×	64000	=	38400 mm
	第2中间支点	L	=	$0.2\times(L_2+L_3)$	=	0.20	×	112000	=	22400 mm
	第3跨中央部	L	=	$0.8\times L_3$	=	0.80	×	48000	=	38400 mm

(2) 钢梁翼缘板及混凝土桥面板的有效宽度计算

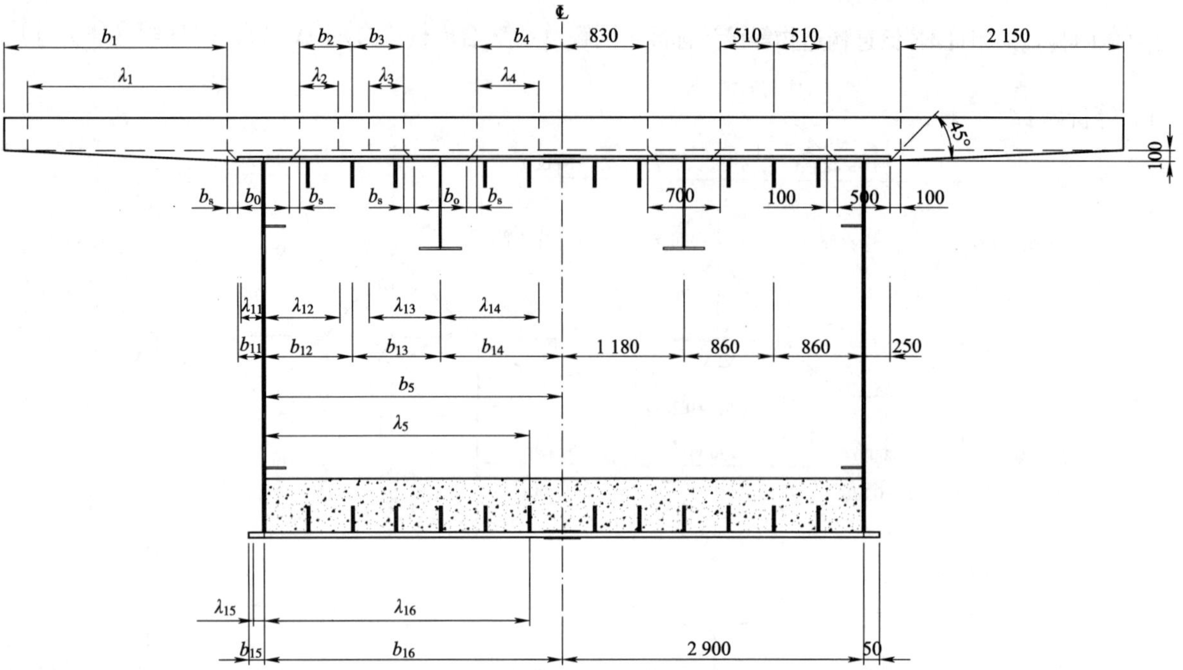

依据《铁道》第Ⅱ篇 钢构造物 公式6.2.2～6.2.4,计算钢梁翼缘板的有效宽度。
依据《铁道》第Ⅲ篇 结合梁 公式6.2.1,计算混凝土桥面板的有效宽度。

连续梁的桥跨中央部有效宽度计算公式(钢梁翼缘板,混凝土桥面板通用)

$\lambda_1 = b$ $\qquad b / L \leqslant 0.05$

$\lambda_2 = [1.1 - 2 \times (b/L)] \times b$ $\qquad b / L > 0.05$

$\lambda_3 = 0.15 \times L$ $\qquad \lambda_1$ 或 $\lambda_2 \leqslant \lambda_3$

连续梁的中间支点位置有效宽度计算公式(钢梁翼缘板,混凝土桥面板通用)

$\lambda_1 = b$ $\qquad b / L \leqslant 0.02$

$\lambda_2 = [1.06 - 3.2 \times (b/L) + 4.5 \times (b/L)^2] \times b$ $\qquad b / L > 0.02$

$\lambda_3 = 0.15 \times L$ $\qquad \lambda_1$ 或 $\lambda_2 \leqslant \lambda_3$

2000年设计标准解释:虽然规范示意的是受压翼缘板,实际上对受拉翼缘板也同样适用。

混凝土桥面板有效宽度 [mm]

位置		基本尺寸 b		等价跨长 L	判别系数 b_i / L	计算式				有效宽度 b_e
						λ_1	λ_2	λ_3	取值 λ	
第1跨中央部		b_o	500							10748
		b_s	100							
	b_e { $4\times b_0$	b_1	2150	38400	0.0560	2150	2124	5760	2124	
	$8\times b_s$	b_2	510	38400	0.0133	510	547	5760	510	
	$2\times\sum\lambda$	b_3	510	38400	0.0133	510	547	5760	510	
		b_4	830	38400	0.0216	830	877	5760	830	
第1中间支点		b_o	500							9807
		b_s	100							
	b_e { $4\times b_0$	b_1	2150	22400	0.0960	2150	1708	3360	1708	
	$8\times b_s$	b_2	510	22400	0.0228	510	505	3360	505	
	$2\times\sum\lambda$	b_3	510	22400	0.0228	510	505	3360	505	
		b_4	830	22400	0.0371	830	787	3360	787	
	箱内 $b_e=2\times\lambda$	b_5	2900	22400	0.1295	2900	2091	3360	2091	4183
第2跨中央部		b_o	500							10748
		b_s	100							
	b_e { $4\times b_0$	b_1	2150	38400	0.0560	2150	2124	5760	2124	
	$8\times b_s$	b_2	510	38400	0.0133	510	547	5760	510	
	$2\times\sum\lambda$	b_3	510	38400	0.0133	510	547	5760	510	
		b_4	830	38400	0.0216	830	877	5760	830	
第2中间支点		b_o	500							9807
		b_s	100							
	b_e { $4\times b_0$	b_1	2150	22400	0.0960	2150	1708	3360	1708	
	$8\times b_s$	b_2	510	22400	0.0228	510	505	3360	505	
	$2\times\sum\lambda$	b_3	510	22400	0.0228	510	505	3360	505	
		b_4	830	22400	0.0371	830	787	3360	787	
	箱内 $b_e=2\times\lambda$	b_5	2900	22400	0.1295	2900	2091	3360	2091	4183
第3跨中央部		b_o	500							10748
		b_s	100							
	b_e { $4\times b_0$	b_1	2150	38400	0.0560	2150	2124	5760	2124	
	$8\times b_s$	b_2	510	38400	0.0133	510	547	5760	510	
	$2\times\sum\lambda$	b_3	510	38400	0.0133	510	547	5760	510	
		b_4	830	38400	0.0216	830	877	5760	830	

钢梁上下翼缘板有效宽度 [mm]

位置		基本尺寸		等价跨长	判别系数	计算式				有效宽度
		b		L	b_i / L	λ_1	λ_2	λ_3	取值 λ	b_e
第1跨中央部	上翼缘板 $b_e = 2\times\sum\lambda$	b_{11}	250	38400	0.0065	250	272	5760	250	6300
		b_{12}	860	38400	0.0224	860	907	5760	860	
		b_{13}	860	38400	0.0224	860	907	5760	860	
		b_{14}	1180	38400	0.0307	1180	1225	5760	1180	
	下翼缘板 $b_e = 2\times\sum\lambda$	b_{15}	50	38400	0.0013	50	55	5760	50	5604
		b_{16}	2900	38400	0.0755	2900	2752	5760	2752	
第1中间支点	上翼缘板 $b_e = 2\times\sum\lambda$	b_{11}	250	22400	0.0112	250	266	3360	250	6112
		b_{12}	860	22400	0.0384	860	846	3360	846	
		b_{13}	860	22400	0.0384	860	846	3360	846	
		b_{14}	1180	22400	0.0527	1180	1114	3360	1114	
	下翼缘板 $b_e = 2\times\sum\lambda$	b_{15}	50	22400	0.0022	50	55	3360	50	4515
		b_{16}	2900	22400	0.1295	2900	2207	3360	2207	
第2跨中央部	上翼缘板 $b_e = 2\times\sum\lambda$	b_{11}	250	38400	0.0065	250	272	5760	250	6300
		b_{12}	860	38400	0.0224	860	907	5760	860	
		b_{13}	860	38400	0.0224	860	907	5760	860	
		b_{14}	1180	38400	0.0307	1180	1225	5760	1180	
	下翼缘板 $b_e = 2\times\sum\lambda$	b_{15}	50	38400	0.0013	50	55	5760	50	5604
		b_{16}	2900	38400	0.0755	2900	2752	5760	2752	
第2中间支点	上翼缘板 $b_e = 2\times\sum\lambda$	b_{11}	250	22400	0.0112	250	266	3360	250	6112
		b_{12}	860	22400	0.0384	860	846	3360	846	
		b_{13}	860	22400	0.0384	860	846	3360	846	
		b_{14}	1180	22400	0.0527	1180	1114	3360	1114	
	下翼缘板 $b_e = 2\times\sum\lambda$	b_{15}	50	22400	0.0022	50	55	3360	50	4515
		b_{16}	2900	22400	0.1295	2900	2207	3360	2207	
第3跨中央部	上翼缘板 $b_e = 2\times\sum\lambda$	b_{11}	250	38400	0.0065	250	272	5760	250	6300
		b_{12}	860	38400	0.0224	860	907	5760	860	
		b_{13}	860	38400	0.0224	860	907	5760	860	
		b_{14}	1180	38400	0.0307	1180	1225	5760	1180	
	下翼缘板 $b_e = 2\times\sum\lambda$	b_{15}	50	38400	0.0013	50	55	5760	50	5604
		b_{16}	2900	38400	0.0755	2900	2752	5760	2752	

有效宽度 [mm]

节点编号	位置	坐标	混凝土桥面板有效宽度		钢梁翼缘板有效宽度	
		X(m)	桥面板	箱内桥面板	上翼缘板	下翼缘板
1	第 1 跨中央部	0.000	10748		6300	5604
2		2.400	10748		6300	5604
3		4.800	10748		6300	5604
4		7.200	10748		6300	5604
5		9.600	10748		6300	5604
6		12.000	10748		6300	5604
7		14.400	10748		6300	5604
8		16.800	10748		6300	5604
9		19.200	10748		6300	5604
10		21.600	10748		6300	5604
11		24.000	10748		6300	5604
12		26.400	10748		6300	5604
13		28.800	10748		6300	5604
14		31.200	10748		6300	5604
15		33.600	10748		6300	5604
16		36.000	10748		6300	5604
17	第 1 中间支点部	38.400	10748	5504	6300	5604
18		43.200	10278	4844	6206	5060
19		48.000	9807	4183	6112	4515
20		52.800	10160	4678	6183	4923
21		57.600	10513	5174	6253	5332
22		60.800	10748	5504	6300	5604
23	第 2 跨中央部	64.000	10748		6300	5604
24		67.200	10748		6300	5604
25		70.400	10748		6300	5604
26		73.600	10748		6300	5604
27		76.800	10748		6300	5604
28		80.000	10748		6300	5604
29		83.200	10748		6300	5604
30		86.400	10748		6300	5604
31		89.600	10748		6300	5604
32		92.800	10748		6300	5604
33		96.000	10748		6300	5604
34	第 2 中间支点部	99.200	10748	5504	6300	5604
35		102.400	10513	5174	6253	5332
36		107.200	10160	4678	6183	4923
37		112.000	9807	4183	6112	4515
38		116.800	10278	4844	6206	5060
39		121.600	10748	5504	6300	5604
40	第 3 跨中央部	124.000	10748		6300	5604
41		126.400	10748		6300	5604
42		128.800	10748		6300	5604
43		131.200	10748		6300	5604
44		133.600	10748		6300	5604
45		136.000	10748		6300	5604
46		138.400	10748		6300	5604
47		140.800	10748		6300	5604
48		143.200	10748		6300	5604
49		145.600	10748		6300	5604
50		148.000	10748		6300	5604
51		150.400	10748		6300	5604
52		152.800	10748		6300	5604
53		155.200	10748		6300	5604
54		157.600	10748		6300	5604
55		160.000	10748		6300	5604

3.3.2 第1跨中央部(边跨) (节点 8) +M区间

1. 截面外力

外力		M_y(kN·m)			M_x(kN·m)			F_z(kN)			F_x(kN)		
		计算值	系数	设计值	计算值	系数	设计值	计算值	系数	设计值	计算值	系数	设计值
结合前恒载	D_1	19371	1.000	19371		1.0	0	157	1.0	157	0	1.0	0
结合后恒载	D_2	24365	1.040	25340		1.0	0	188	1.0	188	0	1.0	0
单线静活荷载	L	21003	1.040	21843	-1768	1.0	-1768	884	1.0	884	0	1.0	0
动力作用	μ	5251	1.040	5461	-684	1.0	-684	342	1.0	342	0	1.0	0
离心力	C	0	1.040	0	0	1.0	0	0	1.0	0	0	1.0	0
单线摇摆力	L_F	0	1.000	0	-137	1.0	-137	55	0.0	0	0	1.0	0
长轨力	L_R	0	1.000	0	0	1.0	0	0	1.0	0	-168	1.0	-168
单线制动力	B	0	1.000	0	0	1.0	0	0	1.0	0	-101	1.0	-101

2. 截面特性 ② Section - 2 Q370q

混凝土桥面板标号 C45 H_c = 250.0 mm ~ 箱梁腹板上端~桥面板水平中心轴距离

L_c = 2500 mm ~ 右侧腹板中心~右侧桥面板边缘的距离

1	-	桥面板	10748	× 300	=	3224400	(10800)	3240000
1	-	上翼缘板	6300	× 16	=	100800	(6300)	100800
2	-	纵梁腹板	800	× 16	=	25600	(800)	25600
2	-	纵梁翼缘	300	× 16	=	9600	(300)	9600
10	-	上缘板肋	160	× 16	=	25600	(160)	25600
2	-	箱梁腹板	2400	× 16	=	76800	(2400)	76800
12	-	下缘板肋	160	× 16	=	30720	(160)	30720
1	-	下翼缘板	5604	× 30	=	168120	(5900)	177000

有效截面积 A_s = 437240 mm^2 全截面积 A_s = 446120 mm^2

腹板中心距 B = 5800 mm

上翼缘纵梁~钢梁中心距离 ZL_1 = 1180 mm

上翼缘板肋~钢梁中心距离 ZL_2 = 320 mm 750 mm 0 mm 1610 mm 2040 mm 2470 mm

下翼缘板肋~钢梁中心距离 ZL_3 = 320 mm 750 mm 1180 mm 1610 mm 2040 mm 2470 mm

项目			结合前	结合后		
			$n=0$	$n=10$	$n=15$	$n=6$
混凝土桥面板截面积	A_c	mm^2	…………	3224400	3224400	3224400
钢梁截面积	A_s	mm^2	437240	437240	437240	437240
结合梁换算截面积	A_v	mm^2	…………	759680	652200	974640
腹板截面积	A_w	mm^2	76800	76800	76800	76800
纵向轴力抵抗截面积	A_r	mm^2	204984	204984	204984	204984
Y轴换算截面2次惯性矩	I_y	mm^4	512800000000	988100000000	881600000000	1131200000000
Z轴换算截面2次惯性矩	I_z	mm^4	1613900000000	4718000000000	3683300000000	6787400000000
X轴扭矩	J_x	mm^4	920000000000	1468000000000	1372000000000	1579000000000
Y轴回转半径	R_y	mm	1083.0	1140.5	1162.6	1077.3
Z轴回转半径	R_z	mm	1921.2	2492.1	2376.4	2638.9
Z轴方向偏心量	E_z	mm	-146.4	531.2	379.8	733.8
Y轴中性轴~桥面板上翼缘	Z_c	mm	…………	1068.8	1220.2	866.2
Y轴中性轴~钢梁上翼缘顶	Z_u	mm	1362.4	684.8	836.2	482.2
Y轴中性轴~钢梁腹板上端	Z_{ud}	mm	1346.4	668.8	820.2	466.2
Y轴中性轴~钢梁腹板下端	Z_{ld}	mm	1053.6	1731.2	1579.8	1933.8
Y轴中性轴~钢梁下翼缘底	Z_l	mm	1083.6	1761.2	1609.8	1963.8

内力设计值(全截面)

		N_c、N_s(kN)	M_c(kN·m)	M_g(kN·m)
混凝土桥面板干燥收缩	S_H	2656	13.27	4283
钢梁与混凝土板的温度差(±15℃)	T	±4102	±51.0	±6584

3. 截面检算

钢梁应力

[N/mm²]

项目		上翼缘板顶—弯曲应力 σ			上翼缘板中心—剪应力 τ			换算应力
		M_y	F_x	合计	M_x	F_z	合计	$\sqrt{\sigma^2+3\tau^2}$
结合前恒载	D_1	−51.5	0.0	−51.5	0.0	0.0	0.0	
结合后恒载	D_2	−24.0	0.0	−24.0	0.0	0.0	0.0	
单线静活荷载	L	−15.1	0.0	−15.1	1.1	0.0	1.1	
动力作用	μ	−3.8	0.0	−3.8	0.4	0.0	0.4	
离心力	C	0.0	0.0	0.0	0.0	0.0	0.0	
单线摇摆力	L_F	0.0	0.0	0.0	0.1	0.0	0.1	
长轨力	L_R	0.0	0.0	0.0	0.0	0.0	0.0	
单线制动力	B	0.0	0.0	0.0	0.0	0.0	0.0	
干燥收缩	S_H	−11.3	−6.0	−17.3	0.0	0.0	0.0	
温度差(钢高)	T	−17.4	−9.2	−26.6	0.0	0.0	0.0	
$D+2\times90\%\times(L+\mu+C)+S_H+T+L_R$				−153.4		0.0		153.4
$D+L+\mu+C+S_H+T+L_F+L_R$				−138.3			1.6	138.3

项目		腹板上翼缘顶—弯曲应力 σ			腹板上翼缘顶—剪应力 τ			换算应力
		M_y	F_x	合计	M_x	F_z	合计	$\sqrt{\sigma^2+3\tau^2}$
结合前恒载	D_1	−50.9	0.0	−50.9	0.0	1.3	1.3	
结合后恒载	D_2	−23.6	0.0	−23.6	0.0	0.6	0.6	
单线静活荷载	L	−14.8	0.0	−14.8	3.7	1.9	5.6	
动力作用	μ	−3.7	0.0	−3.7	1.4	0.7	2.1	
离心力	C	0.0	0.0	0.0	0.0	0.0	0.0	
单线摇摆力	L_F	0.0	0.0	0.0	0.3	0.1	0.4	
长轨力	L_R	0.0	0.0	0.0	0.0	0.0	0.0	
单线制动力	B	0.0	0.0	0.0	0.0	0.0	0.0	
干燥收缩	S_H	−11.2	−6.0	−17.2	0.0	0.0	0.0	
温度差(钢高)	T	−17.2	−1.8	−22.4	0.0	0.0	0.0	
$D+2\times90\%\times(L+\mu+C)+S_H+T+L_R$				−147.4		6.6		151.8
$D+L+\mu+C+S_H+T+L_F+L_R$				−132.6			10.0	137.7

项目		腹板下翼缘—弯曲应力 σ			腹板中心—剪应力 τ			换算应力
		M_y	F_x	合计	M_x	F_z	合计	$\sqrt{\sigma^2+3\tau^2}$
结合前恒载	D_1	39.8	0.0	39.8	0.0	1.7	1.7	
结合后恒载	D_2	45.4	0.0	45.4	0.0	1.8	1.8	
单线静活荷载	L	38.3	0.0	38.3	3.7	8.2	11.9	
动力作用	μ	9.6	0.0	9.6	1.4	3.2	4.6	
离心力	C	0.0	0.0	0.0	0.0	0.0	0.0	
单线摇摆力	L_F	0.0	0.0	0.0	0.3	0.5	0.8	
长轨力	L_R	0.0	0.8	0.8	0.0	0.0	0.0	
单线制动力	B	0.0	0.5	0.5	0.0	0.0	0.0	
干燥收缩	S_H	8.5	−6.0	2.5	0.0	0.0	0.0	
温度差(钢高)	T	13.0	−9.2	3.8	0.0	0.0	0.0	
$D+2\times90\%\times(L+\mu+C)+S_H+T+L_R$				178.6		24.0		183.3
$D+L+\mu+C+S_H+T+L_F+L_R$				140.2			20.8	144.8

项目		下翼缘板底—弯曲应力 σ			下翼缘板中心—剪应力 τ			换算应力
		M_y	F_x	合计	M_x	F_z	合计	$\sqrt{\sigma^2+3\tau^2}$
结合前恒载	D_1	40.9	0.0	40.9	0.0	0.0	0.0	
结合后恒载	D_2	46.3	0.0	46.3	0.0	0.0	0.0	
单线静活荷载	L	38.9	0.0	38.9	2.0	0.0	2.0	
动力作用	μ	9.7	0.0	9.7	0.8	0.0	0.8	
离心力	C	0.0	0.0	0.0	0.0	0.0	0.0	
单线摇摆力	L_F	0.0	0.0	0.0	0.2	0.0	0.2	
长轨力	L_R	0.0	0.8	0.8	0.0	0.0	0.0	
单线制动力	B	0.0	0.5	0.5	0.0	0.0	0.0	
干燥收缩	S_H	8.7	−6.0	2.8	0.0	0.0	0.0	
温度差(钢高)	T	11.3	−7.8	4.2	0.0	0.0	0.0	
$D+2\times90\%\times(L+\mu+C)+S_H+T+L_R$				182.4		0.0		182.4
$D+L+\mu+C+S_H+T+L_F+L_R$				143.6			3.0	143.7

混凝土桥面板应力 [N/mm²]

项目		顶面—弯曲压应力 σ			底面—弯曲应力 σ		
		M_y	F_x	合计	M_y	F_x	合计
结合后恒载	D_2	-2.3	0.0	-2.3	-1.8	0.0	-1.8
单线静活荷载	L	-2.4	0.0	-2.4	-1.7	0.0	-1.7
动力作用	μ	-0.6	0.0	-0.6	-0.4	0.0	-0.4
离心力	C	0.0	0.0	0.0	0.0	0.0	0.0
列车摇摆力	L_F	0.0	0.0	0.0	0.0	0.0	0.0
长轨力	L_R	0.0	0.0	0.0	0.0	0.0	0.0
单线制动力	B	0.0	0.0	0.0	0.0	0.0	0.0
干燥收缩	S_H	-0.1	0.8	0.7	0.1	0.8	0.9
温度差 ±15 ℃	T	0.3	-1.3	-1.0	-0.3	-1.3	-1.6
$D+2\times 90\%\times(L+\mu+C)+S_H+T+L_R$				-7.9			-6.3
$D+L+\mu+C+S_H+T+L_F+L_R$				-5.5			-4.6

材料容许应力 [MPa]

材料型号	板厚(mm)	$[\sigma]$	$[\sigma_w]$	$[\tau]$	f
Q370q	50 ~ 60	194.1	203.0	116.0	330.0
	35 ~ 50	194.1	203.0	116.0	330.0
	16 ~ 35	204.0	214.0	122.0	355.0
	≤ 16	210.0	220.0	126.0	370.0
C45	混凝土容许应力	$[\sigma_c]$	$[\sigma_b]$	$[\sigma_{tp-3}]$	
		12.0	15.0	0.48	
HRB335	钢筋容许应力	$[\sigma_s]$	$[\sigma_s]$	(主+附)	
		180	230		

4. 局部稳定

结合前		b		t		b/t		b_0		n		ρ		$[b/\delta]$
U. Flg	翼缘板左侧伸出肢	242.0	/	16	=	15.1	<							24.9
	左侧腹板 ~ 左侧纵梁	1704.0	/	16	=	106.5	<	22	×	4	×	1.7	=	149.6
	左侧纵梁 ~ 右侧纵梁	2344.0	/	16	=	146.5	<	22	×	5	×	1.7	=	187.0
	右侧纵梁 ~ 右侧腹板	1704.0	/	16	=	106.5	<	22	×	4	×	1.7	=	149.6
	翼缘板右侧伸出肢	242.0	/	16	=	15.1	<							24.9
U. Str	纵梁左侧伸出肢	142.0	/	16	=	8.9	<							12.0
	纵梁腹板	800.0	/	16	=	50.0	<	($b/t<50$,可不设置竖肋)						50.0
	纵梁右侧伸出肢	142.0	/	16	=	8.9	<							12.0
U. Rib	上翼缘纵向加劲肋伸出肢	160.0	/	16	=	10.0	<							24.9
Web	主梁腹板	2400.0	/	16	=	150.0	<	($140<b/t<250$,需设置水平肋)						250.0
L. Rib	下翼缘纵向加劲肋伸出肢	160.0	/	16	=	10.0	<							16.0
L. Flg	翼缘板左侧伸出肢	42.0	/	30	=	1.4	<							16.0
	左侧腹板 ~ 右侧腹板	5784.0	/	30	=	192.8	<	60	×	13	=			780.0
	翼缘板右侧伸出肢	42.0	/	30	=	1.4	<							16.0

① 结合前钢梁长细比

$\lambda = L / R_y = 48000 / 1083.0 = 44.32$

② 受压区翼缘板伸出肢

$[b/\delta] = 12$ $\qquad \lambda < 50$

$[b/\delta] = 0.14 \times \lambda + 5 = 0.14 \times 44.32 + 5 = 11.2$ $\qquad \lambda \geqslant 50$

③ 反算长细比 - 结合前受压翼缘板应力

$\Phi = \sigma/[\sigma] = 51.5 / 210.0 = 0.245 < [\Phi] = 0.900$

反算长细比值

$\lambda = 142.2$

当上翼缘板的纵向板肋接近或者不满足容许值时,可采用放宽后容许值

$[b/\delta] = 0.14 \times \lambda + 5$ $\qquad \lambda \geqslant 50$

$= 0.14 \times 142.2 + 5$

$= 24.9$

表 3.2.6 折减系数

Φ	λ
0.214	150.0
0.245	142.2
0.254	140.0

④ 腹板之间受压翼缘板的容许值

依照《铁道Ⅱ》7.2,对主梁腹板之间受压翼缘进行验算。

$[b/\delta] = 22 \times n$

当应力较小时,上述容许值乘以下述缓和系数 ρ

$$\rho = 3 - \frac{2 \times \gamma_a \times \gamma_b \times \gamma_i \times \gamma_m \times \sigma}{\sigma_{cuo}}$$

$= 3 - 0.386$

$= 2.614 > 1.70$

$= 1.70$

$\gamma_a = 1.00$ 构造解析计算系数

$\gamma_b = 1.05$ 构件类型系数

$\gamma_i = 1.20$ 构造物类型系数

$\gamma_m = 1.10$ 材料系数(受压)

$\sigma = 51.5\ \mathrm{N/mm^2}$ 结合前受压翼缘弯曲应力

$\sigma_{cuo} = 370\ \mathrm{N/mm^2}$ 材料的屈服强度 ($t = 16$ mm 时)

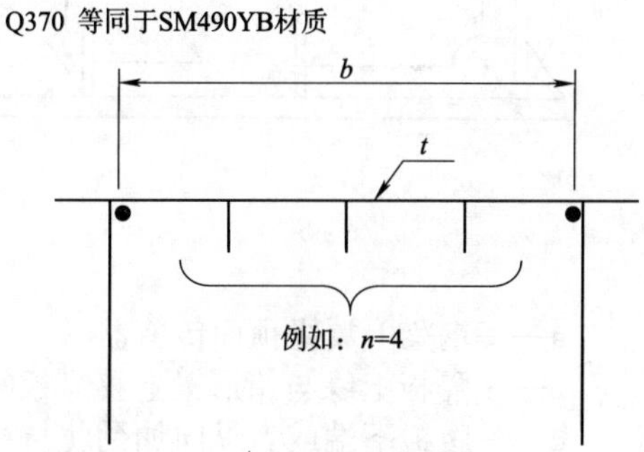

⑤ 受拉翼缘板

参考《铁道Ⅱ》7.2 条文注解(4),受拉翼缘板即便没有局部稳定验算,但是也要考虑焊接变形,列车振动。依据经验,取受压验算的上限值。

$[b/\delta] = 16$ 伸出肢

$[b/\delta] = 60 \times n$ 腹板之间

5. 疲劳检算

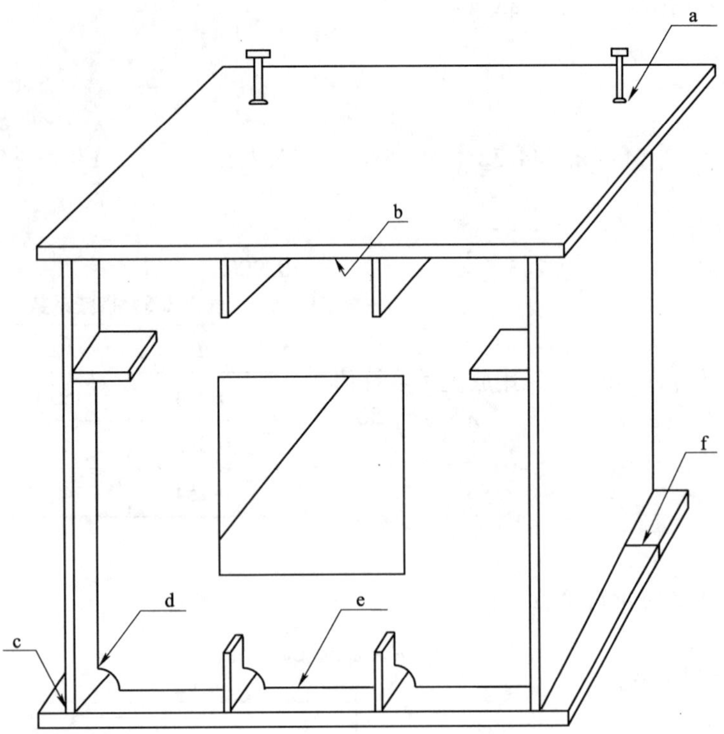

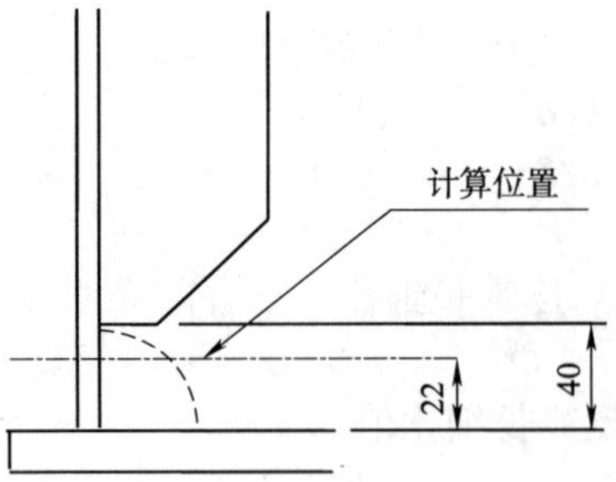

注：加工半径以 $R = 40$ mm 为原则。

检算位置 *d* 的距离如下：

$$H = 40 - 10\ (\text{余量}) - 8\ (\text{焊脚尺寸}) = 22\ \text{mm}$$

检算位置图

a——钢梁上翼缘顶面传剪器；
b——隔板上缘与箱形梁上翼缘板的焊接位置；
c——腹板下端或者纵向加劲肋与箱形梁下翼缘板的纵向焊接位置；
d——隔板或者竖向加劲肋下端与箱形梁腹板的焊接位置；
e——隔板以及横梁的最下端与主梁下翼缘板的焊接位置；
f——下翼缘对接焊接位置。

■外力产生的应力

		截面位置(节点编号):		8	M_y(kN·m)	M_x(kN·m)	F_z(kN)
截面外力		结合前恒载	D_1		19371	0	157
		结合后恒载	D_2		25340	0	188
		单线静活荷载	L		21843	1768	884
		动力作用(弯矩)	μ_f	= 0.205	4468		
		动力作用(剪力)	μ_f	= 0.317		560	280
		离心力	C		0	0	0
钢截面组成					$n = 0$	$n = 15$	$n = 10$
		Y轴换算截面2次惯性矩	I_v	mm^4	512800000000	881600000000	988100000000
		上翼缘板面积距	S_{fu}	mm^3	136500000	83500000	68200000
		下翼缘板面积距	S_{fd}	mm^3	179700000	268100000	293600000
		竖向加劲肋底端面积距	S_{su}	mm^3	180400000	269200000	294800000
		Y轴中性轴~钢梁上翼缘顶	Z_{sfu}	mm	1362	836	685
		Y轴中性轴~钢梁腹板上端	Z_{swu}	mm	1346	820	669
		Y轴中性轴~钢梁腹板下端	Z_{swd}	mm	1054	1580	1731
		Y轴中性轴~钢梁下翼缘底	Z_{sfd}	mm	1084	1610	1761
应力					正应力—σ	剪应力—τ	主拉应力—σ_1
	上翼缘板	结合前恒载	D_1		-51.5	0.0	-51.5
		结合后恒载	D_2		-24.0	0.0	-24.0
		运营列车荷载	L		-15.1	1.1	-15.2
		动力作用	μ_f		-3.1	0.3	-3.1
		离心力荷载	C		0.0	0.0	0.0
		最小应力	M_{min}		-93.7	1.4	-93.8
		最大应力	M_{max}		-75.5	0.0	-75.5
		恒载:活荷载			4.15		
	腹板上翼缘顶	结合前恒载	D_1		-50.9	1.3	-50.9
		结合后恒载	D_2		-23.6	0.6	-23.6
		运营列车荷载	L		-14.8	5.6	-16.7
		动力作用	μ_f		-3.0	1.8	-3.8
		离心力荷载	C		0.0	0.0	0.0
		最小应力	M_{min}		-92.3	9.3	-95.0
		最大应力	M_{max}		-74.5	1.9	-74.5
		恒载:活荷载			4.19		
	腹板下翼缘底	结合前恒载	D_1		39.8	1.7	39.9
		结合后恒载	D_2		45.4	1.8	45.5
		运营列车荷载	L		38.3	11.9	41.7
		动力作用	μ_f		7.8	3.8	9.3
		离心力荷载	C		0.0	0.0	0.0
		最小应力	M_{min}		85.2	3.5	85.4
		最大应力	M_{max}		131.3	19.2	136.4
		恒载:活荷载			1.85		
	竖向加劲肋底端	结合前恒载	D_1		39.0	1.7	39.1
		结合后恒载	D_2		44.8	1.8	44.9
		运营列车荷载	L		37.8	10.2	40.4
		动力作用	μ_f		7.7	3.2	8.9
		离心力荷载	C		0.0	0.0	0.0
		最小应力	M_{min}		83.8	3.5	84.0
		最大应力	M_{max}		129.3	17.0	133.3
		恒载:活荷载			1.84		
	下翼缘板	结合前恒载	D_1		40.9	0.0	40.9
		结合后恒载	D_2		46.3	0.0	46.3
		运营列车荷载	L		38.9	2.0	39.0
		动力作用	μ_f		8.0	0.6	8.0
		离心力荷载	C		0.0	0.0	0.0
		最小应力	M_{min}		87.2	0.0	87.2
		最大应力	M_{max}		134.1	2.6	134.2
		恒载:活荷载			1.86		

■疲劳检算系数

● 双线系数 γ_d

表 4.3.2 钢梁双线系数 γ_d

$\rho=\delta_1/\delta_2$	3:7	4:8	5:9
γ_d	1.13	1.16	1.19

γ_d = 1.16

● 损伤系数 γ_n以及损伤修正系数 γ'_n

跨度 L = 48.00 m > 20.00 m
依据表 4.3.5—1,损伤系数 γ_n = 1.000
恒载:活荷载 = 1.85 > 4:6 = 0.667
依据表 4.3.5—1,损伤修正系数 γ'_n = 1.000

表 4.3.5—1 损伤修正系数 γ_n、γ'_n

跨度 (m)	γ_n	γ'_n		
		恒:活(2:8)	恒:活(3:7)	恒:活(4:6)
>20	1.00	1.00	1.00	1.00
16	1.10	1.08	1.07	1.06
12	1.15	1.12	1.11	1.09
8	1.30	1.24	1.21	1.18
5	1.45	1.36	1.32	1.27
4	1.50	1.40	1.35	1.30

● 板厚修正系数 γ_t

箱形梁腹板厚 t = 16 mm ≤ 25 mm γ_t = 1.000
箱形梁下翼缘纵肋厚 t = 16 mm ≤ 25 mm γ_t = 1.000
箱形梁上翼缘板厚 t = 16 mm ≤ 25 mm γ_t = 1.000
箱形梁下翼缘板厚 t = 30 mm > 25 mm $\gamma_t = \sqrt[4]{25/t} = 0.955$

■疲劳检算

● 钢梁上翼缘顶面传剪器—a（剪力钉）

依据《钢桥》4.3.5，当疲劳应力全部为受压应力时，可不检算疲劳，所以仅供参考。

$\rho = \sigma_{min}/\sigma_{max} = -93.7 / -75.5 = 1.241 > -1 \quad t = 16$ mm

构件的连接形式类别：13　　疲劳容许应力幅类别 = Ⅻ

因为$\rho > -1$，所以借用《钢桥》4.3.5—1 公式进行疲劳检算。

$\gamma_d \cdot \gamma_n \cdot (\sigma_{max} - \sigma_{min}) = 1.16 \times 1.00 \times [-75.5 - (-93.7)]$

$= 21.1\ \text{N/mm}^2 < \gamma_t \times [\sigma_0]$

$= 1.000 \times 80.6 = 80.6\ \text{N/mm}^2$

● 隔板上缘与箱形梁上翼缘板的焊接位置—b（竖向加劲肋上缘相同）

依据《钢桥》4.3.5，当疲劳应力全部为受压应力时，可不检算疲劳。　　略

● 腹板下端或者纵向加劲肋与箱形梁下翼缘板的纵向焊接位置—c

$\rho = \sigma_{min}/\sigma_{max} = 85.4 / 136.4 = 0.626 > -1 \quad t = 16$ mm

构件的连接形式类别：6.2　　疲劳容许应力幅类别 = Ⅳ

$\gamma_d \cdot \gamma_n \cdot (\sigma_{max} - \sigma_{min}) = 1.16 \times 1.00 \times (136.4 - 85.4)$

$= 59.2\ \text{N/mm}^2 < \gamma_t \times [\sigma_0]$

$= 1.000 \times 110.3 = 110.3\ \text{N/mm}^2$

● 竖向加劲肋下端与箱形梁腹板的焊接位置—d

竖向加劲肋下端距腹板底　　22 mm。

$\rho = \sigma_{min}/\sigma_{max} = 84.0 / 133.3 = 0.63 > -1 \quad t = 16$ mm

构件的连接形式类别：9　　疲劳容许应力幅类别 = Ⅶ

$\gamma_d \cdot \gamma_n \cdot (\sigma_{max} - \sigma_{min}) = 1.16 \times 1.00 \times (133.3 - 84.0)$

$= 57.2\ \text{N/mm}^2 < \gamma_t \times [\sigma_0]$

$= 1.000 \times 99.9 = 99.9\ \text{N/mm}^2$

● 隔板最下端与主梁下翼缘板的焊接位置—e

$\rho = \sigma_{min}/\sigma_{max} = 85.4 / 136.4 = 0.626 > -1 \quad t = 16$ mm

构件的连接形式类别：8　　疲劳容许应力幅类别 = Ⅶ

$\gamma_d \cdot \gamma_n \cdot (\sigma_{max} - \sigma_{min}) = 1.16 \times 1.00 \times (136.4 - 85.4)$

$= 59.2\ \text{N/mm}^2 < \gamma_t \times [\sigma_0]$

$= 1.000 \times 99.9 = 99.9\ \text{N/mm}^2$

● 下翼缘板对接焊位置—f

$\rho = \sigma_{min}/\sigma_{max} = 87.2 / 134.1 = 0.65 > -1 \quad t = 30$ mm

构件的连接形式类别：5.1　　疲劳容许应力幅类别 = Ⅱ

$\gamma_d \cdot \gamma_n \cdot (\sigma_{max} - \sigma_{min}) = 1.16 \times 1.00 \times (134.1 - 87.2)$

$= 54.4\ \text{N/mm}^2 < \gamma_t \times [\sigma_0]$

$= 0.955 \times 121.7 = 116.2\ \text{N/mm}^2$

3.3.3 第 1 跨中间支点 （ 节点 19 ） －M 区间

1. 截面外力及强制位移

外力			M_y(kN·m)			M_x(kN·m)			F_z(kN)			F_x(kN)		
			计算值	系数	设计值	计算值	系数	设计值	计算值	系数	设计值	计算值	系数	设计值
结合前恒载		D_1	−63216	0.90	−56894		1.0	0	5460	1.0	5460	0	1.0	0
结合后恒载		D_2	−78282	0.90	−70454		1.0	0	6744	1.0	6744	0	1.0	0
单线活荷载		L	−39390	0.90	−35451	6583	1.0	6583	3291	1.0	3291	0	1.0	0
动力作用		μ	−9847	0.90	−8863	3620	1.0	3620	1810	1.0	1810	0	1.0	0
离心力		C	0	0.90	0	0	1.0	0	0	0.0	0	0	0.0	0
单线摇摆力		L_F	0	0.90	0	302	1.0	302	100	0.0	0	0	0.0	0
长轨力		L_R	0	0.90	0	0	1.0	0	0	1.0	0	−480	1.0	−480
单线制动力		B	0	0.90	0	0	1.0	0	0	1.0	0	−288	1.0	−288
强制位移	干燥收缩	S_H	−8340	0.90	−7506	0	1.0	0	−174	1.0	−174	0	1.0	0
	徐变	C_R	−2849	0.90	−2564	0	1.0	0	−59	1.0	−59	0	1.0	0
	温度差	$T_{钢高}$	−17718	0.90	−15946	0	1.0	0	−369	1.0	−369	0	1.0	0
	小计	$\sum N$	−28907	0.90	−26016	0	1.0	0	−602	1.0	−602	0	1.0	0

符号约定：M_y ： ＋ 面内弯矩，梁下翼缘受拉为正。

M_x ： ＋ 扭矩。

F_z ： ＋ 面内竖直方向剪力。

F_x ： ＋ 轴力，受拉为正。

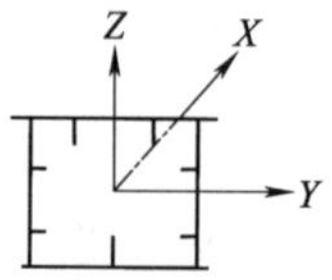

2. 截面特性 ⑤ Section-5 （S＋R＋RC） Q370q

桥面板全截面宽度	B	=	10800.0 mm	（ 75 ＋ 71 × 150 ＋ 75 ）
桥面板的有效宽度	B_0	=	9807.0 mm	（ 28.5 ＋ 65 × 150 ＋ 28.5 ）
桥面板的厚度	T_{RC}	=	300.0 mm	
梗胁高度	h_0	=	100.0 mm	
桥轴方向上下段钢筋直径	ϕ	=	D25 mm	
桥轴方向单根钢筋截面积	Ar	=	491 mm^2	
腹板顶～桥面板顶的距离	H_{RC}	=	400.0 mm	
腹板顶～上段钢筋的距离	H_U	=	332.5 mm	
腹板顶～下段钢筋的距离	H_L	=	163.5 mm	
梁中心～远端钢筋水平距离	Y_L	=	4875.0 mm	
有效宽度内每段的钢筋根数	n	=	66 根	

有效截面							全截面						
1	− 箱内混凝土板	4183	×	500	=	2091500	1	− 箱内混凝土板	5772	×	500	=	2886000
66	− 上段钢筋	D25		491	=	32406	72	− 上段钢筋	D25		491	=	35352
66	− 下段钢筋	D25		491	=	32406	72	− 下段钢筋	D25		491	=	35352
1	− 上翼缘板	6112	×	32	=	195584	1	− 上翼缘板	6300	×	32	=	201600
2	− 纵梁腹板	800	×	16	=	25600	2	− 纵梁腹板	800	×	16	=	25600
2	− 纵梁翼缘	300	×	16	=	9600	2	− 纵梁翼缘	300	×	16	=	9600
10	− 上缘板肋	300	×	20	=	60000	10	− 上缘板肋	300	×	20	=	60000
2	− 箱梁腹板	3400	×	28	=	190400	2	− 箱梁腹板	3400	×	28	=	190400
10	− 下缘板肋	300	×	30	=	90000	12	− 下缘板肋	300	×	30	=	108000
1	− 下翼缘板	4515	×	50	=	225750	1	− 下翼缘板	5900	×	50	=	295000
				A_s	=	796934 mm^2					A_s	=	890200 mm^2

腹板中心距	B	=	5800 mm					
上翼缘纵梁～钢梁中心距离	ZL_1	=	1180 mm					
上翼缘板肋～钢梁中心距离	ZL_2	=	320 mm	750 mm		1610 mm	2040 mm	2470 mm
下翼缘板肋～钢梁中心距离	ZL_3	=	320 mm	750 mm	1180 mm	1610 mm	2040 mm	2470 mm

截面特性			全截面(s) M_x, F_z	有效截面(s) M_y, F_x	有效截面(v) $N=10$	有效截面(v) $N=15$
桥面板内钢筋截面积	A_{ru}	mm^2	…………	…………	64812	64812
梁内混凝土板截面积	A_{cd}	mm^2	…………	…………	2091500	2091500
钢梁截面积	A_s	mm^2	890200	796934	796934	796934
结合梁换算截面积	A_v	mm^2	…………	…………	1070896	1001179
腹板截面积	A_w	mm^2	190400	190400	190400	190400
纵向轴力抵抗截面积	A_r	mm^2	421816	334566	475115	428265
Y轴换算截面2次惯性矩	I_y	mm^4	2069000000000	1840600000000	2483700000000	2369400000000
X轴扭矩	J_x	mm^4	2934000000000	2934000000000	3797000000000	3606000000000
Y轴回转半径	R_y	mm	1524.5	1519.7	1522.9	1538.4
Z轴方向偏心量	E_z	mm	-219.6	-73.3	-219.9	-134.2
Y轴中性轴～上段钢筋中心	Z_c	mm	…………	…………	2167.9	2082.2
Y轴中性轴～钢梁上翼缘顶	Z_u	mm	1951.6	1805.3	1951.9	1866.2
Y轴中性轴～钢梁腹板上端	Z_{ud}	mm	1919.6	1773.3	1919.9	1834.2
Y轴中性轴～钢梁腹板下端	Z_{ld}	mm	1480.4	1626.7	1480.1	1565.8
Y轴中性轴～钢梁下翼缘底	Z_l	mm	1530.4	1676.7	1530.1	1615.8

内力计算值(全截面有效)

			N_c、N_g(kN)	M_c(kN·m)	M_g(kN·m)
混凝土桥面板	混凝土桥面板干燥收缩	S_H	3925	6.66	8509
	混凝土桥面板与钢梁的温度差(±15℃)	T	±7086.0	±30.0	±15344.0
箱内混凝土板	混凝土板干燥收缩	S_H	4467	10.63	5486
	混凝土板与钢梁的温度差(±5℃)	T	±3152.0	±18.7	±3860.0
钢梁	钢筋附着力影响	T_S	231	…………	…………
	钢梁附着力影响	T_S	-231	…………	501

3. 截面检算

材料容许应力 [MPa]

材料型号	板厚(mm)	[σ]	[σ_w]	[τ]	f
Q370q	50 ~ 60	194.1	203.0	116.0	330.0
	35 ~ 50	194.1	203.0	116.0	330.0
	16 ~ 35	204.0	214.0	122.0	355.0
	≤ 16	210.0	220.0	126.0	370.0
C45	混凝土容许应力	[σ_c]	[σ_b]	[σ_{tp-3}]	
		12.0	15.0	0.48	
HRB335	钢筋容许应力	[σ_s]	[σ_s]	(主+附)	
		180	230		

负弯矩区受拉钢筋应力 [N/mm^2]

项目			桥面板上段钢筋—拉应力 σ			桥面板下段钢筋—拉应力 σ		
			M_y	F_x	合计	M_y	F_x	合计
结合后恒载		D_2	64.4	0.0	64.4	59.4	0.0	59.4
单线静活荷载		L	32.1	0.0	32.1	29.7	0.0	29.7
动力作用		μ	8.0	0.0	8.0	7.4	0.0	7.4
离心力		C	0.0	0.0	0.0	0.0	0.0	0.0
单线摇摆力		L_F	0.0	0.0	0.0	0.0	0.0	0.0
长轨力		L_R	0.0	0.0	0.0	0.0	0.0	0.0
单线制动力		B	0.0	0.0	0.0	0.0	0.0	0.0
内部应力	桥面板干燥收缩	S_H	0.0	0.0	0.0	0.0	0.0	0.0
	桥面板与钢梁的温度差	T	0.0	0.0	0.0	0.0	0.0	0.0
	混凝土板干燥收缩	S_H	0.0	0.0	0.0	0.0	0.0	0.0
	混凝土板温度差	T	0.0	0.0	0.0	0.0	0.0	0.0
附着力影响		T_S	0.0	3.6	3.6	0.0	3.6	3.6
强制位移	桥面板干燥收缩	S_H	6.8	0.0	6.8	6.3	0.0	6.3
	混凝土徐变	C_R	2.3	0.0	2.3	2.2	0.0	2.2
	桥面板与钢梁的温度差	T	14.5	0.0	14.5	13.4	0.0	13.4
	小计	ΣN	23.6	0.0	23.6	21.9	0.0	21.9
$D_2+2\times 90\%\times(L+\mu+C)+S_H+T+L_R$					163.7			151.6
$D_2+L+\mu+C+S_H+T+L_F+L_R$					131.7			122.0

钢梁应力 [N/mm²]

部位	项目		符号	上翼缘板顶—弯曲应力 σ M_y	F_x	合计	上翼缘板中心—剪应力 τ M_x	F_z	合计	换算应力 $\sqrt{\sigma^2+3\tau^2}$
上翼缘板顶	结合前恒载		D_1	55.8	0.0	55.8	0.0	0.0	0.0	
	结合后恒载		D_2	55.5	0.0	55.5	0.0	0.0	0.0	
	单线静活荷载		L	27.9	0.0	27.9	2.3	0.0	2.3	
	动力作用		μ	7.0	0.0	7.0	1.3	0.0	1.3	
	离心力		C	0.0	0.0	0.0	0.0	0.0	0.0	
	单线摇摆力		L_F	0.0	0.0	0.0	0.1	0.0	0.1	
	长轨力		L_R	0.0	0.0	0.0	0.0	0.0	0.0	
	内部应力	桥面板干燥收缩	S_H	−8.0	−4.4	−12.4	0.0	0.0	0.0	
		桥面板与钢梁温度差	$T_{钢高}$	−14.5	−8.0	−22.4	0.0	0.0	0.0	
		混凝土板干燥收缩	S_H	5.2	−5.0	0.2	0.0	0.0	0.0	
		混凝土板与钢梁温度差	$T_{钢高}$	3.6	−3.5	0.1	0.0	0.0	0.0	
	附着力		T_S	−0.5	−0.3	−0.8	0.0	0.0	0.0	
	强制位移	桥面板干燥收缩	S_H	5.9	0.0	5.9	0.0	0.0	0.0	
		混凝土徐变	C_R	2.0	0.0	2.0	0.0	0.0	0.0	
		桥面板与钢梁的温度差	$T_{钢高}$	12.5	0.0	12.5	0.0	0.0	0.0	
		小计	$\sum N$	20.4	0.0	20.4	0.0	0.0	0.0	
	$D+2\times90\%\times(L+\mu+C)+S_H+T+L_R+T_S+\sum N$					159.1		0.0		159.1
	$D+L+\mu+C+S_H+T+L_F+L_R+T_S+\sum N$					131.2			3.7	131.4
腹板上翼缘顶	结合前恒载		D_1	54.8	0.0	54.8	0.0	18.5	18.5	
	结合后恒载		D_2	54.5	0.0	54.5	0.0	18.4	18.4	
	单线静活荷载		L	27.4	0.0	27.4	5.7	9.0	14.7	
	动力作用		μ	6.9	0.0	6.9	3.1	4.9	8.0	
	离心力		C	0.0	0.0	0.0	0.0	0.0	0.0	
	单线摇摆力		L_F	0.0	0.0	0.0	0.3	0.3	0.6	
	长轨力		L_R	0.0	0.0	0.0	0.0	0.0	0.0	
	内部应力	桥面板干燥收缩	S_H	−7.9	−4.4	−12.3	0.0	0.0	0.0	
		桥面板与钢梁温度差	$T_{钢高}$	−14.2	−8.0	−18.8	0.0	0.0	0.0	
		混凝土板干燥收缩	S_H	5.1	−5.0	0.1	0.0	0.0	0.0	
		混凝土板与钢梁温度差	$T_{钢高}$	3.6	−3.5	0.0	0.0	0.0	0.0	
	附着力		T_S	−0.5	−0.3	−0.8	0.0	0.0	0.0	
	强制位移	桥面板干燥收缩	S_H	5.8	0.0	5.8	0.0	0.5	0.5	
		混凝土徐变	C_R	2.0	0.0	2.0	0.0	0.2	0.2	
		桥面板与钢梁的温度差	$T_{钢高}$	12.3	0.0	12.3	0.0	1.0	1.0	
		小计	$\sum N$	20.1	0.0	20.1	0.0	1.6	1.6	
	$D+2\times90\%\times(L+\mu+C)+S_H+T+L_R+T_S+\sum N$					156.0		63.6		190.9
	$D+L+\mu+C+S_H+T+L_F+L_R+T_S+\sum N$					128.6			61.8	167.3
腹板下翼缘底	结合前恒载		D_1	−50.3	0.0	−50.3	0.0	17.1	17.1	
	结合后恒载		D_2	−46.6	0.0	−46.6	0.0	15.8	15.8	
	单线静活荷载		L	−21.1	0.0	−21.1	5.7	7.0	12.7	
	动力作用		μ	−5.3	0.0	−5.3	3.1	3.8	6.9	
	离心力		C	0.0	0.0	0.0	0.0	0.0	0.0	
	单线摇摆力		L_F	0.0	0.0	0.0	0.3	0.0	0.3	
	长轨力		L_R	0.0	−1.0	−1.0	0.0	0.0	0.0	
	内部应力	桥面板干燥收缩	S_H	6.1	−4.4	1.7	0.0	0.0	0.0	
		桥面板与钢梁温度差	$T_{钢高}$	11.0	−8.0	3.0	0.0	0.0	0.0	
		混凝土板干燥收缩	S_H	−3.9	−5.0	−8.9	0.0	0.0	0.0	
		混凝土板与钢梁温度差	$T_{钢高}$	−2.8	−3.5	−6.3	0.0	0.0	0.0	
	附着力		T_S	0.4	−0.3	0.1	0.0	0.0	0.0	
	强制位移	桥面板干燥收缩	S_H	−4.5	0.0	−4.5	0.0	0.4	0.4	
		混凝土徐变	C_R	−1.5	0.0	−1.5	0.0	0.1	0.1	
		桥面板与钢梁的温度差	$T_{钢高}$	−9.5	0.0	−9.5	0.0	0.8	0.8	
		小计	$\sum N$	−15.5	0.0	−15.5	0.0	1.3	1.3	
	$D+2\times90\%\times(L+\mu+C)+S_H+T+L_R+T_S+\sum N$					−171.4		53.6		195.0
	$D+L+\mu+C+S_H+T+L_F+L_R+T_S+\sum N$					−150.3			54.3	177.3
下翼缘板底	结合前恒载		D_1	−51.8	0.0	−51.8	0.0	0.0	0.0	
	结合后恒载		D_2	−48.0	0.0	−48.0	0.0	0.0	0.0	
	单线静活荷载		L	−21.8	0.0	−21.8	3.2	0.0	3.2	
	动力作用		μ	−5.5	0.0	−5.5	1.8	0.0	1.8	
	离心力		C	0.0	0.0	0.0	0.0	0.0	0.0	
	单线摇摆力		L_F	0.0	0.0	0.0	0.1	0.0	0.1	
	长轨力		L_R	0.0	−1.0	−1.0	0.0	0.0	0.0	
	内部应力	桥面板干燥收缩	S_H	−6.3	4.4	−1.9	0.0	0.0	0.0	
		桥面板与钢梁温度差	$T_{钢高}$	11.3	−8.0	3.4	0.0	0.0	0.0	
		混凝土板干燥收缩	S_H	−4.1	−5.0	−9.1	0.0	0.0	0.0	
		混凝土板与钢梁温度差	$T_{钢高}$	−2.9	−3.5	−6.4	0.0	0.0	0.0	
	附着力		T_S	0.4	−0.3	0.1	0.0	0.0	0.0	
	强制位移	桥面板干燥收缩	S_H	−4.6	0.0	−4.6	0.0	0.0	0.0	
		混凝土徐变	C_R	−1.6	0.0	−1.6	0.0	0.0	0.0	
		桥面板与钢梁的温度差	$T_{钢高}$	−9.8	0.0	−9.8	0.0	0.0	0.0	
		小计	$\sum N$	−16.0	0.0	−16.0	0.0	0.0	0.0	
	$D+2\times90\%\times(L+\mu+C)+S_H+T+L_R+T_S+\sum N$					−179.8		0.0		179.8
	$D+L+\mu+C+S_H+T+L_F+L_R+T_S+\sum N$					−158.0			5.1	158.2

第 1 中间支点梁内桥面板

干燥收缩

$$N_c = N_g = \frac{\varepsilon_s \times E_g}{\dfrac{n_1}{A_c} + \dfrac{1}{A_g} + \dfrac{n_1 \times d^2}{I_c + n_1 \times I_g}}\left[1 - e^{-k(l/2-x)} - e^{-k(l/2+x)}\right]$$

$$= \frac{15 \times 10 \times 10^{-6} \times 21 \times 10^4 / 1000}{\dfrac{15}{2886000} + \dfrac{1}{890200} + \dfrac{15 \times 1230.4^2}{60125000000 + 15 \times 2069200000000}}$$

$$= 4467\ \text{kN}$$

$$M_c = \frac{I_c}{I_c + n_1 \times I_g} \times N_c \times d$$

$$= \frac{60125000000 / 1000000}{60125000000 + 15 \times 2069200000000} \times 4467000 \times 1230.4$$

$$= 10.63\ \text{kN} \cdot \text{m}$$

$$M_g = \frac{n_1 \times I_g}{I_c + n_1 \times I_g} \times N_c \times d$$

$$= \frac{15 \times 2069200000000 / 1000000}{60125000000 + 15 \times 2069200000000} \times 4467000 \times 1230.4$$

$$= 5486\ \text{kN} \cdot \text{m}$$

$$\sigma_{cu} = -\frac{4467000}{890200} + \frac{5486000000}{2069200000000} \times 1951.6 = -5.0 + 5.2 = 0.2\ \text{N/mm}^2$$

$$\sigma_u = -\frac{4467000}{890200} + \frac{5486000000}{2069200000000} \times 1919.6 = -5.0 + 5.1 = 0.1\ \text{N/mm}^2$$

$$\sigma_{fu} = -\frac{4467000}{890200} - \frac{5486000000}{2069200000000} \times 1480.4 = -5.0 + (-3.9) = -8.9\ \text{N/mm}^2$$

$$\sigma_{fd} = -\frac{4467000}{890200} - \frac{5486000000}{2069200000000} \times 1530.4 = -5.0 + (-4.1) = -9.1\ \text{N/mm}^2$$

$$\sigma_d = +\frac{4467000}{2886000} - \frac{10630000}{60125000000} \times 250.0 = 1.5 + 0.0 = 1.5\ \text{N/mm}^2$$

温度差(钢梁侧温度高)

$$N_c = N_g = \frac{\alpha \times (\pm t) \times E_g}{\dfrac{n}{A_c} + \dfrac{1}{A_g} + \dfrac{n \times d^2}{I_c + n \times I_g}}\left[1 - e^{-k(l/2-x)} - e^{-k(l/2+x)}\right]$$

$$= \frac{11.8 \times 10^{-6} \times (\pm 5) \times 21 \times 10^4 / 1000}{\dfrac{6}{2886000} + \dfrac{1}{890200} + \dfrac{6 \times 1230.40^2}{60125000000 + 6 \times 2069200000000}}$$

$$= \pm 3152\ \text{kN}$$

$$M_c = \frac{I_c}{I_c + n \times I_g} \times N_c \times d$$

$$= \frac{60125000000 / 1000000}{60125000000 + 6 \times 2069200000000} \times 3152000 \times 1230.4$$

$$= \pm 18.69\ \text{kN} \cdot \text{m}$$

$$M_g = \frac{n \times I_g}{I_c + n \times I_g} \times N_c \times d$$

$$= \frac{6 \times 2069200000000 / 1000000}{60125000000 + 6 \times 2069200000000} \times 3152000 \times 1230.4$$

$$= \pm 3860\ \text{kN} \cdot \text{m}$$

$$\sigma_{cu} = -\frac{3152000}{890200} + \frac{3860000000}{2069200000000} \times 1951.6 = -3.5 + 3.6 = 0.1\ \text{N/mm}^2$$

$$\sigma_u = -\frac{3152000}{890200} + \frac{3860000000}{2069200000000} \times 1919.6 = -3.5 + 3.6 = 0.0\ \text{N/mm}^2$$

$$\sigma_{fu} = -\frac{3152000}{890200} - \frac{3860000000}{2069200000000} \times 1480.4 = -3.5 + (-2.8) = -6.3\ \text{N/mm}^2$$

$$\sigma_{fd} = -\frac{3152000}{890200} - \frac{3860000000}{2069200000000} \times 1530.4 = -3.5 + (-2.9) = -6.4\ \text{N/mm}^2$$

$$\sigma_d = +\frac{3152000}{2886000} - \frac{18690000}{60125000000} \times 250.0 = 1.1 + (-0.1) = 1.0\ \text{N/mm}^2$$

第 1 中间支点桥面板

干燥收缩

$$N_c = N_g = \frac{\varepsilon_s \times E_g}{\frac{n_1}{A_c} + \frac{1}{A_g} + \frac{n_1 \times d^2}{I_c + n_1 \times I_g}}\left[1 - e^{-k(l/2-x)} - e^{-k(l/2+x)}\right]$$

$$= \frac{15 \times 10 \times 10^{-6} \times 21 \times 10^4 / 1000}{\frac{15}{3240000} + \frac{1}{890200} + \frac{15 \times 2169.6^2}{24300000000 + 15 \times 2069200000000}}$$

$$= 3925 \text{ kN}$$

$$M_c = \frac{I_c}{I_c + n_1 \times I_g} \times N_c \times d$$

$$= \frac{24300000000 / 1000000}{24300000000 + 15 \times 2069200000000} \times 3925000 \times 2169.6$$

$$= 6.66 \text{ kN} \cdot \text{m}$$

$$M_g = \frac{n_1 \times I_g}{I_c + n_1 \times I_g} \times N_c \times d$$

$$= \frac{15 \times 2069200000000 / 1000000}{24300000000 + 15 \times 2069200000000} \times 3925000 \times 2169.6$$

$$= 8509 \text{ kN} \cdot \text{m}$$

$$\sigma_{cu} = +\frac{3925000}{3240000} - \frac{6660000}{24300000000} \times 150.0 = 1.2 + 0.0 = 1.2 \text{ N/mm}^2$$

$$\sigma_u = -\frac{3925000}{890200} - \frac{8509000000}{2069200000000} \times 1951.6 = -4.4 + (-8.0) = -12.4 \text{ N/mm}^2$$

$$\sigma_{fu} = -\frac{3925000}{890200} - \frac{8509000000}{2069200000000} \times 1919.6 = -4.4 + (-7.9) = -12.3 \text{ N/mm}^2$$

$$\sigma_{fd} = -\frac{3925000}{890200} + \frac{8509000000}{2069200000000} \times 1480.4 = -4.4 + 6.1 = 1.7 \text{ N/mm}^2$$

$$\sigma_d = -\frac{3925000}{890200} + \frac{8509000000}{2069200000000} \times 1530.4 = -4.4 + 6.3 = 1.9 \text{ N/mm}^2$$

温度差(钢梁侧温度高)

$$N_c = N_g = \frac{\alpha \times (\pm t) \times E_g}{\frac{n}{A_c} + \frac{1}{A_g} + \frac{n \times d^2}{I_c + n \times I_g}}\left[1 - e^{-k(l/2-x)} - e^{-k(l/2+x)}\right]$$

$$= \frac{11.8 \times 10^{-6} \times (\pm 15) \times 21 \times 10^4 / 1000}{\frac{6}{3240000} + \frac{1}{890200} + \frac{6 \times 2169.6^2}{24300000000 + 6 \times 2069200000000}}$$

$$= \pm 7086 \text{ kN}$$

$$M_c = \frac{I_c}{I_c + n \times I_g} \times N_c \times d$$

$$= \frac{24300000000 / 1000000}{24300000000 + 6 \times 2069200000000} \times 7086000 \times 2169.6$$

$$= \pm 30.03 \text{ kN} \cdot \text{m}$$

$$M_g = \frac{n \times I_g}{I_c + n \times I_g} \times N_c \times d$$

$$= \frac{6 \times 2069200000000 / 1000000}{24300000000 + 6 \times 2069200000000} \times 7086000 \times 2169.6$$

$$= \pm 15344 \text{ kN} \cdot \text{m}$$

$$\sigma_{cu} = +\frac{7086000}{3240000} - \frac{30030000}{24300000000} \times 150.0 = 2.2 + (-0.2) = 2.0 \text{ N/mm}^2$$

$$\sigma_u = -\frac{7086000}{890200} - \frac{15344000000}{2069200000000} \times 1951.6 = -8.0 + (-14.5) = -22.4 \text{ N/mm}^2$$

$$\sigma_{fu} = -\frac{7086000}{890200} - \frac{15344000000}{2069200000000} \times 1919.6 = -8.0 + (-14.2) = -22.2 \text{ N/mm}^2$$

$$\sigma_{fd} = -\frac{7086000}{890200} + \frac{15344000000}{2069200000000} \times 1480.4 = -8.0 + 11.0 = 3.0 \text{ N/mm}^2$$

$$\sigma_d = -\frac{7086000}{890200} + \frac{15344000000}{2069200000000} \times 1530.4 = -8.0 + 11.3 = 3.4 \text{ N/mm}^2$$

4. 局部稳定

结合前		b		t		b/t		b_o		n		ρ		$[b/\delta]$
U. Flg	翼缘板左侧伸出肢	236.0	/	32	=	7.4	<							16
	左侧腹板~左侧纵梁	1948.0	/	32	=	60.9	<	60	×	4	×	1.0	=	240
	左侧纵梁~右侧纵梁	2344.0	/	32	=	73.3	<	60	×	5	×	1.0	=	300
	右侧纵梁~右侧腹板	1948.0	/	32	=	60.9	<	60	×	4	×	1.0	=	240
	翼缘板右侧伸出肢	236.0	/	32	=	7.4	<							16
U. Str	纵梁左侧伸出肢	142.0	/	16	=	8.9	<							16
	纵梁腹板	800.0	/	16	=	50.0	<	($b/t<50$,可不设置竖肋)						50
	纵梁右侧伸出肢	142.0	/	16	=	8.9	<							16
U. Rib	上翼缘纵向加劲肋伸出肢	300.0	/	20	=	15.0	<							16
Web	主梁腹板	3400.0	/	28	=	121.4	<	($50<b/t<140$,无需设水平肋)						250
L. Rib	下翼缘纵向加劲肋伸出肢	300.0	/	30	=	10.0	<							24
L. Flg	翼缘板左侧伸出肢	36.0	/	50	=	0.7	<							12
	左侧腹板~右侧腹板	5772.0	/	50	=	115.4	<	22	×	13	×	1.7	=	486
	翼缘板右侧伸出肢	36.0	/	50	=	0.7	<							12

① 结合前钢梁长细比

$\lambda = L / R_y = 64000 / 1524.5 = 41.98$

② 受压区翼缘板伸出肢

$[b/\delta] = 12$　　　　$\lambda < 50$

$[b/\delta] = 0.14 \times \lambda + 5 = 0.14 \times 41.98 + 5 = 10.9$　　　　$\lambda \geqslant 50$

③ 反算长细比－结合前受压翼缘板应力

$\Phi = \sigma/[\sigma] = 51.8 / 194.1 = 0.267 < [\Phi] = 0.900$

反算长细比值

$\lambda = 137.1$

当上翼缘板的纵向板肋接近或者不满足容许值时,可采用放宽后容许值

$[b/\delta] = 0.14 \times \lambda + 5$　　　　$\lambda \geqslant 50$

$= 0.14 \times 137.1 + 5$

$= 24.0$

表 3.2.6　折减系数

Φ	λ
0.254	140.0
0.267	137.1
0.298	130.0

④ 腹板之间受压翼缘板的容许值

依照《铁道Ⅱ》7.2,对主梁腹板之间受压翼缘进行验算。

$[b/\delta] = 22 \times n$

当应力较小时,上述容许值乘以下述缓和系数 ρ

Q370q 等同于SM490YB材质

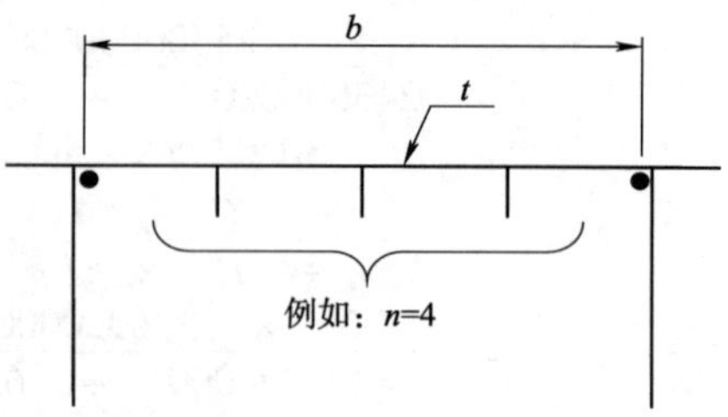

$$\rho = 3 - \frac{2 \times \gamma_a \times \gamma_b \times \gamma_i \times \gamma_m \times \sigma}{\sigma_{cuo}}$$

$= 3 - 0.435$

$= 2.565 > 1.70$

$= 1.70$

$\gamma_a = 1.00$　构造解析计算系数

$\gamma_b = 1.05$　构件类型系数

$\gamma_i = 1.20$　构造物类型系数

$\gamma_m = 1.10$　材料系数(受压)

$\sigma = 51.8\ \mathrm{N/mm^2}$　结合前受压翼缘弯曲应力

$\sigma_{cuo} = 330\ \mathrm{N/mm^2}$　材料的屈服强度　($t = 50$ mm 时)

⑤ 受拉翼缘板

参考《铁道Ⅱ》7.2 条文注解(4),受拉翼缘板即便没有局部稳定验算,但是也要考虑焊接变形,列车振动。依据经验,取受压验算的上限值。

$[b/\delta] = 16$　伸出肢

$[b/\delta] = 60 \times n$　腹板之间

5. 残余附着力计算

(1)有效截面特性

第1中间支点换算截面(19节点,钢梁+箱内混凝土板)

					n	=	10		$A(mm^2)$	$Z(mm)$	$A\times Z$	$I_g(mm^4)$
1	–	上翼缘板	6112	×	32	=			195584	1716.0	335622144	575944288939
2	–	纵梁腹板	800	×	16	=			25600	1300.0	33280000	44629333333
2	–	纵梁翼缘	300	×	16	=			9600	892.0	8563200	7638579200
10	–	上缘板肋	300	×	20	=			60000	1550.0	93000000	144600000000
2	–	箱梁腹板	3400	×	28	=			190400			183418666667
10	–	下缘板肋	300	×	30	=			90000	-1550.0	-139500000	216900000000
1	–	下翼缘板	4515	×	50	=			225750	-1725.0	-389418750	671794375000
1	–	箱内混凝土板	4183	×	500	=			209150	-1450.0	-303267500	444095166667
Z_u	=	2091.5					A_g	=	1006084		-361720906	2289020409805
Z_d	=	-1390.5					$\delta=A\times Z/A_g$	=	-359.5	$\Delta I=A_g\times\delta^2$	=	-130026547681
										I_g	=	2159000000000

第1中间支点换算截面(19节点,钢梁+箱内混凝土板+桥面板内钢筋)

$h_{上段}$	=	332.5	$h_{下段}$	=	163.5		$A(mm^2)$	$Z(mm)$	$A\times Z$	$I_1(mm^4)$
66	–	上段钢筋	D 25	×	491	=	32406	2032.5	65865195	133872274372
66	–	下段钢筋	D 25	×	491	=	32406	1863.5	60388581	112535386228
1	–	结合断面				=	1006084	-359.5	-361687198	2289026547681
Z_u	=	1951.8			A_1	=	1070896		-235433422	2535434208280
Z_d	=	-1530.2			$\delta=A\times Z/A_1$	=	-219.8	$\Delta I=A_1\times\delta^2$	=	-51737170388
Z_1	=	2167.8			$Z_{st,s}$	=	2252.3	I_1	=	2483700000000

(2)有效截面特性汇总

$$\alpha_{st}=\frac{A_1\times I_1}{A_g\times I_g}=\frac{1070896\times 2483700000000}{1006084\times 2159000000000}=1.224$$

ρ_s = (32406 + 32406) / (9807 × 300) = 0.022 (配筋率)

A_1 = 1070896 mm^2 (钢梁+钢筋的换算截面积)

A_g = 1006084 mm^2 (钢梁+箱内混凝土板的换算截面积)

A_s = 64812 mm^2 (受拉钢筋的截面积)

Z_1 = 2167.8 mm (钢梁+箱内混凝土板+钢筋的中性轴~钢筋重心轴的距离)

$Z_{st,s}$ = 2252.3 mm (钢梁+箱内混凝土板+钢筋的中立轴~最远端钢筋的距离)

I_1 = 2483700000000 mm^4 (钢梁+箱内混凝土板+钢筋的换算截面2次惯性矩)

I_g = 2159000000000 mm^4 (钢梁+箱内混凝土板的换算截面2次惯性矩)

(3)考虑 Tension stiffening 平均变形(钢筋)　Bode 公式

$$\varepsilon_{sm}=\underbrace{\frac{M}{E_s\times I_1}Z_1}_{\text{钢梁+钢筋的变形}}+\underbrace{\beta_m\frac{f_{ctm}}{\rho_s\times\alpha_{st}\times E_s}}_{\text{TS增加部分}}-\underbrace{\beta_m\frac{f_{ctm}}{\rho_s\times E_s}}_{\text{平均变形部分}}$$

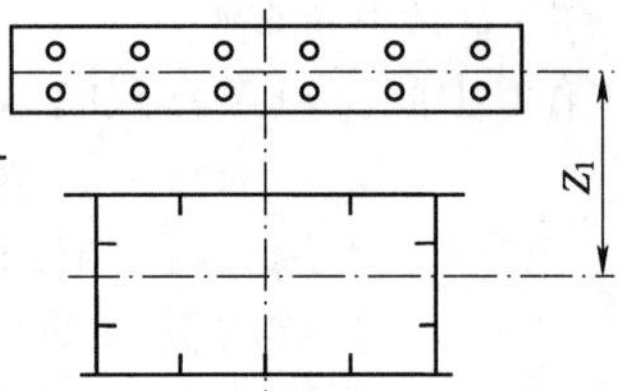

$$=\frac{2167.8\times M}{200000\times 2483700000000}+\frac{0.2\times 0.48}{0.022\times 1.224\times 200000}-\frac{0.2\times 0.48}{0.022\times 200000}$$

$$=4.364E-15\quad M+1.783E-05-2.182E-05=4.364E-15\quad M-3.993E-06$$

(4)考虑 Tension stiffening 截面力

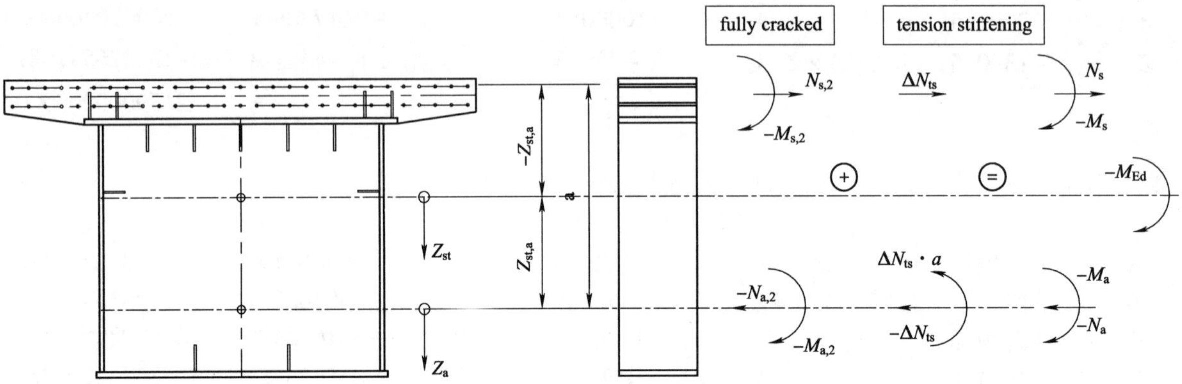

$$\Delta N_{ts}=\beta_m\frac{f_{ctm}\times A_s}{\rho_s\times\alpha_{st}}=\frac{0.2\times 0.48\times 64812}{0.022\times 1.224}=231059\ \text{N}=231.1\ \text{kN}$$

$$M_{ts}=\Delta N_{ts}\times a=231059\times 2167.9=500912424\ \text{N}\cdot\text{m}=500.9\ \text{kN}\cdot\text{m}$$

式中　M——结合后弯矩;

$E_s=200000\ \text{N/mm}^2$　(钢筋弹性模量);

$\beta_m=0.2$　(考虑到在反复应力作用下,钢筋附着的劣化,采用0.2);

$f_{ctm}=0.48\ \text{N/mm}^2$　(桥面板中由混凝土承受的容许主拉应力值)。

【中间支点桥轴方向桥面板裂纹验算】

附着力的平均变形

项目			M_y	系数		钢筋		备注
			kN·m			ε_{sm}	σ_{sm}	
结合后恒载		D_2	70454	×	4.364E－15	= 3.075E－04	61	E_s = 200000 N/mm^2
双线静活荷载		L	63812	×	4.364E－15	= 2.785E－04	56	双线时90%折减
动力作用		μ	15953	×	4.364E－15	= 6.963E－05	14	μ = 0.250
超静定力	干燥收缩	S_h	7506	×	4.364E－15	= 3.276E－05	7	R_{sh} = 173.7 kN
	徐变	C_r	2564	×	4.364E－15	= 1.119E－05	2	R_{cr} = 59.4 kN
	温度差	ΔT	15946	×	4.364E－15	= 6.960E－05	14	R_t = 369.1 kN
附着力		T_S				－3.993E－06	－1	
合计						7.652E－04	153	钢筋应力

因为,桥面板上面设有排水坡,所以采用有防护措施的裂纹宽度容许值

裂缝宽度检算

$$w_f = K_1 \times K_2 \times r \times \sigma_s / E_s \times [80 + (8 + 0.4d)/\mu_z^{0.5})]$$

$$= 0.8 \times 1.409 \times 1.039 \times 153 / 200000 \times [80 + (8 + 0.4 \times 25) / 0.022029^{0.5})]$$

$$= 0.18\ \text{mm} < [w_f] = 0.25\ \text{mm}$$ 《混桥》5.2.8

式中 K_1 = 0.8 螺纹筋;

$K_2 = 1 + \alpha \times M_1/M + 0.5 \times M_2/M$ = 1.409;

E_s = 200000 N/mm^2 钢筋弹性模量;

α = 0.30 系数:采用螺纹筋;

M_1 = 79765 kN·m 活载作用下的弯矩(含动力系数);

M_2 = 96470 kN·m 恒载作用下的弯矩;

M = 176235 kN·m 全部荷载作用下的弯矩;

d = 25 mm 螺纹筋直径;

x = 2167.8 mm;

r = 2252.3 / 2167.8 = 1.039;

σ_s = 153 N/mm^2;

$\mu_z = (B_1 \times n_1 + B_2 \times n_2 + B_3 \times n_3) \times A_{sl}/A_{cl}$ = 0.022029;

A_{sl} = 64812 mm^2;

A_{cl} = 9807 × 300 = 2942100 mm^2。

6. 疲劳检算

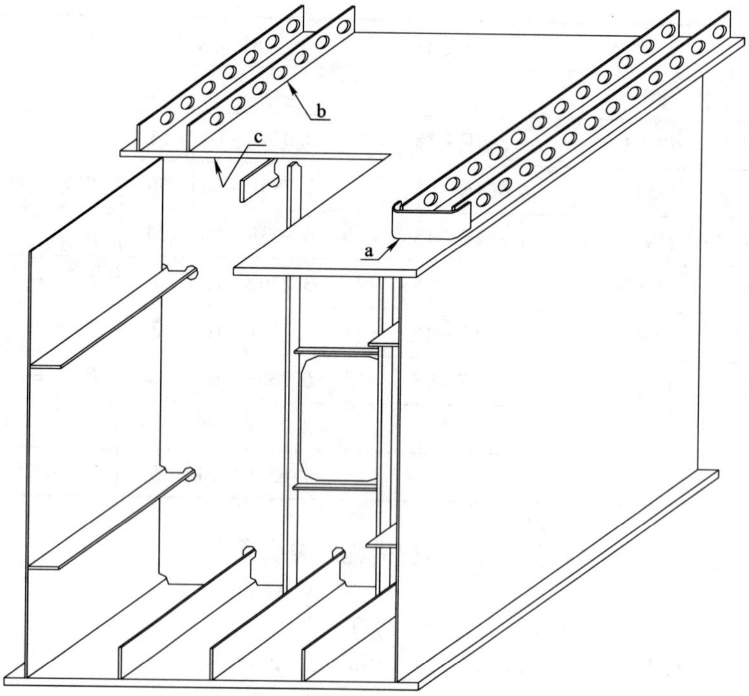

检算位置图

a——钢梁上翼缘顶面 PBL 传剪器横向角焊缝；
b——钢梁上翼缘顶面 PBL 传剪器纵向角焊缝；
c——隔板上缘与箱形梁上翼缘板的横向角焊缝。

■外力产生的应力

截面位置(节点编号)： 19				M_y(kN·m)	M_x(kN·m)	F_z(kN)
截面外力		结合前恒载	D_1	-56894	0	5460
		结合后恒载	D_2	-70454	0	6744
		单线静活载	L	-35451	6583	3291
		动力作用(弯矩)	μ_f = 0.205	-8863		
		动力作用(剪力)	μ_f = 0.450		2962	1481
		离心力	C	0	0	0
钢截面组成				n = 0	n = 15	n = 10
		Y轴换算截面2次惯性矩	I_v mm^4	1840600000000	2369400000000	2483700000000
		上翼缘板面积距	S_{fu} mm^3	350000000	361900000	378600000
		竖向加劲肋顶端面积距	S_{su} mm^3	372900000	359100000	339800000
		下翼缘板面积距	S_{fd} mm^3	372900000	359100000	339800000
		Y轴中性轴～钢梁上翼缘顶	Z_{sfu} mm	1805	1866	1952
		Y轴中性轴～钢梁腹板上端	Z_{swu} mm	1773	1834	1920
		Y轴中性轴～钢梁腹板下端	Z_{swd} mm	1627	1566	1480
		Y轴中性轴～钢梁下翼缘底	Z_{sfd} mm	1677	1616	1530
应力				正应力—σ	剪应力—τ	主拉应力—σ_1
	上翼缘板	结合前恒载	D_1	55.8	0.0	55.8
		结合后恒载	D_2	55.5	0.0	55.5
		运营列车荷载	L	27.9	2.3	28.1
		动力作用	μ_f	7.0	1.0	7.1
		离心力荷载	C	0.0	0.0	0.0
		最小应力	M_{min}	111.3	3.3	111.3
		最大应力	M_{max}	146.2	0.0	146.5
		恒载：活荷载		3.19		
	腹板上翼缘顶	结合前恒载	D_1	54.8	18.5	60.5
		结合后恒载	D_2	54.5	18.4	60.1
		运营列车荷载	L	27.4	14.7	33.8
		动力作用	μ_f	6.9	6.6	10.9
		离心力荷载	C	0.0	0.0	0.0
		最小应力	M_{min}	109.3	36.9	120.6
		最大应力	M_{max}	143.6	58.2	165.3
		恒载：活荷载		3.19		
	腹板下翼缘底	结合前恒载	D_1	-50.3	19.8	-57.1
		结合后恒载	D_2	-46.6	18.3	-52.9
		运营列车荷载	L	-21.1	13.8	-27.9
		动力作用	μ_f	-5.3	6.2	-9.4
		离心力荷载	C	0.0	0.0	0.0
		最小应力	M_{min}	-123.3	57.9	-147.3
		最大应力	M_{max}	-96.9	38.0	-110.0
		恒载：活荷载		3.67		
	下翼缘板底	结合前恒载	D_1	-51.8	0.0	-51.8
		结合后恒载	D_2	-48.0	0.0	-48.0
		运营列车荷载	L	-21.8	3.2	-22.3
		动力作用	μ_f	-5.5	1.4	-5.9
		离心力荷载	C	0.0	0.0	0.0
		最小应力	M_{min}	-127.1	4.6	-128.0
		最大应力	M_{max}	-99.8	0.0	-99.8
		恒载：活荷载		3.66		

■疲劳检算系数

● 双线系数 γ_d

表 4.3.2 钢梁双线系数 γ_d

$\rho=\delta_1/\delta_2$	3 : 7	4 : 8	5 : 9
γ_d	1.13	1.16	1.19

γ_d = 1.16

● 损伤系数 γ_n以及损伤修正系数 γ'_n

跨度 L = 64.00 m > 20.00 m

依据表 4.3.5—1，损伤系数 γ_n = 1.000

恒载:活荷载 = 3.19 > 4 : 6 = 0.667

依据表 4.3.5—1，损伤修正系数 γ'_n = 1.000

表 4.3.5—1 损伤修正系数 γ_n、γ'_n

跨度 (m)	γ_n	γ'_n		
		恒：活 (2 : 8)	恒：活 (3 : 7)	恒：活 (4 : 6)
>20	1.00	1.00	1.00	1.00
16	1.10	1.08	1.07	1.06
12	1.15	1.12	1.11	1.09
8	1.30	1.24	1.21	1.18
5	1.45	1.36	1.32	1.27
4	1.50	1.40	1.35	1.30

● 板厚修正系数 γ_t

PBL 传剪器板厚 t = 20 mm ≤ 25 mm $\gamma_t = \sqrt[4]{25\ /\ t} = 1.000$

箱形梁隔板厚 t = 28 mm > 25 mm $\gamma_t = \sqrt[4]{25\ /\ t} = 0.972$

■疲劳检算

● 箱形梁上翼缘板顶面 PBL 传剪器横向角焊缝—a

$\rho = \sigma_{min}/\sigma_{max} = 111.3 / 146.2 = 0.761 > -1$ $t = 20$ mm

构件的连接形式类别：8　　疲劳容许应力幅类别 = Ⅶ

因为$\rho > -1$，依据《钢桥》4.3.5—1 公式进行疲劳检算。

$\gamma_d \cdot \gamma_n \cdot (\sigma_{max} - \sigma_{min}) = 1.16 \times 1.00 \times [146.2 - (111.3)]$

$= 40.5\ N/mm^2 < \gamma_t \times [\sigma_0]$

$= 1.000 \times 99.9 = 99.9\ N/mm^2$

● PBL 传剪器与箱形梁上翼缘板的纵向角焊缝—b

$\rho = \sigma_{min}/\sigma_{max} = 111.3 / 146.2 = 0.761 > -1$ $t = 20$ mm

构件的连接形式类别：6.2　　疲劳容许应力幅类别 = Ⅳ

因为$\rho > -1$，依据《钢桥》4.3.5—1 公式进行疲劳检算。

$\gamma_d \cdot \gamma_n \cdot (\sigma_{max} - \sigma_{min}) = 1.16 \times 1.00 \times [146.2 - (111.3)]$

$= 40.5\ N/mm^2 < \gamma_t \times [\sigma_0]$

$= 1.000 \times 110.3 = 110.3\ N/mm^2$

● 隔板上端与箱形梁上翼缘板的横向角焊接—c

$\rho = \sigma_{min}/\sigma_{max} = 120.6 / 165.3 = 0.73 > -1$ $t = 28$ mm

构件的连接形式类别：8　　疲劳容许应力幅类别 = Ⅶ

$\gamma_d \cdot \gamma_n \cdot (\sigma_{max} - \sigma_{min}) = 1.16 \times 1.00 \times (165.3 - 120.6)$

$= 51.9\ N/mm^2 < \gamma_t \times [\sigma_0]$

$= 0.972 \times 99.9 = 97.1\ N/mm^2$

3.3.4　第2跨中央部(中跨)　　(节点　28　)　　+M区间

1. 截面外力

外　力		M_y(kN·m)			M_x(kN·m)			F_z(kN)			F_x(kN)		
		计算值	系数	设计值	计算值	系数	设计值	计算值	系数	设计值	计算值	系数	设计值
结合前恒载	D_1	18403	1.000	18403		1.0	0	0	1.0	0	0	1.0	0
结合后恒载	D_2	23439	1.117	26182		1.0	0	0	1.0	0	0	1.0	0
单线静活载	L	21432	1.117	23939	2000	1.0	2000	1000	1.0	1000	0	1.0	0
动力作用	μ	5358	1.117	5985	612	1.0	612	306	1.0	306	0	1.0	0
离心力	C	0	1.117	0	0	1.0	0	0	1.0	0	0	1.0	0
单线摇摆力	L_F	0	1.000	0	126	1.0	126	50	1.0	50	0	1.0	0
长轨力	L_R	0	1.000	0	0	1.0	0	0	1.0	0	-800	1.0	-800
单线制动力	B	0	1.000	0	0	1.0	0	0	1.0	0	-480	1.0	-480

2. 截面特性　②Section　-　2　　Q370q

混凝土桥面板标号　C45　H_c = 250.0 mm ~ 箱梁腹板上端~桥面板水平中心轴距离

L_c = 2500 mm ~ 右侧腹板中心~右侧桥面板边缘的距离

1	-	桥面板	10748	× 300	=	3224400	(10800)	3240000
1	-	上翼缘板	6300	× 16	=	100800	(6300)	100800
2	-	纵梁腹板	800	× 16	=	25600	(800)	25600
2	-	纵梁翼缘	300	× 16	=	9600	(300)	9600
10	-	上缘板肋	160	× 16	=	25600	(160)	25600
2	-	箱梁腹板	2400	× 16	=	76800	(2400)	76800
12	-	下缘板肋	160	× 16	=	30720	(160)	30720
1	-	下翼缘板	5604	× 30	=	168120	(5900)	177000

有效截面积　A_s = 437240 mm^2　　全截面积　A_s = 446120 mm^2

腹板中心距　B = 5800 mm

上翼缘纵梁~钢梁中心距离　ZL_1 = 1180 mm

上翼缘板肋~钢梁中心距离　ZL_2 = 320 mm　750 mm　0 mm　1610 mm　2040 mm　2470 mm

下翼缘板肋~钢梁中心距离　ZL_3 = 320 mm　750 mm　1180 mm　1610 mm　2040 mm　2470 mm

项　目			结合前	结合后		
			N=0	N=10	N=15	N=6
混凝土桥面板截面积	A_c	mm^2	…………	3224400	3224400	3224400
钢梁截面积	A_s	mm^2	437240	437240	437240	437240
结合梁换算截面积	A_v	mm^2	…………	759680	652200	974640
腹板截面积	A_w	mm^2	76800	76800	76800	76800
纵向轴力抵抗截面积	A_r	mm^2	204984	204984	204984	204984
Y轴换算截面2次惯性矩	I_y	mm^4	512800000000	988100000000	881600000000	1131200000000
Z轴换算截面2次惯性矩	I_z	mm^4	1613900000000	4718000000000	3683300000000	6787400000000
X轴扭矩	J_x	mm^4	920000000000	1468000000000	1372000000000	1579000000000
Y轴回转半径	R_y	mm	1083.0	1140.5	1162.6	1077.3
Z轴回转半径	R_z	mm	1921.2	2492.1	2376.4	2638.9
Z轴方向偏心量	E_z	mm	-146.4	531.2	379.8	733.8
Y轴中性轴~桥面板上翼缘	Z_c	mm	…………	1068.8	1220.2	866.2
Y轴中性轴~钢梁上翼缘顶	Z_u	mm	1362.4	684.8	836.2	482.2
Y轴中性轴~钢梁腹板上端	Z_{ud}	mm	1346.4	668.8	820.2	466.2
Y轴中性轴~钢梁腹板下端	Z_{ld}	mm	1053.6	1731.2	1579.8	1933.8
Y轴中性轴~钢梁下翼缘底	Z_l	mm	1083.6	1761.2	1609.8	1963.8

内力设计值(全截面)

		N_c、N_s(kN)	M_c(kN·m)	M_g(kN·m)
混凝土桥面板干燥收缩	S_H	2656	13.27	4283
钢梁与混凝土板的温度差(±15℃)	T	±4102.0	±31.0	±6584.0

3. 截面检算

钢梁应力

[N/mm²]

项目		上翼缘板顶 - 弯曲应力 σ			上翼缘板中心 - 剪应力 τ			换算应力
		M_y	F_x	合计	M_x	F_z	合计	$\sqrt{\sigma^2+3\tau^2}$
结合前恒载	D_1	-48.9	0.0	-48.9	0.0	0.0	0.0	
结合后恒载	D_2	-24.8	0.0	-24.8	0.0	0.0	0.0	
单线静活荷载	L	-16.6	0.0	-16.6	1.2	0.0	1.2	
动力作川	μ	-4.1	0.0	-4.1	0.4	0.0	0.4	
离心力	C	0.0	0.0	0.0	0.0	0.0	0.0	
单线摇摆力	L_F	0.0	0.0	0.0	0.1	0.0	0.1	
长轨力	L_R	0.0	0.0	0.0	0.0	0.0	0.0	
单线制动力	B	0.0	0.0	0.0	0.0	0.0	0.0	
干燥收缩	S_H	-11.3	-6.0	-17.3	0.0	0.0	0.0	
温度差（钢高）	T	-17.4	-9.2	-26.6	0.0	0.0	0.0	
$D+2\times90\%\times(L+\mu+C)+S_H+T+L_R$				-154.9		0.0		154.9
$D+L+\mu+C+S_H+T+L_F+L_R$				-138.3			1.7	138.3

项目		腹板上翼缘 - 弯曲应力 σ			腹板中心 - 剪应力 τ			换算应力
		M_y	F_x	合计	M_x	F_z	合计	$\sqrt{\sigma^2+3\tau^2}$
结合前恒载	D_1	-48.3	0.0	-48.3	0.0	0.0	0.0	
结合后恒载	D_2	-24.4	0.0	-24.4	0.0	0.0	0.0	
单线静活荷载	L	-16.2	0.0	-16.2	4.2	2.2	6.4	
动力作用	μ	-4.1	0.0	-4.1	1.3	0.7	2.0	
离心力	C	0.0	0.0	0.0	0.0	0.0	0.0	
单线摇摆力	L_F	0.0	0.0	0.0	0.3	0.1	0.4	
长轨力	L_R	0.0	0.0	0.0	0.0	0.0	0.0	
单线制动力	B	0.0	0.0	0.0	0.0	0.0	0.0	
干燥收缩	S_H	-11.2	-6.0	-17.2	0.0	0.0	0.0	
温度差（钢高）	T	-17.2	-9.2	-26.4	0.0	0.0	0.0	
$D+2\times90\%\times(L+\mu+C)+S_H+T+L_R$				-152.8		5.1		153.1
$D+L+\mu+C+S_H+T+L_F+L_R$				-136.6			8.8	137.4

项目		腹板下翼缘底 - 弯曲应力 σ			腹板下翼缘底 - 剪应力 τ			换算应力
		M_y	F_x	合计	M_x	F_z	合计	$\sqrt{\sigma^2+3\tau^2}$
结合前恒载	D_1	37.8	0.0	37.8	0.0	0.0	0.0	
结合后恒载	D_2	46.9	0.0	46.9	0.0	0.0	0.0	
单线静活荷载	L	41.9	0.0	41.9	4.2	9.3	13.5	
动力作用	μ	10.5	0.0	10.5	1.3	2.8	4.1	
离心力	C	0.0	0.0	0.0	0.0	0.0	0.0	
单线摇摆力	L_F	0.0	0.0	0.0	0.3	0.5	0.8	
长轨力	L_R	0.0	3.9	3.9	0.0	0.0	0.0	
单线制动力	B	0.0	2.3	2.3	0.0	0.0	0.0	
干燥收缩	S_H	8.5	-6.0	2.5	0.0	0.0	0.0	
温度差（钢高）	T	13.0	-9.2	3.8	0.0	0.0	0.0	
$D+2\times90\%\times(L+\mu+C)+S_H+T+L_R$				189.2		21.8		193.0
$D+L+\mu+C+S_H+T+L_F+L_R$				147.3			18.4	150.7

项目		下翼缘板底 - 弯曲应力 σ			下翼缘板中心 - 剪应力 τ			换算应力
		M_y	F_x	合计	M_x	F_z	合计	$\sqrt{\sigma^2+3\tau^2}$
结合前恒载	D_1	38.9	0.0	38.9	0.0	0.0	0.0	
结合后恒载	D_2	47.8	0.0	47.8	0.0	0.0	0.0	
单线静活荷载	L	42.7	0.0	42.7	2.2	0.0	2.2	
动力作用	μ	10.7	0.0	10.7	0.7	0.0	0.7	
离心力	C	0.0	0.0	0.0	0.0	0.0	0.0	
单线摇摆力	L_F	0.0	0.0	0.0	0.1	0.0	0.1	
长轨力	L_R	0.0	3.9	3.9	0.0	0.0	0.0	
单线制动力	B	0.0	2.3	2.3	0.0	0.0	0.0	
干燥收缩	S_H	8.7	-6.0	2.8	0.0	0.0	0.0	
温度差（钢高）	T	13.4	-9.2	4.2	0.0	0.0	0.0	
$D+2\times90\%\times(L+\mu+C)+S_H+T+L_R$				193.7		0.0		193.7
$D+L+\mu+C+S_H+T+L_F+L_R$				150.9			3.0	151.0

混凝土桥面板应力 [N/mm²]

项目		顶面－弯曲应力 σ			底面－弯曲应力 σ		
		M_y	F_x	合计	M_y	F_x	合计
结合后恒载	D_2	−2.4	0.0	−2.4	−1.8	0.0	−1.8
单线静活荷载	L	−2.6	0.0	−2.6	−1.9	0.0	−1.9
动力作用	μ	−0.6	0.0	−0.6	−0.5	0.0	−0.5
离心力	C	0.0	0.0	0.0	0.0	0.0	0.0
列车摇摆力	L_F	0.0	0.0	0.0	0.0	0.0	0.0
长轨力	L_R	0.0	0.0	0.0	0.0	0.0	0.0
单线制动力	B	0.0	0.0	0.0	0.0	0.0	0.0
干燥收缩	S_H	−0.1	0.8	0.7	0.1	0.8	0.9
温度差 ±15 ℃	T	0.3	−1.3	−1.0	−0.3	−1.3	−1.6
$D+2\times90\%\times(L+\mu+C)+S_H+T+L_R$				−8.4			−6.8
$D+L+\mu+C+S_H+T+L_F+L_R$				−5.8			−4.9

材料容许应力 [Mpa]

材料型号	厚度(mm)	[σ]	[σ_w]	[τ]	f
Q370q	50～60	194.1	203.0	116.0	330.0
	35～50	194.1	203.0	116.0	330.0
	16～35	204.0	214.0	122.0	355.0
	≤16	210.0	220.0	126.0	370.0
C45	混凝土容许应力	[σ_c]	[σ_b]	[$\sigma_{tp\text{-}3}$]	
		12.0	15.0	0.48	
HRB335	钢筋容许应力	[σ_s]	[σ_s]	(主＋附)	
		180	230		

4. 局部稳定

结合前		b		t		b/t		b_0		n		ρ		[b/δ]
U. Flg	翼缘板左侧伸出肢	242.0	/	16	=	15.1	<							25.3
	左侧腹板～左侧纵梁	1704.0	/	16	=	106.5	<	22	×	4	×	1.7	=	149.6
	左侧纵梁～右侧纵梁	2344.0	/	16	=	146.5	<	22	×	5	×	1.7	=	187.0
	右侧纵梁～右侧腹板	1704.0	/	16	=	106.5	<	22	×	4	×	1.7	=	149.6
	翼缘板右侧伸出肢	242.0	/	16	=	15.1	<							25.3
U. Str	纵梁左侧伸出肢	142.0	/	16	=	8.9	<							13.3
	纵梁腹板	800.0	/	16	=	50.0	<	($b/t<50$,可不设置竖肋)						50.0
	纵梁右侧伸出肢	142.0	/	16	=	8.9	<							13.3
U. Rib	上翼缘纵向加劲肋伸出肢	160.0	/	16	=	10.0	<							25.3
Web	主梁腹板	2400.0	/	16	=	150.0	<	($140<b/t<250$,需设置水平肋)						250.0
L. Rib	下翼缘纵向加劲肋伸出肢	160.0	/	16	=	10.0	<							16.0
L. Flg	翼缘板左侧伸出肢	42.0	/	30	=	1.4	<							16.0
	左侧腹板～右侧腹板	5784.0	/	30	=	192.8	<	60	×	13	=			780.0
	翼缘板右侧伸出肢	42.0	/	30	=	1.4	<							16.0

①结合前钢梁长细比

$\lambda = L / R_y = 64000 / 1083.0 = 59.10$

②受压区翼缘板伸出肢

$[b/\delta] = 12 \qquad \lambda < 50$

$[b/\delta] = 0.14 \times \lambda + 5 = 0.14 \times 59.10 + 5 = 13.3 \qquad \lambda \geqslant 50$

③反算长细比 - 结合前受压翼缘板应力

$\Phi = \sigma/[\sigma] = 48.9 / 210.0 = 0.233 < [\Phi] = 0.900$

反算长细比值

$\lambda = 145.3$

表 3.2.6 折减系数

Φ	λ
0.214	150.0
0.233	145.3
0.254	140.0

当上翼缘板的纵向板肋接近或者不满足容许值时,可采用放宽后容许值

$[b/\delta] = 0.14 \times \lambda + 5 \qquad \lambda \geqslant 50$

$= 0.14 \times 145.3 + 5$

$= 25.3$

④腹板之间受压翼缘板的容许值

依照《铁道Ⅱ》7.2,对主梁腹板之间受压翼缘进行验算。

$[b/\delta] = 22 \times n$

当应力较小时,上述容许值乘以下述缓和系数 ρ

Q370 等同于SM490YB材质

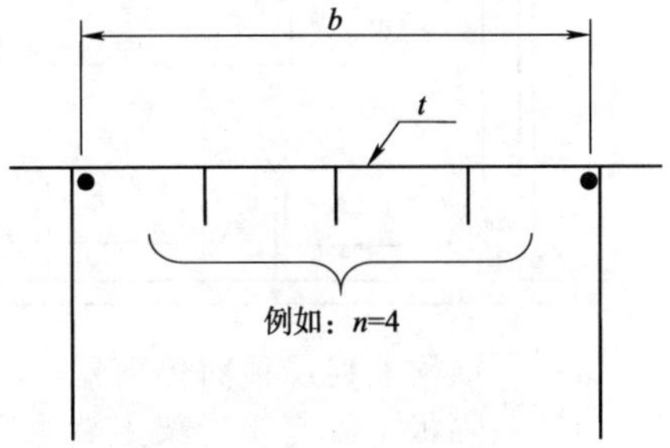

$$\rho = 3 - \frac{2 \times \gamma_a \times \gamma_b \times \gamma_i \times \gamma_m \times \sigma}{\sigma_{cuo}}$$

$= 3 - 0.366$

$= 2.634 > 1.70$

$= 1.70$

$\gamma_a = 1.00$ 构造解析计算系数

$\gamma_b = 1.05$ 构件类型系数

$\gamma_i = 1.20$ 构造物类型系数

$\gamma_m = 1.10$ 材料系数(受压)

$\sigma = 48.9\ N/mm^2$ 结合前受压翼缘弯曲应力

$\sigma_{cuo} = 370\ N/mm^2$ 材料的屈服强度 ($t = 16mm$ 时)

⑤受拉翼缘板

参考《铁道Ⅱ》7.2 条文注解(4),受拉翼缘板即便没有局部稳定验算,但是也要考虑焊接变形,列车振动。依据经验,取受压验算的上限值。

$[b/\delta] = 16$ 伸出肢

$[b/\delta] = 60 \times n$ 腹板之间

5. 疲劳检算

检算位置图

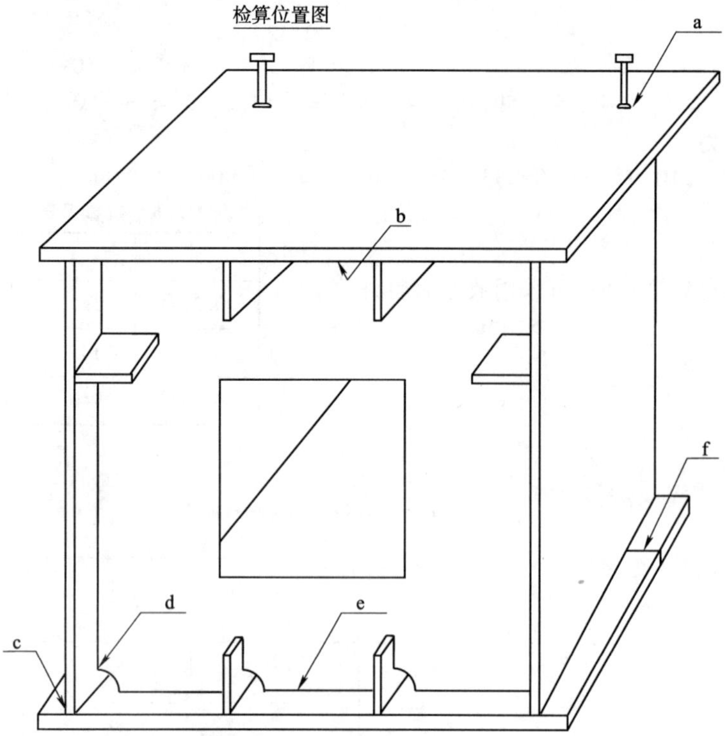

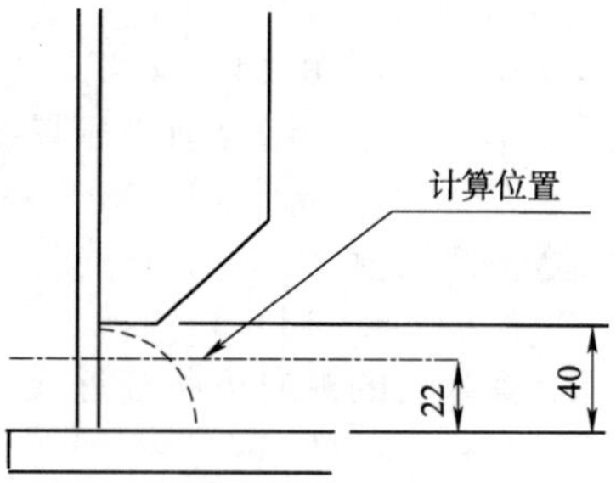

注：加工半径以R = 40 mm 为原则。

检算位置 d 的距离如下:

				余量		焊脚尺寸
H	=	40	−	10	−	8
	=	22 mm				

a——钢梁上翼缘顶面传剪器

b——隔板上缘与箱形梁上翼缘板的焊接位置

c——腹板下端或者纵向加劲肋与箱形梁下翼缘板的纵向焊接位置

d——竖向加劲肋下端与箱形梁腹板的焊接位置

e——隔板最下端与主梁下翼缘板的焊接位置

f——下翼缘对接焊接位置

■外力产生的应力

截面位置(节点编号):			28	M_y(kN·m)	M_x(kN·m)	F_z(kN)
截面外力	结合前恒载		D_1	18403	0	0
	结合后恒载		D_2	26182	0	0
	单线静活荷载		L	23939	2000	1000
	动力作用(弯矩)		$\mu_f=0.173$	4143		
	动力作用(剪力)		$\mu_f=0.250$		500	250
	离心力		C	0	0	0
钢截面组成				$n=0$	$n=15$	$n=10$
	Y轴换算截面2次惯性矩		I_v mm^4	512800000000	881600000000	988100000000
	上翼缘板面积距		S_{fu} mm^3	136500000	83500000	68200000
	下翼缘板面积距		S_{fd} mm^3	179700000	268100000	293600000
	竖向加劲肋底端面积距		S_{su} mm^3	180400000	269200000	294800000
	Y轴中性轴~钢梁上翼缘顶		Z_{sfu} mm	1362	836	685
	Y轴中性轴~钢梁腹板上端		Z_{swu} mm	1346	820	669
	Y轴中性轴~钢梁腹板下端		Z_{swd} mm	1054	1580	1731
	Y轴中性轴~钢梁下翼缘底		Z_{sfd} mm	1084	1610	1761
应力				正应力$-\sigma$	剪应力$-\tau$	主拉应力$-\sigma_t$
	上翼缘板	结合前恒载	D_1	-48.9	0.0	-48.9
		结合后恒载	D_2	-24.8	0.0	-24.8
		运营列车荷载	L	-16.6	1.2	-16.7
		动力作用	μ_f	-2.9	0.3	-2.9
		离心力荷载	C	0.0	0.0	0.0
		最小应力	M_{min}	-93.2	1.5	-93.3
		最大应力	M_{max}	-73.7	0.0	-73.7
		恒载:活荷载		3.78		
	腹板上翼缘顶	结合前恒载	D_1	-48.3	0.0	-48.3
		结合后恒载	D_2	-24.4	0.0	-24.4
		运营列车荷载	L	-16.2	6.4	-18.4
		动力作用	μ_f	-2.8	1.6	-3.5
		离心力荷载	C	0.0	0.0	0.0
		最小应力	M_{min}	-91.7	8.0	-94.6
		最大应力	M_{max}	-72.7	0.0	-72.7
		恒载:活荷载		3.83		
	腹板下翼缘底	结合前恒载	D_1	37.8	0.0	37.8
		结合后恒载	D_2	46.9	0.0	46.9
		运营列车荷载	L	41.9	13.5	45.9
		动力作用	μ_f	7.3	3.4	8.6
		离心力荷载	C	0.0	0.0	0.0
		最小应力	M_{min}	84.7	0.0	84.7
		最大应力	M_{max}	133.9	16.9	139.2
		恒载:活荷载		1.72		
	竖向加劲肋底端	结合前恒载	D_1	37.0	0.0	37.0
		结合后恒载	D_2	46.3	0.0	46.3
		运营列车荷载	L	41.4	11.6	44.4
		动力作用	μ_f	7.2	2.9	8.2
		离心力荷载	C	0.0	0.0	0.0
		最小应力	M_{min}	83.3	0.0	83.3
		最大应力	M_{max}	131.9	14.5	135.9
		恒载:活荷载		1.71		
	下翼缘板底	结合前恒载	D_1	38.9	0.0	38.9
		结合后恒载	D_2	47.8	0.0	47.8
		运营列车荷载	L	42.7	2.2	42.8
		动力作用	μ_f	7.4	0.6	7.4
		离心力荷载	C	0.0	0.0	0.0
		最小应力	M_{min}	86.7	0.0	86.7
		最大应力	M_{max}	136.8	2.8	136.9
		恒载:活荷载		1.73		

■疲劳检算系数

- 双线系数 γ_d

表 4.3.2 钢梁双线系数 γ_d

$\rho=\delta_1/\delta_2$	3 : 7	4 : 8	5 : 9
γ_d	1.13	1.16	1.19

γ_d = 1.16

- 损伤系数 γ_n 以及损伤修正系数 γ_n'

跨度 L = 64.00 m > 20.00 m

依据表 4.3.5－1,损伤系数 γ_n = 1.000

恒载:活荷载 = 1.72 > 4 : 6 = 0.667

依据表 4.3.5－1,损伤修正系数 γ_n' = 1.000

表 4.3.5－1 损伤修正系数 γ_n、γ_n'

跨度(m)	γ_n	γ_n'		
		恒 : 活(2 : 8)	恒 : 活(3 : 7)	恒 : 活(4 : 6)
>20	1.00	1.00	1.00	1.00
16	1.10	1.08	1.07	1.06
12	1.15	1.12	1.11	1.09
8	1.30	1.24	1.21	1.18
5	1.45	1.36	1.32	1.27
4	1.50	1.40	1.35	1.30

- 板厚修正系数 γ_t

箱形梁腹板厚 t = 16 mm ≤ 25 mm γ_t = 1.000

箱形梁下翼缘纵肋厚 t = 16 mm ≤ 25 mm γ_t = 1.000

箱形梁上翼缘板厚 t = 16 mm ≤ 25 mm γ_t = 1.000

箱形梁下翼缘板厚 t = 30 mm > 25 mm $\gamma_t = \sqrt[4]{25 / t} = 0.955$

■疲劳检算

- 钢梁上翼缘顶面传剪器 - a(剪力钉)

依据《钢桥》4.3.5,当疲劳应力全部为受压应力时,可不检算疲劳,所以仅供参考。

$\rho = \sigma_{min}/\sigma_{max} = -93.2 / -73.7 = 1.265 > -1 \quad t = 16mm$

构件的连接形式类别: 13 疲劳容许应力幅类别 = XII

因为 $\rho > -1$,依据《钢桥》4.3.5-1 公式进行疲劳检算。

$\gamma_d \cdot \gamma_n \cdot (\sigma_{max} - \sigma_{min}) = 1.16 \times 1.00 \times [-73.7 - (-93.2)]$

$= 22.6\ N/mm^2 < \gamma_t \times [\sigma_0]$

$= 1.000 \times 80.6 = 80.6\ N/mm^2$

- 隔板上缘与箱形梁上翼缘板的焊接位置 - b（竖向加劲肋上缘相同）

依据《钢桥》4.3.5,当疲劳应力全部为受压应力时,可不检算疲劳。 略

- 腹板下端或者纵向加劲肋与箱形梁下翼缘板的纵向焊接位置 - c

$\rho = \sigma_{min}/\sigma_{max} = 84.7 / 139.2 = 0.608 > -1 \quad t = 16mm$

构件的连接形式类别: 6.2 疲劳容许应力幅类别 = IV

$\gamma_d \cdot \gamma_n \cdot (\sigma_{max} - \sigma_{min}) = 1.16 \times 1.00 \times (139.2 - 84.7)$

$= 63.2\ N/mm^2 < \gamma_t \times [\sigma_0]$

$= 1.000 \times 110.3 = 110.3\ N/mm^2$

- 竖向加劲肋下端与箱形梁腹板的焊接位置 - d

竖向加劲肋下端距腹板底 22 mm 。

$\rho = \sigma_{min}/\sigma_{max} = 83.3 / 135.9 = 0.613 > -1 \quad t = 16\ mm$

构件的连接形式类别: 9 疲劳容许应力幅类别 = VII

$\gamma_d \cdot \gamma_n \cdot (\sigma_{max} - \sigma_{min}) = 1.16 \times 1.00 \times (135.9 - 83.3)$

$= 61\ N/mm^2 < \gamma_t \times [\sigma_0]$

$= 1.000 \times 99.9 = 99.9\ N/mm^2$

- 隔板最下端与主梁下翼缘板的焊接位置 - e

$\rho = \sigma_{min}/\sigma_{max} = 84.7 / 139.2 = 0.608 > -1 \quad t = 16\ mm$

构件的连接形式类别: 8 疲劳容许应力幅类别 = VII

$\gamma_d \cdot \gamma_n \cdot (\sigma_{max} - \sigma_{min}) = 1.16 \times 1.00 \times (139.2 - 84.7)$

$= 63.2\ N/mm^2 < \gamma_t \times [\sigma_0]$

$= 1.000 \times 99.9 = 99.9\ N/mm^2$

- 下翼缘板对接焊位置 - f

$\rho = \sigma_{min}/\sigma_{max} = 86.7 / 136.8 = 0.634 > -1 \quad t = 30\ mm$

构件的连接形式类别: 5.1 疲劳容许应力幅类别 = II

$\gamma_d \cdot \gamma_n \cdot (\sigma_{max} - \sigma_{min}) = 1.16 \times 1.00 \times (136.8 - 86.7)$

$= 58.1\ N/mm^2 < \gamma_t \times [\sigma_0]$

$= 0.955 \times 121.7 = 116.2\ N/mm^2$

3.4 刚度检算

3.4.1 挠度

节点编号	位置	恒载挠度(mm)				静活载挠度(mm)		静活载挠度容许值
	X(m)	钢重	模板	桥面板	结合后	单线	双线	
1	0.000	0.0	0.0	0.0	0.0	0.0	0.0	边跨 L/800
2	2.400	-1.8	-0.2	-3.7	-3.8	-4.1	-8.2	
3	4.800	-3.6	-0.4	-7.2	-7.3	-8.0	-16.0	
4	7.200	-5.1	-0.6	-10.3	-10.5	-11.6	-23.3	
5	9.600	-6.4	-0.8	-12.8	-13.1	-14.9	-29.7	
6	12.000	-7.4	-0.9	-14.8	-15.2	-17.6	-35.2	
7	14.400	-8.1	-1.0	-16.2	-16.5	-19.9	-39.7	
8	16.800	-8.5	-1.0	-16.9	-17.2	-21.6	-43.1	
9	19.200	-8.5	-1.0	-16.9	-17.2	-22.7	-45.4	
10	21.600	-8.2	-1.0	-16.3	-16.6	-23.2	-46.4	< 60.0 mm ok
11	24.000	-7.6	-0.9	-15.1	-15.4	-23.1	-46.2	
12	26.400	-6.8	-0.8	-13.5	-13.7	-22.4	-44.8	
13	28.800	-5.7	-0.7	-11.4	-11.6	-21.2	-42.3	
14	31.200	-4.6	-0.6	-9.2	-9.2	-19.4	-38.8	
15	33.600	-3.5	-0.4	-6.9	-6.9	-17.2	-34.5	
16	36.000	-2.4	-0.3	-4.8	-4.7	-14.7	-29.4	
17	38.400	-1.5	-0.2	-3.0	-2.9	-11.9	-23.8	
18	43.200	-0.3	0.0	-0.7	-0.6	-5.9	-11.9	
19	48.000	0.0	0.0	0.0	0.0	0.0	0.0	
20	52.800	-0.6	-0.1	-1.2	-1.3	-6.4	-12.8	中跨 L/700
21	57.600	-2.1	-0.2	-4.1	-4.4	-13.2	-26.5	
22	60.800	-3.6	-0.4	-7.0	-7.4	-17.8	-35.7	
23	64.000	-5.3	-0.6	-10.3	-10.9	-22.2	-44.4	
24	67.200	-7.0	-0.8	-13.7	-14.6	-26.1	-52.2	
25	70.400	-8.6	-1.0	-16.8	-17.9	-29.4	-58.8	
26	73.600	-9.9	-1.2	-19.4	-20.6	-31.9	-63.7	
27	76.800	-10.7	-1.3	-21.0	-22.3	-33.4	-66.7	
28	80.000	-11.0	-1.3	-21.6	-22.8	-33.8	-67.6	< 91.4 mm ok
29	83.200	-10.7	-1.3	-21.0	-22.3	-33.4	-66.7	
30	86.400	-9.9	-1.2	-19.4	-20.6	-31.9	-63.7	
31	89.600	-8.6	-1.0	-16.8	-17.9	-29.4	-58.8	
32	92.800	-7.0	-0.8	-13.7	-14.6	-26.1	-52.2	
33	96.000	-5.3	-0.6	-10.3	-10.9	-22.2	-44.4	
34	99.200	-3.6	-0.4	-7.0	-7.4	-17.8	-35.7	
35	102.400	-2.1	-0.2	-4.1	-4.4	-13.2	-26.5	
36	107.200	-0.6	-0.1	-1.2	-1.3	-6.4	-12.8	
37	112.000	0.0	0.0	0.0	0.0	0.0	0.0	
38	116.800	-0.3	0.0	-0.7	-0.6	-5.9	-11.9	边跨 L/800
39	121.600	-1.5	-0.2	-3.0	-2.9	-11.9	-23.8	
40	124.000	-2.4	-0.3	-4.8	-4.7	-14.7	-29.4	
41	126.400	-3.5	-0.4	-6.9	-6.9	-17.2	-34.5	
42	128.800	-4.6	-0.6	-9.2	-9.2	-19.4	-38.8	
43	131.200	-5.7	-0.7	-11.4	-11.6	-21.2	-42.3	
44	133.600	-6.8	-0.8	-13.5	-13.7	-22.4	-44.8	
45	136.000	-7.6	-0.9	-15.1	-15.4	-23.1	-46.2	
46	138.400	-8.2	-1.0	-16.3	-16.6	-23.2	-46.4	< 60.0 mm ok
47	140.800	-8.5	-1.0	-16.9	-17.2	-22.7	-45.4	
48	143.200	-8.5	-1.0	-16.9	-17.2	-21.6	-43.1	
49	145.600	-8.1	-1.0	-16.2	-16.5	-19.9	-39.7	
50	148.000	-7.4	-0.9	-14.8	-15.2	-17.6	-35.2	
51	150.400	-6.4	-0.8	-12.8	-13.1	-14.9	-29.7	
52	152.800	-5.1	-0.6	-10.3	-10.5	-11.6	-23.3	
53	155.200	-3.6	-0.4	-7.2	-7.3	-8.0	-16.0	
54	157.600	-1.8	-0.2	-3.7	-3.8	-4.1	-8.2	
55	160.000	0.0	0.0	0.0	0.0	0.0	0.0	

(48+64+48)m 连续结合梁结合前恒载挠度

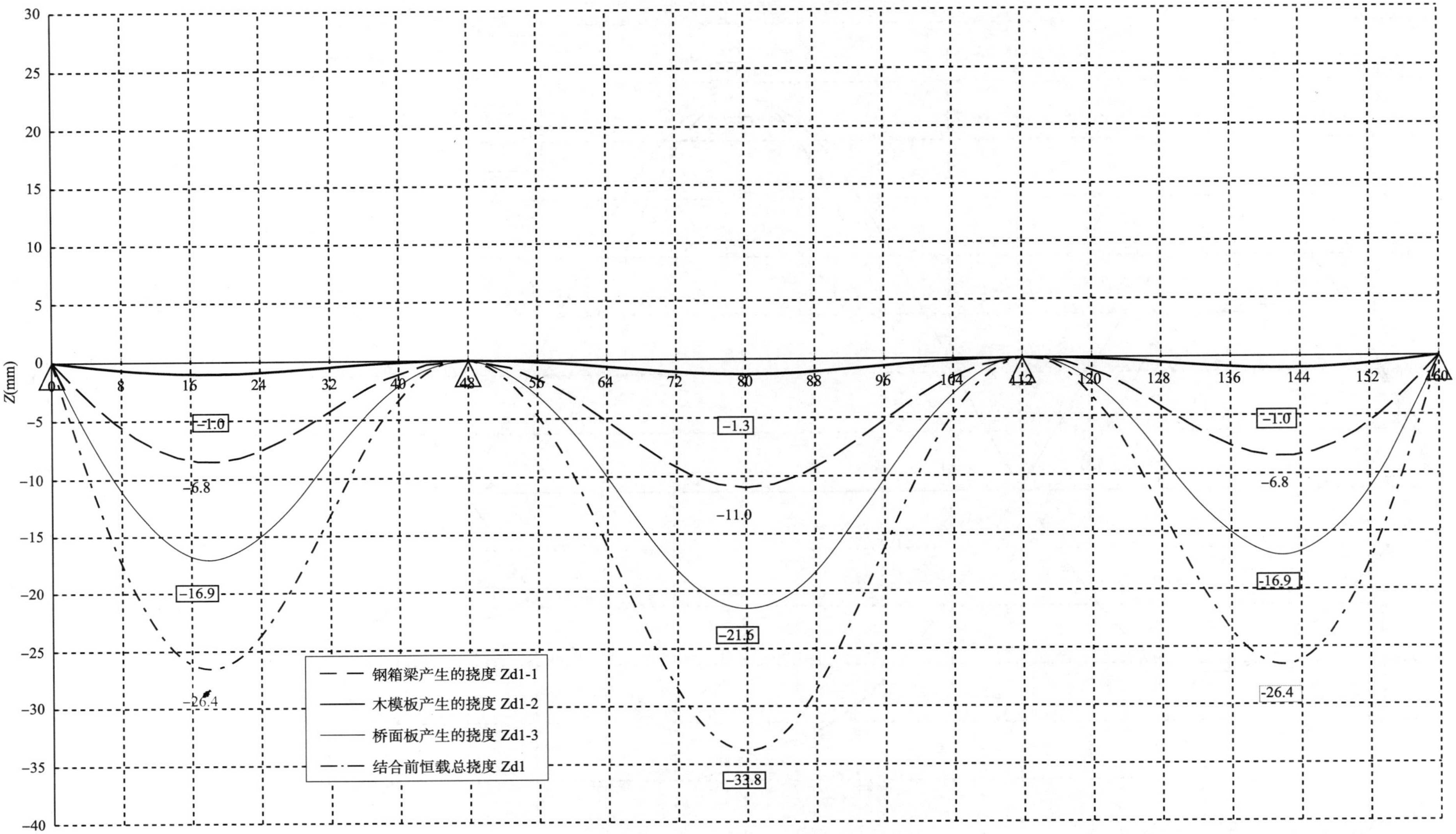

(48+64+48)m 连续结合梁挠度

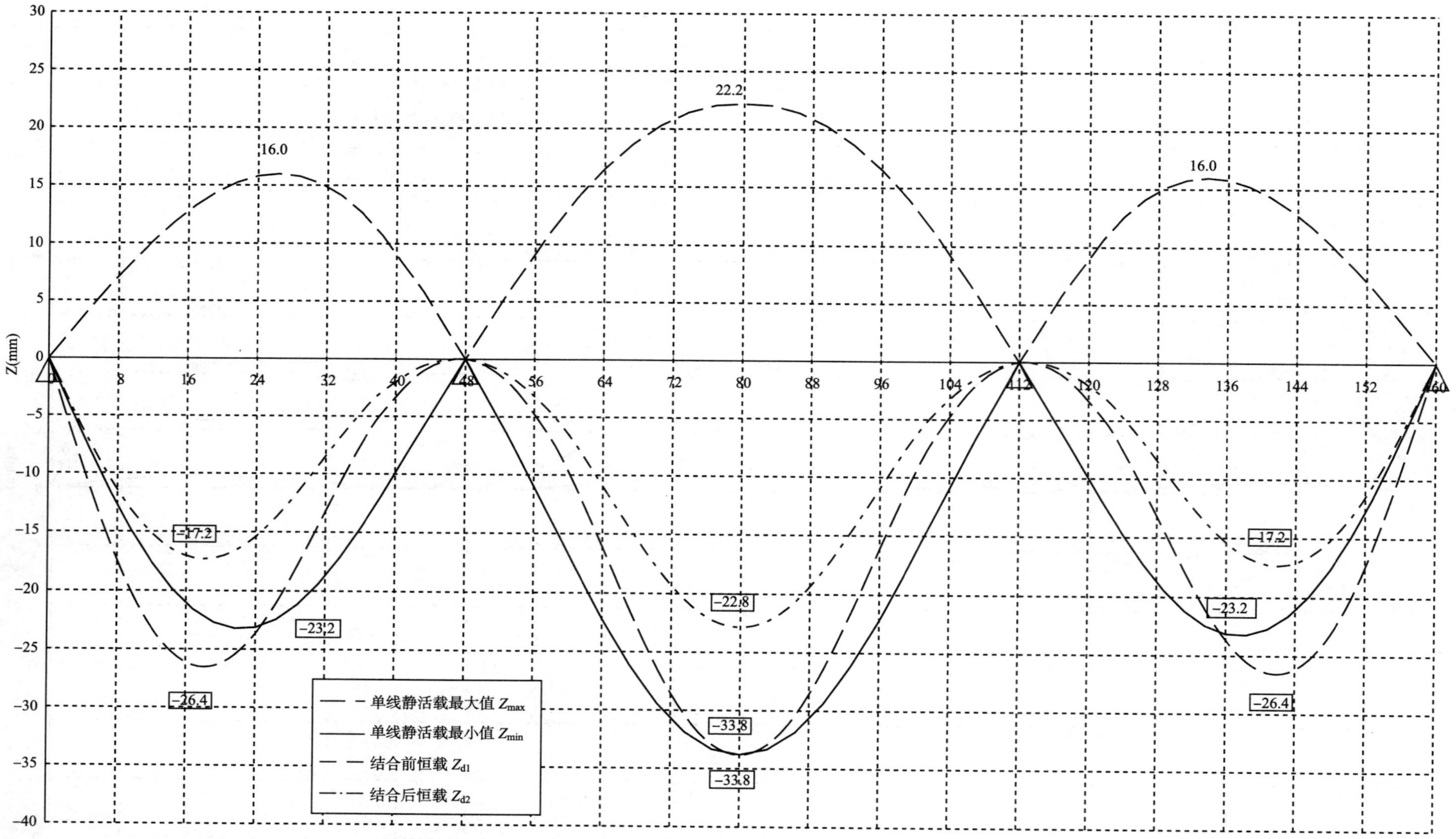

3.4.2　预拱度设置

(1) 边跨

恒载+静活荷载挠度

$$\delta_{D11} + \delta_{D12} + \delta_{D13} + \delta_{D2} + \delta_{L}$$

$$= 11.0 + 1.0 + 16.3 + 16.6 + 46.4$$

$$= 44.9 + 46.4$$

$$= 91.3 \text{ mm}$$

$$\frac{1}{L/\sum\delta} = \frac{1}{48000\ /\ 91.3} = \frac{1}{526} > \frac{1}{1600}$$

依照《钢桥》1.0.7,边跨须设上拱度,其值为恒载和半个静活载产生的挠度 。

$$f = 44.9 + 46.4\ /\ 2 = 68.1 \text{ mm}$$

(2) 中跨

恒载+静活荷载挠度

$$\delta_{D11} + \delta_{D12} + \delta_{D13} + \delta_{D2} + \delta_{L}$$

$$= 11.0 + 1.3 + 21.6 + 22.8 + 67.6$$

$$= 56.7 + 67.6$$

$$= 124.3 \text{ mm}$$

$$\frac{1}{L/\sum\delta} = \frac{1}{64000\ /\ 124.3} = \frac{1}{515} > \frac{1}{1600}$$

依照《钢桥》1.0.7,中跨须设上拱度,其值为恒载和半个静活载产生的挠度 。

$$f = 56.7 + 67.6\ /\ 2 = 90.5 \text{ mm}$$

(3)预拱度设置

位置	预拱度设置值[mm]			设置预拱度	
	内　容	符号	δ_D	各个阶段拱度	[mm]
边跨	结合前钢梁重量	D_{11}	11.0	工场试拼后	68.1
	结合前模板重量	D_{12}	1.0	钢桥架设后	57.1
	结合前桥面板重量	D_{13}	16.3	模板设置后	56.1
	结合后恒载	D_2	16.6	混凝土浇灌后	39.8
	恒载合计	D	44.9	桥面恒载发生	23.2
	静活荷载	$L/2$	23.2	列车荷载发生	0.0
中跨	结合前钢梁重量	D_{11}	11.0	工场试拼后	90.5
	结合前模板重量	D_{12}	1.3	钢桥架设后	79.5
	结合前桥面板重量	D_{13}	21.6	模板设置后	78.2
	结合后恒载	D_2	22.8	混凝土浇灌后	56.6
	恒载合计	D	56.7	桥面恒载发生	33.8
	静活荷载	$L/2$	33.8	列车荷载发生	0.0

3.4.3　固有振动数

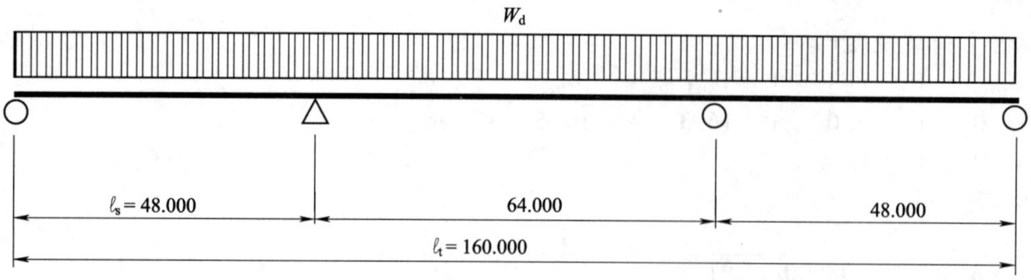

$$f = 1/(2\times\pi) \times (n\times\pi/L)^2 \times \sqrt{E\times I\times g/W_d} \times C_V(\ell_s/\ell_t)$$

ℓ_s = 48.0 m

n = 1 时

$$f = \frac{1}{2\times\pi} \times \left(\frac{n\times\pi}{L}\right)^2 \times \sqrt{\frac{E\times I\times g}{W_d}} \times C_v(\ell_s/\ell_t)$$

$$= \frac{1}{2\times3.142} \times \left(\frac{1\times3.142}{48.0}\right)^2 \times \sqrt{\frac{15924720\times9.8}{350}} \times 8.244$$

$$= 11.9\ \text{Hz} > [f] = 100/L = 2.08\ \text{Hz}\quad \text{OK}$$

ℓ_s = 64.0 m

n = 1 时

$$f = \frac{1}{2\times\pi} \times \left(\frac{n\times\pi}{L}\right)^2 \times \sqrt{\frac{E\times I\times g}{W_d}} \times C_v(\ell_s/\ell_t)$$

$$= \frac{1}{2\times3.142} \times \left(\frac{1\times3.142}{64.00}\right)^2 \times \sqrt{\frac{15924720\times9.8}{350}} \times 8.244$$

$$= 6.7\ \text{Hz} > [f] = 100/L = 1.56\ \text{Hz}\quad \text{OK}$$

式中 f——连续梁的固有振动数(Hz)；

L——跨长(m)；

n——振动模型次数(n = 1. or. n = 2)；

E——弹性模量(kN/m^2)　　210000000　kN/m^2；

I——箱形梁跨中截面 2 次惯性矩　　0.75832　m^4；

W_d——箱梁的恒载单位重量　　50 + 5 + 100 + 195 = 350 kN/m；

g——重力加速度　　g = 9.8 m/s^2；

$C_V(\ell_s/\ell_t)$——3 跨连续梁的修正系数：

$$C_V(\ell_s/\ell_t) = -323.4 \times (\ell_s/\ell_T)^2 + 227 \times (\ell_s/\ell_T) - 30.75$$

$$= -323.4 \times (\ell_s/\ell_T)^2 + 227.0 \times (\ell_s/\ell_T) - 30.75$$

$$= 8.244 \qquad (0.25 \leqslant (\ell_s/\ell_t) \leqslant 0.33)$$

$$\ell_s/\ell_t = 48.000 / 160.000 = 0.300$$

ℓ_s——边跨长(m)；

ℓ_t——连续梁的全长(m)。

§4　传剪器设计

连续结合梁的传剪设计中，荷载组合在【PBL 案 表 3.2.2】基础上追加了超静定力影响。

4.1　水平作用力

4.1.1　荷载组合与安全系数

荷载组合汇总表

		恒载		活载					超静定力		
		结合后恒载	干燥收缩影响※1	活荷载	动力作用	长轨力	制动力 & 牵引力	温度差影响※2	干燥收缩※3	徐变※4	温度差※5
		D_2	S_H	L	μ	L_R	B	T	S_h	C_r	t
端支点最大值	(1)	1.0	—	1.0	1.0	1.0	—	1.0	—	—	1.0
	(2)	1.0	—	1.0	—	1.0	1.0	1.0	—	—	1.0
	(3)	—	1.0	—	—	1.0	—	1.0	1.0	—	1.0
端支点最小值	(4)	1.0	1.0	1.0	1.0	1.0	—	1.0	1.0	1.0	1.0
	(5)	1.0	1.0	1.0	—	1.0	1.0	1.0	1.0	1.0	1.0
	(6)	—	1.0	—	—	1.0	—	1.0	1.0	1.0	1.0
正弯矩区	(7)	1.0	—	1.0	1.0	1.0	—	—	—	—	1.0
	(8)	1.0	—	1.0	—	1.0	1.0	—	—	—	1.0
	(9)	—	—	—	—	1.0	—	—	1.0	—	1.0
负弯矩区	(10)	1.0	—	1.0	1.0	1.0	—	—	1.0	1.0	1.0
	(11)	1.0	—	1.0	—	1.0	1.0	—	1.0	1.0	1.0
	(12)	—	—	—	—	1.0	—	—	1.0	1.0	1.0

注：(1)外力：结合后恒载、活载、动力作用、离心力、长轨力、制动力以及牵引力。

(2)内力：干燥收缩影响※1：仅限于梁端范围、其作用方向与结合后恒载反方向。

温度差的影响※2：仅限于梁端范围、由于温度差是 ± 变化、所以作用方向也考虑两个方向。

(3)超静定力：干燥收缩※3：干燥收缩引起中间支点产生反力及剪力。其值较小、端支点为负反力、中间支点为正反力。与※1 同时作用。

徐　　变※4：混凝土徐变引起中间支点产生反力及剪力。其值较小、端支点为负反力、中间支点为正反力。其作用方向取最不利荷载组合。

温 度 差※5：温度差引起中间支点产生反力及剪力。其值较小、作用于两个方向荷载。与※2 方向一致。

(4)为了简化计算，疲劳检算的运营动力系数 μ_f($<\mu$)采用动力作用系数 μ

(1)、(4)、(7)、(10)　$D_2+S_h+L+\mu+L_R+T \leq 1.2\cdot$【T】　《结合》4.0.8

(2)、(5)、(8)、(11)　$D_2+S_h+L+L_R+B \leq 1.25\cdot$【T】　《钢桥》表 3.2.8

(3)、(6)、(9)、(12)　$D_2+S_h+L_R+T \leq 1.2\cdot$【T】　《结合》4.0.8

4.1.2 垂直方向荷载产生的水平力

依据荷载特征值计算水平剪力。

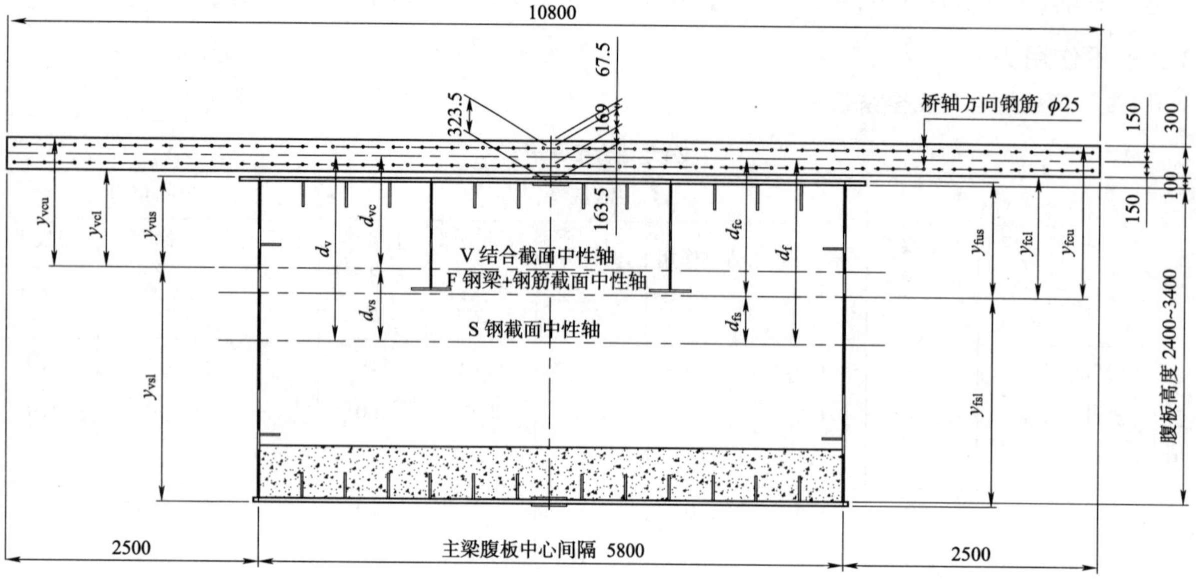

截面尺寸以及符号示意图

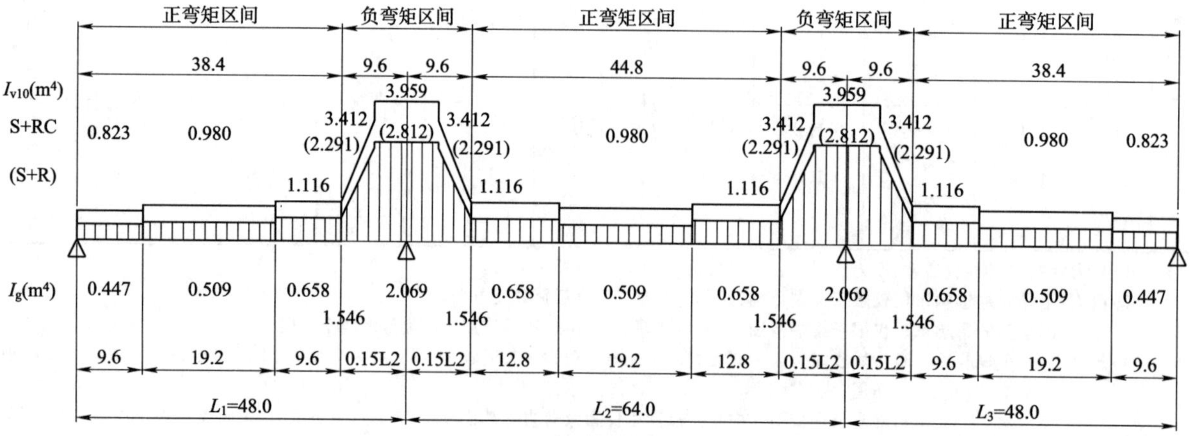

假定刚度示意图

水平剪力(D_2,L,I)

$$Q = \frac{V \times Q_c}{I_{v10}} \times \alpha, \quad Q = \frac{V \times Q_c}{I_{sr}} \times \alpha$$

式中 Q——主梁1侧腹板传剪器的水平剪力(N/mm);

V——主梁垂直方向荷载产生的垂直剪力(kN);

α——1侧腹板传剪器分担率:

$$\alpha = b_s / b_e = 5400 / 10800 = 0.500$$

Q_c——桥面板换算成钢的结合截面($n=10$)对中立轴的1次惯性矩:

$$Q_c = \frac{A_c \times (Z_c - Z_{cu})}{n}$$

第1跨+M区 ① $X = 0.000 \sim 9.600$ m

$$Q_{c1} = \frac{10800 \times 300 \times (942.9 - 150.0)}{10} = 2.570 \times 10^8 \text{mm}^3$$

$$Q_1 = \frac{V \times 2.570 \times 10^8}{8.233 \times 10^{11}} \times 0.500 = 1.561 \times 10^{-4} V$$

第1跨+M区 ② $X = 9.600 \sim 28.800$ m

$$Q_{c2} = \frac{10800 \times 300 \times (1060.0 - 150.0)}{10} = 2.950 \times 10^8 \text{mm}^3$$

$$Q_2 = \frac{V \times 2.950 \times 10^8}{9.800 \times 10^{11}} \times 0.500 = 1.505 \times 10^{-4} V$$

第1跨+M区 ③ $X = 28.800 \sim 38.400$ m

$$Q_{c3} = \frac{10800 \times 300 \times (1096.4 - 150.0)}{10} = 3.070 \times 10^8 \text{mm}^3$$

$$Q_3 = \frac{V \times 3.070 \times 10^8}{1.116 \times 10^{12}} \times 0.500 = 1.375 \times 10^{-4} V$$

第1跨假定—M区 ④ $X = 38.400 \sim 43.200$ m

$$Q_{c4} = \frac{70704 \times (2344.1 - 0.0)}{1} = 1.660 \times 10^8 \text{mm}^3$$

$$Q_4 = \frac{V \times 1.660 \times 10^8}{2.291 \times 10^{12}} \times 0.500 = 3.623 \times 10^{-5} V$$

D25	491.0			A	Z	$A \times Z$	$A \times Z^2$	I
72	-	D25	=	35352	2032.5	71852940	146041100550	
72	-	D25	=	35352	1863.5	65878452	122764495302	
1	-	steel	=	666000	-187.7	-125008200		1569664039140
1	-	l. slab	=	289000	-1450.0	-419050000		613643333333
		A_v	=	1025704mm²		-406326808	2452112968325	
		δ	=	-396.1mm		$-A_v \times \delta^2$ =	-160960548627	
钢筋重心		Z_f	=	2344.1mm		I_{sr} =	2291152419698	

第 1 中间支点 ⑤ $X = 43.200 \sim 52.800$ m

$$Q_{c5} = \frac{70704 \times (2329.1 - 0.0)}{1} = 1.650 \times 10^8 \text{mm}^3$$

$$Q_5 = \frac{V \times 1.650 \times 10^8}{2.812 \times 10^{12}} \times 0.500 = 2.934 \times 10^{-5} V$$

D25	491.0			A	Z	$A \times Z$	$A \times Z^2$	I
72	-	D25	=	35352	2032.5	71852940	146041100550	
72	-	D25	=	35352	1863.5	65878452	122764495302	
1	-	steel	=	890200	-219.6	-195487920		2112129147232
1	-	l. slab	=	288600	-1450.0	-418470000		612794000000

$A_v = 1249504\text{mm}^2$ -476226528 2993728743084

$\delta = -381.1\text{mm}$ $-A_v \times \delta^2 =$ -181503047127

钢筋重心 $Z_f = 2329.1\text{mm}$ $I_{sr} =$ 2812225695957

第 1 中间支点 ④ $X = 52.800 \sim 57.600$ m

$Q_4 = 3.623 \times 10^{-5} V$

第 2 跨中央截面 ③ $X = 57.600 \sim 70.400$ m

$Q_3 = 1.375 \times 10^{-4} V$

第 2 跨中央截面 ② $X = 70.400 \sim 80.000$ m （第 2 跨跨中位置）

$Q_2 = 1.505 \times 10^{-4} V$

水平剪力换算系数表（起点～跨中）

传剪器类型	剪力钉使用范围			PBL 使用范围	
范围	0.0 ～ 9.6	9.6 ～ 28.8	28.8 ～ 38.4	38.4 ～ 43.2	43.2 ～ 52.8
		80.0 ～ 70.4	70.4 ～ 57.6	57.6 ～ 52.8	
序号	①	②	③	④	⑤
换算系数	0.0001561	0.0001505	0.0001375	0.0000362	0.0000293
备注	结合截面			钢梁 + 钢筋	

剪力计算结果

【外力汇总表】(结合后恒载,列车双线加载)　　[kN]

节点编号	位置(m)	V_{D2}(RC)	V_{D2}(R)	V_{Lmax}	μ_{max}	$V_{\mu max}$	V_{Lmin}	μ_{min}	$V_{\mu min}$
1	0.0	3088	3146	4239	0.250	1060	-965	0.550	-531
2	2.4	2620	2678	3812	0.257	980	-965	0.519	-501
3	4.8	2152	2210	3409	0.264	900	-990	0.491	-486
4	7.2	1684	1742	3033	0.272	825	-1064	0.466	-496
5	9.6	1216	1274	2682	0.281	754	-1195	0.444	-531
6	12.0	748	806	2356	0.289	681	-1323	0.423	-560
7	14.4	280	338	2057	0.299	615	-1451	0.404	-586
8	16.8	-188	-130	1782	0.309	551	-1591	0.387	-616
9	19.2	-656	-598	1535	0.320	491	-1787	0.372	-665
10	21.6	-1124	-1066	1312	0.331	434	-2007	0.357	-716
11	24.0	-1592	-1534	1112	0.344	383	-2248	0.344	-773
12	26.4	-2060	-2002	936	0.357	334	-2511	0.331	-831
13	28.8	-2528	-2470	781	0.372	291	-2792	0.320	-893
14	31.2	-2996	-2938	648	0.387	251	-3091	0.309	-955
15	33.6	-3464	-3406	535	0.404	216	-3407	0.299	-1019
16	36.0	-3932	-3874	441	0.423	187	-3740	0.289	-1081
17	38.4	-4400	-4342	364	0.444	161	-4088	0.281	-1149
18	43.2	-5504	-5446	263	0.491	129	-4811	0.264	-1270
19	48.0	-6776	-6718	241	0.550	133	-5504	0.250	-1376
19	48.0	6744	6744	5924	0.212	1256	-668	0.550	-367
20	52.8	5472	5472	5146	0.222	1142	-684	0.491	-336
21	57.6	4368	4368	4397	0.233	1025	-743	0.444	-330
22	60.8	3744	3744	3922	0.241	945	-806	0.417	-336
23	64.0	3120	3120	3524	0.250	881	-891	0.393	-350
24	67.2	2496	2496	3137	0.259	813	-1001	0.372	-372
25	70.4	1872	1872	2761	0.270	746	-1139	0.353	-402
26	73.6	1248	1248	2408	0.281	677	-1327	0.335	-444
27	76.8	624	624	2088	0.293	612	-1546	0.320	-495
28	80.0	0	0	1800	0.306	551	-1800	0.306	-551
29	83.2	-624	-624	1546	0.293	453	-2088	0.320	-668
30	86.4	-1248	-1248	1327	0.281	373	-2408	0.335	-807
31	89.6	-1872	-1872	1139	0.270	308	-2761	0.353	-975
32	92.8	-2496	-2496	1001	0.259	259	-3137	0.372	-1167
33	96.0	-3120	-3120	891	0.250	223	-3524	0.393	-1385
34	99.2	-3744	-3744	806	0.241	194	-3922	0.417	-1636
35	102.4	-4368	-4368	743	0.233	173	-4397	0.444	-1952
36	107.2	-5472	-5472	684	0.222	152	-5146	0.491	-2527
37	112.0	-6744	-6744	668	0.212	142	-5924	0.550	-3258
37	112.0	6776	6718	5504	0.550	3027	-241	0.250	-60
38	116.8	5504	5446	4811	0.491	2362	-263	0.264	-69
39	121.6	4400	4342	4088	0.444	1815	-364	0.281	-102
40	124.0	3932	3874	3740	0.423	1582	-441	0.289	-127
41	126.4	3464	3406	3407	0.404	1377	-535	0.299	-160
42	128.8	2996	2938	3091	0.387	1196	-648	0.309	-200
43	131.2	2528	2470	2792	0.372	1039	-781	0.320	-250
44	133.6	2060	2002	2511	0.357	896	-936	0.331	-310
45	136.0	1592	1534	2248	0.344	773	-1112	0.344	-383
46	138.4	1124	1066	2007	0.331	664	-1312	0.357	-468
47	140.8	656	598	1787	0.320	572	-1535	0.372	-571
48	143.2	188	130	1591	0.309	492	-1782	0.387	-690
49	145.6	-280	-338	1451	0.299	434	-2057	0.404	-831
50	148.0	-748	-806	1323	0.289	382	-2356	0.423	-997
51	150.4	-1216	-1274	1195	0.281	336	-2682	0.444	-1191
52	152.8	-1684	-1742	1064	0.272	289	-3033	0.466	-1413
53	155.2	-2152	-2210	990	0.264	261	-3409	0.491	-1674
54	157.6	-2620	-2678	965	0.257	248	-3812	0.519	-1979
55	160.0	-3088	-3146	965	0.250	241	-4239	0.550	-2331

注:(1)刚度设定时,符号RC、R分别表示负弯矩区考虑混凝土桥面板(S+RC);负弯矩区仅考虑桥面板内的钢筋(S+R)。

(2)列车活荷载为双线加载,根据《桥规》4.3.9,双线折减系数为90%。

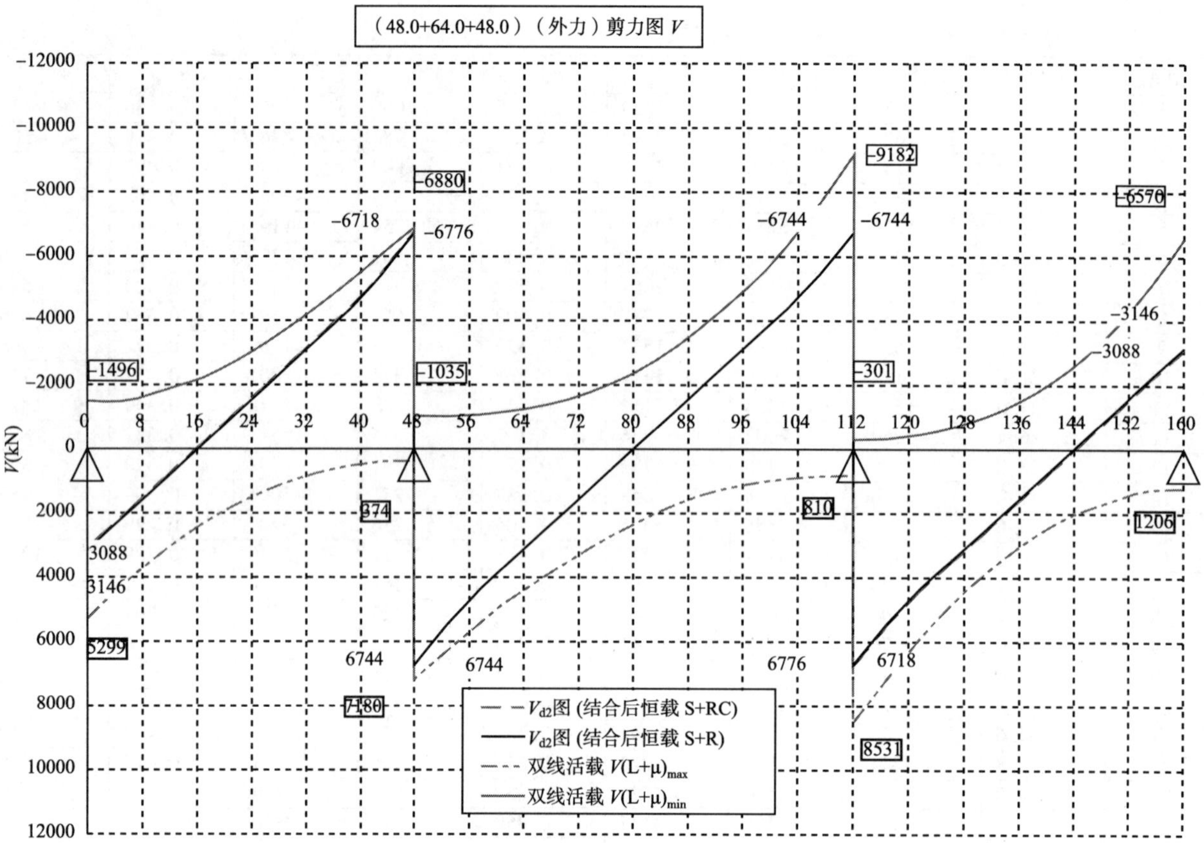
（48.0+64.0+48.0）（外力）剪力图 V
V(kN)
−12000
−10000
−8000
−6000
−4000
−2000
0
2000
4000
6000
8000
10000
12000
0
8
16
24
32
40
48
56
64
72
80
88
96
104
112
120
128
136
144
152
160
−1496
−6718
−6880
−6776
−1035
374
7180
6744
6744
−6744
−9182
−6744
−301
810
8531
6776
6718
−6570
−3146
−3088
1206
3088
3146
5299
Vd2图 (结合后恒载 S+RC)
Vd2图 (结合后恒载 S+R)
双线活载 V(L+μ)max
双线活载 V(L+μ)min

【外力汇总表】(相当于主梁1侧腹板)

节点号	位置(m)	水平剪力(N/mm)								
		Q_{D2}(RC)	Q_{D2}(R)	Q_{Lmax}	$Q_{\mu max}$	Q_{Lmin}	$Q_{\mu min}$	$Q_{(D_2+L+\mu)max}$	$Q_{(D_2+L+\mu)min}$	
1	0.00	482	491	662	165	-151	-83	1318	249	①
2	2.40	409	418	595	153	-151	-78	1166	180	
3	4.80	336	345	532	140	-155	-76	1017	106	
4	7.20	263	272	473	129	-166	-77	874	19	
5	9.60	190	199	419	118	-187	-83	735	-80	
5	9.60	183	192	404	113	-180	-80	709	-77	②
6	12.00	113	121	355	102	-199	-84	578	-171	
7	14.40	42	51	310	93	-218	-88	453	-264	
8	16.80	-28	-20	268	83	-239	-93	323	-361	
9	19.20	-99	-90	231	74	-269	-100	206	-468	
10	21.60	-169	-161	198	65	-302	-108	94	-579	
11	24.00	-240	-231	167	58	-338	-116	-15	-694	
12	26.40	-310	-301	141	50	-378	-125	-119	-813	
13	28.80	-380	-372	118	44	-420	-134	-219	-935	
13	28.80	-348	-340	107	40	-384	-123	-200	-854	③
14	31.20	-412	-404	89	35	-425	-131	-288	-968	
15	33.60	-476	-468	74	30	-469	-140	-373	-1085	
16	36.00	-541	-533	61	26	-514	-149	-454	-1204	
17	38.40	-605	-597	50	22	-562	-158	-533	-1325	
17	38.40	-159	-157	13	6	-148	-42	-140	-349	④
18	43.20	-199	-197	10	5	-174	-46	-185	-420	
18	43.20	-161	-160	8	4	-141	-37	-150	-340	⑤
19	48.00	-199	-197	7	4	-161	-40	-188	-401	
19	48.00	198	198	174	37	-20	-11	408	167	
20	52.80	161	161	151	34	-20	-10	345	131	
20	52.80	198	198	186	41	-25	-12	426	161	④
21	57.60	158	158	159	37	-27	-12	355	119	
21	57.60	601	601	605	141	-102	-45	1346	453	③
22	60.80	515	515	539	130	-111	-46	1184	358	
23	64.00	429	429	485	121	-123	-48	1035	258	
24	67.20	343	343	431	112	-138	-51	886	154	
25	70.40	257	257	380	103	-157	-55	740	45	
25	70.40	282	282	416	112	-171	-61	810	50	②
26	73.60	188	188	362	102	-200	-67	652	-79	
27	76.80	94	94	314	92	-233	-75	500	-213	
28	80.00	0	0	271	83	-271	-83	354	-354	
29	83.20	-94	-94	233	68	-314	-101	207	-509	
30	86.40	-188	-188	200	56	-362	-121	68	-672	
31	89.60	-282	-282	171	46	-416	-147	-64	-844	
31	89.60	-257	-257	157	42	-380	-134	-58	-771	③
32	92.80	-343	-343	138	36	-431	-160	-170	-935	
33	96.00	-429	-429	123	31	-485	-190	-276	-1104	
34	99.20	-515	-515	111	27	-539	-225	-377	-1279	
35	102.40	-601	-601	102	24	-605	-268	-475	-1474	
35	102.40	-158	-158	27	6	-159	-71	-125	-388	④
36	107.20	-198	-198	25	6	-186	-92	-168	-476	
36	107.20	-161	-161	20	5	-151	-74	-135	-386	⑤
37	112.00	-198	-198	20	110	-174	-96	-69	-467	
37	112.00	199	197	161	86	-7	-2	446	190	
38	116.80	161	160	141	66	-8	-2	368	152	
38	116.80	199	197	174	86	-10	-2	459	187	④
39	121.60	159	157	148	66	-13	-4	373	143	
39	121.60	605	597	562	250	-50	-14	1417	541	③
40	124.00	541	533	257	109	-30	-9	907	502	
41	126.40	476	468	234	95	-37	-11	805	429	
42	128.80	412	404	212	82	-45	-14	707	354	
43	131.20	348	340	384	143	-107	-34	874	206	
43	131.20	380	372	420	156	-118	-38	957	225	②
44	133.60	310	301	378	135	-141	-47	823	123	
45	136.00	240	231	338	116	-167	-58	694	15	
46	138.40	169	161	302	100	-198	-70	571	-99	
47	140.80	99	90	269	86	-231	-86	454	-218	
48	143.20	28	20	239	74	-268	-104	342	-344	
49	145.60	-42	-51	218	65	-310	-125	233	-477	
50	148.00	-113	-121	199	57	-355	-150	135	-617	
51	150.40	-183	-192	180	51	-404	-179	39	-766	
51	150.40	-190	-199	187	52	-419	-186	40	-794	①
52	152.80	-263	-272	166	45	-473	-221	-61	-957	
53	155.20	-336	-345	155	41	-532	-261	-150	-1129	
54	157.60	-409	-418	151	39	-595	-309	-229	-1313	
55	160.00	-482	-491	151	38	-662	-364	-303	-1507	

4.1.3　桥轴方向荷载产生的水平力

4.1.3.1　长轨力

为了计算简捷，依据《铁道Ⅱ》3.7，取值如下。

L_R = 10.0 kN/m　(1 轨道)

L_R = 10.0 × 0.50 = 5.0 kN/m　(1 侧腹板)

4.1.3.2　制动力(牵引力)

依据《桥规》4.3.7，…制动力应按列车竖向静活载的7%计算，双线桥按一线的制动力考虑。

T_B = 7% × B/L × α

= 7% ×[220 × 5 + 92 × 30 + 80 ×(161.5 − 37.5)]/ 160 × 0.50

= 7% × 13780 / 160 × 0.50

= 3.0 kN/m　(1 侧腹板)

4.1.4　干燥收缩以及温度差产生的水平力

水平力在桥面板自由端部范围支点处为最大值，并成三角形分布。

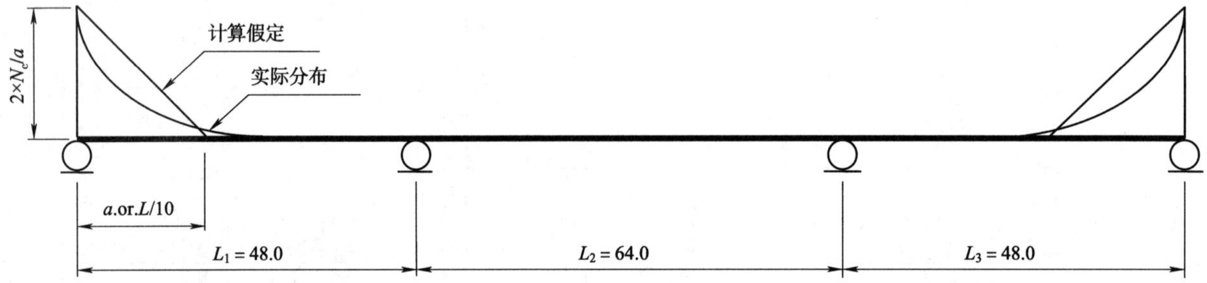

$$Q = \frac{2 \times N_c}{a} \times \alpha$$

式中　a——主梁间隔、腹板间隔、合计跨长1/10中的小值。

腹板间隔 =5.80 m

混凝土干燥收缩产生的水平力

$$N_c = N_g = \frac{\varepsilon_c \times E_g}{\dfrac{n_\phi}{A_c} + \dfrac{1}{A_g} + \dfrac{n_\phi \times d^2}{I_c + n_\phi \times I_g}}$$

$$= \frac{10 \times 10^{-6} \times 15 \times 2.1 \times 10^5 / 1000}{\dfrac{15}{3240000} + \dfrac{1}{387120} + \dfrac{15 \times 1456.5^2}{2.430 \times 10^{10} + 15 \times 4.467 \times 10^{11}}}$$

$$= 2637 \text{ kN}$$

$$Q_{sh} = \frac{2 \times 2637}{5.800} \times 0.500 = -454.7 \text{ N/mm}$$

桥面板与钢梁温度差产生的水平剪力

$$N_c = N_g = \frac{\alpha \times (\pm t) \times E_g}{\dfrac{n}{A_c} + \dfrac{1}{A_g} + \dfrac{n \times d^2}{I_c + n \times I_g}}$$

$$= \frac{11.8 \times 10^{-6} \times (\pm 10) \times 2.1 \times 10^5 / 1000}{\dfrac{6}{3240000} + \dfrac{1}{387120} + \dfrac{6 \times 1456.5^2}{2.43 \times 10^{10} + 6 \times 4.467 \times 10^{11}}}$$

$$= \pm 2711 \text{ kN}$$

$$Q_t = \frac{2 \times 2711}{5.800} \times 0.50 = \pm 467 \text{ N/mm}$$

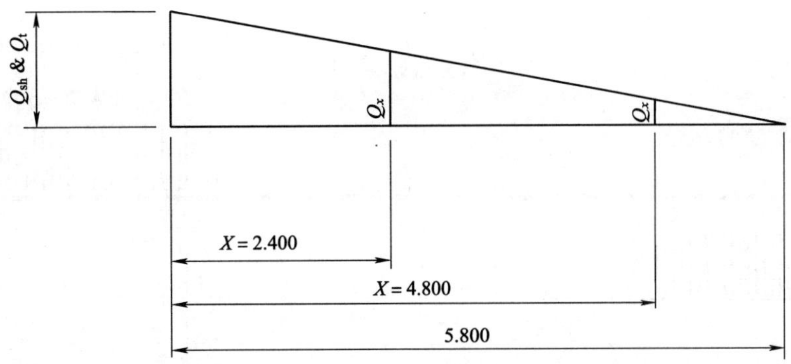

梁端部内部水平剪力分布(相当于1侧腹板)

X	0.000	2.400	4.800	单　位
Q_{sh}	-455	-267	-78	N/mm
Q_t	467	274	81	N/mm

4.1.5 超静定力产生的水平剪力

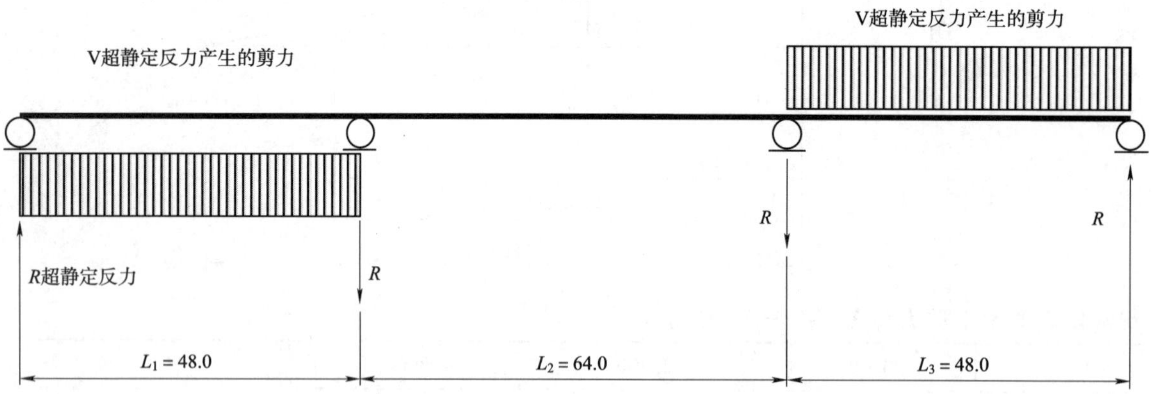

干燥收缩 V_{SH} = −173.7 kN

Q_1 = 1.561E−04 V = 1.561E−04 × (−173.7) × 10^3 = −27.1N/mm

Q_2 = 1.505E−04 V = 1.505E−04 × (−173.7) × 10^3 = −26.2N/mm

Q_3 = 1.375E−04 V = 1.375E−04 × (−173.7) × 10^3 = −23.9N/mm

Q_4 = 3.623E−05 V = 3.623E−05 × (−173.7) × 10^3 = −6.3N/mm

Q_5 = 2.934E−05 V = 2.934E−05 × (−173.7) × 10^3 = −5.1N/mm

徐变 V_c = −59.4 kN

Q_1 = 1.561E−04 V = 1.561E−04 × (−59.4) × 10^3 = −9.3N/mm

Q_2 = 1.505E−04 V = 1.505E−04 × (−59.4) × 10^3 = −8.9N/mm

Q_3 = 1.375E−04 V = 1.375E−04 × (−59.4) × 10^3 = −8.2N/mm

Q_4 = 3.623E−05 V = 3.623E−05 × (−59.4) × 10^3 = −2.2N/mm

Q_5 = 2.934E−05 V = 2.934E−05 × (−59.4) × 10^3 = −1.7N/mm

温度差 V'_T = 369.1 kN （超静定力解析时，桥面板与钢梁温度差：±15℃）

V_T = 369.1 × 10 / 15 （传剪器计算时：±10℃）

= 246.1 kN

Q_1 = 1.561E−04 V = 1.561E−04 × (246.1) × 10^3 = ±38.4N/mm

Q_2 = 1.505E−04 V = 1.505E−04 × (246.1) × 10^3 = ±37.0N/mm

Q_3 = 1.375E−04 V = 1.375E−04 × (246.1) × 10^3 = ±33.8N/mm

Q_4 = 3.623E−05 V = 3.623E−05 × (246.1) × 10^3 = ±8.9N/mm

Q_5 = 2.934E−05 V = 2.934E−05 × (246.1) × 10^3 = ±7.2N/mm

4.1.6 作用水平剪力汇总

最大水平剪力表(相当于 1 侧腹板)　　　　　　　　　　　　(N/mm)

坐标	外力					内部应力		超静定力		
(m)	Q_{D2}	Q_{Lmax}	$Q_{\mu max}$	Q_{LR}	Q_B	Q_{sh}	Q_t	Q_{sh}	Q_{cr}	Q_t
0.0	491	662	165	5	3	-455	467	-27	-9	38
2.4	418	595	153	5	3	-267	274	-27	-9	38
4.8	345	532	140	5	3	-78	81	-27	-9	38
7.2	272	473	129	5	3			-27	-9	38
9.6	199	419	118	5	3			-27	-9	38
9.6	192	404	113	5	3			-26	-9	37
12.0	121	355	102	5	3			-26	-9	37
14.4	51	310	93	5	3			-26	-9	37
16.8	-20	268	83	5	3			-26	-9	37
19.2	-90	231	74	5	3			-26	-9	37
21.6	-161	198	65	5	3			-26	-9	37
24.0	-231	167	58	5	3			-26	-9	37
26.4	-301	141	50	5	3			-26	-9	37
28.8	-372	118	44	5	3			-26	-9	37
28.8	-340	107	40	5	3			-24	-8	34
31.2	-404	89	35	5	3			-24	-8	34
33.6	-468	74	30	5	3			-24	-8	34
36.0	-533	61	26	5	3			-24	-8	34
38.4	-597	50	22	5	3			-24	-8	34
38.4	-157	13	6	5	3			-6	-2	9
43.2	-197	10	5	5	3			-6	-2	9
43.2	-160	8	4	5	3			-5	-2	7
48.0	-197	7	4	5	3			-5	-2	7
48.0	198	174	37	5	3					
52.8	161	151	34	5	3					
52.8	198	186	41	5	3					
57.6	158	159	37	5	3					
57.6	601	605	141	5	3					
60.8	515	539	130	5	3					
64.0	429	485	121	5	3					
67.2	343	431	112	5	3					
70.4	257	380	103	5	3					
70.4	282	416	112	5	3					
73.6	188	362	102	5	3					
76.8	94	314	92	5	3					
80.0	0	271	83	5	3					
83.2	-94	233	68	5	3					
86.4	-188	200	56	5	3					
89.6	-282	171	46	5	3					
89.6	-257	157	42	5	3					
92.8	-343	138	36	5	3					
96.0	-429	123	31	5	3					
99.2	-515	111	27	5	3					
102.4	-601	102	24	5	3					
102.4	-158	27	6	5	3					
107.2	-198	25	6	5	3					
107.2	-161	20	5	5	3			-5	-2	7
112.0	-198	20	110	5	3			-5	-2	7
112.0	197	161	86	5	3			-5	-2	7
116.8	160	141	66	5	3			-5	-2	7
116.8	197	174	86	5	3			-6	-2	9
121.6	157	148	66	5	3			-6	-2	9
121.6	597	562	250	5	3			-24	-8	34
124.0	533	257	109	5	3			-24	-8	34
126.4	468	234	95	5	3			-24	-8	34
128.8	404	212	82	5	3			-24	-8	34
131.2	340	384	143	5	3			-24	-8	34
131.2	372	420	156	5	3			-26	-9	37
133.6	301	378	135	5	3			-26	-9	37
136.0	231	338	116	5	3			-26	-9	37
138.4	161	302	100	5	3			-26	-9	37
140.8	90	269	86	5	3			-26	-9	37
143.2	20	239	74	5	3			-26	-9	37
145.6	-51	218	65	5	3			-26	-9	37
148.0	-121	199	57	5	3			-26	-9	37
150.4	-192	180	51	5	3			-26	-9	37
150.4	-199	187	52	5	3			-27	-9	38
152.8	-272	166	45	5	3			-27	-9	38
155.2	-345	155	41	5	3	-78	81	-27	-9	38
157.6	-418	151	39	5	3	-267	274	-27	-9	38
160.0	-491	151	38	5	3	-455	467	-27	-9	38

最小水平剪力表（相当于1侧腹板） （N/mm）

坐标	外力					内部应力		超静定力		
（m）	Q_{D2}	Q_{Lmin}	$Q_{\mu min}$	Q_{LR}	Q_B	Q_{sh}	Q_t	Q_{sh}	Q_{cr}	Q_t
0.0	491	-151	-83	-5	-3	-455	-467	-27	-9	-38
2.4	418	-151	-78	-5	-3	-267	-274	-27	-9	-38
4.8	345	-155	-76	-5	-3	-78	-81	-27	-9	-38
7.2	272	-166	-77	-5	-3			-27	-9	-38
9.6	199	-187	-83	-5	-3			-27	-9	-38
9.6	192	-180	-80	-5	-3			-26	-9	-37
12.0	121	-199	-84	-5	-3			-26	-9	-37
14.4	51	-218	-88	-5	-3			-26	-9	-37
16.8	-20	-239	-93	-5	-3			-26	-9	-37
19.2	-90	-269	-100	-5	-3			-26	-9	-37
21.6	-161	-302	-108	-5	-3			-26	-9	-37
24.0	-231	-338	-116	-5	-3			-26	-9	-37
26.4	-301	-378	-125	-5	-3			-26	-9	-37
28.8	-372	-420	-134	-5	-3			-26	-9	-37
28.8	-340	-384	-123	-5	-3			-24	-8	-34
31.2	-404	-425	-131	-5	-3			-24	-8	-34
33.6	-468	-469	-140	-5	-3			-24	-8	-34
36.0	-533	-514	-149	-5	-3			-24	-8	-34
38.4	-597	-562	-158	-5	-3			-24	-8	-34
38.4	-157	-148	-42	-5	-3			-6	-2	-9
43.2	-197	-174	-46	-5	-3			-6	-2	-9
43.2	-160	-141	-37	-5	-3			-5	-2	-7
48.0	-197	-161	-40	-5	-3			-5	-2	-7
48.0	198	-20	-11	-5	-3					
52.8	161	-20	-10	-5	-3					
52.8	198	-25	-12	-5	-3					
57.6	158	-27	-12	-5	-3					
57.6	601	-102	-45	-5	-3					
60.8	515	-111	-46	-5	-3					
64.0	429	-123	-48	-5	-3					
67.2	343	-138	-51	-5	-3					
70.4	257	-157	-55	-5	-3					
70.4	282	-171	-61	-5	-3					
73.6	188	-200	-67	-5	-3					
76.8	94	-233	-75	-5	-3					
80.0	0	-271	-83	-5	-3					
83.2	-94	-314	-101	-5	-3					
86.4	-188	-362	-121	-5	-3					
89.6	-282	-416	-147	-5	-3					
89.6	-257	-380	-134	-5	-3					
92.8	-343	-431	-160	-5	-3					
96.0	-429	-485	-190	-5	-3					
99.2	-515	-539	-225	-5	-3					
102.4	-601	-605	-268	-5	-3					
102.4	-158	-159	-71	-5	-3					
107.2	-198	-186	-92	-5	-3					
107.2	-161	-151	-74	-5	-3					
112.0	-198	-174	-96	-5	-3					
112.0	197	-7	-2	-5	-3			-5	-2	-7
116.8	160	-8	-2	-5	-3			-5	-2	-7
116.8	197	-10	-2	-5	-3			-6	-2	-9
121.6	157	-13	-4	-5	-3			-6	-2	-9
121.6	597	-50	-14	-5	-3			-24	-8	-34
124.0	533	-30	-9	-5	-3			-24	-8	-34
126.4	468	-37	-11	-5	-3			-24	-8	-34
128.8	404	-45	-14	-5	-3			-24	-8	-34
131.2	340	-107	-34	-5	-3			-24	-8	-34
131.2	372	-118	-38	-5	-3			-26	-9	-37
133.6	301	-141	-47	-5	-3			-26	-9	-37
136.0	231	-167	-58	-5	-3			-26	-9	-37
138.4	161	-198	-70	-5	-3			-26	-9	-37
140.8	90	-231	-86	-5	-3			-26	-9	-37
143.2	20	-268	-104	-5	-3			-26	-9	-37
145.6	-51	-310	-125	-5	-3			-26	-9	-37
148.0	-121	-355	-150	-5	-3			-26	-9	-37
150.4	-192	-404	-179	-5	-3			-26	-9	-37
150.4	-199	-419	-186	-5	-3			-27	-9	-38
152.8	-272	-473	-221	-5	-3			-27	-9	-38
155.2	-345	-532	-261	-5	-3	-78	-81	-27	-9	-38
157.6	-418	-595	-309	-5	-3	-267	-274	-27	-9	-38
160.0	-491	-662	-364	-5	-3	-455	-467	-27	-9	-38

荷载组合 (N/mm)

种类	最大值			最小值		
组合	(1) $(D_2+L+\mu+L_R+T)/1.2$	(2) $(D_2+L+L_R+B+T)/1.25$	(3) $(L_R+S_H+T)/1.2$	(4) $(D_2+L+\mu+L_R+S_H+C_R+T)/1.2$	(5) $(D_2+L+L_R+B+S_H+C_R+T)/1.25$	(6) $(L_R+S_H+C_R+T)/1.2$
0.0	1524	1333	24	-620	-532	-835
2.4	1236	1067	20	-359	-285	-517
4.8	951	803	15	-104	-41	-199
7.2	764	633	14	-43	18	-67
9.6	649	531	14	-125	-56	-67
9.6	626	512	13	-121	-55	-64
12.0	517	417	13	-199	-126	-64
14.4	413	324	13	-277	-198	-64
16.8	311	235	13	-357	-271	-64
19.2	214	149	13	-447	-351	-64
21.6	120	66	13	-540	-434	-64
24.0	30	-15	13	-636	-520	-64
26.4	-57	-92	13	-735	-608	-64
28.8	-140	-167	13	-836	-698	-64
28.8	-128	-152	12	-764	-638	-59
31.2	-201	-219	12	-859	-722	-59
33.6	-272	-282	12	-957	-809	-59
36.0	-340	-344	12	-1056	-897	-59
38.4	-405	-404	12	-1157	-987	-59
38.4	-104	-102	6	-308	-265	-19
43.2	-141	-137	6	-367	-318	-19
43.2	-113	-109	6	-298	-258	-16
48.0	-145	-140	6	-348	-304	-16
48.0	345	304	4	135	136	-4
52.8	292	256	4	105	106	-4
52.8	359	314	4	130	132	-4
57.6	300	260	4	95	99	-4
57.6	1126	971	4	373	392	-4
60.8	991	850	4	294	317	-4
64.0	867	737	4	211	239	-4
67.2	743	626	4	125	158	-4
70.4	621	516	4	34	74	-4
70.4	679	564	4	37	82	-4
73.6	548	447	4	-70	-16	-4
76.8	421	333	4	-182	-117	-4
80.0	299	223	4	-299	-223	-4
83.2	177	117	4	-428	-333	-4
86.4	61	16	4	-564	-447	-4
89.6	-49	-82	4	-708	-564	-4
89.6	-44	-74	4	-647	-516	-4
92.8	-137	-158	4	-783	-626	-4
96.0	-226	-239	4	-924	-737	-4
99.2	-310	-317	4	-1070	-850	-4
102.4	-391	-392	4	-1232	-971	-4
102.4	-100	-99	4	-328	-260	-4
107.2	-136	-132	4	-401	-314	-4
107.2	-103	-100	6	-326	-256	-4
112.0	-47	-130	6	-394	-304	-4
112.0	380	299	6	141	134	-16
116.8	316	253	6	109	104	-16
116.8	393	311	6	136	130	-19
121.6	321	258	6	98	95	-19
121.6	1206	961	12	385	379	-59
124.0	781	665	12	352	343	-59
126.4	697	596	12	291	286	-59
128.8	615	527	12	229	228	-59
131.2	754	612	12	106	127	-59
131.2	825	670	13	116	139	-64
133.6	713	579	13	31	64	-64
136.0	606	491	13	-59	-13	-64
138.4	504	406	13	-154	-94	-64
140.8	406	323	13	-253	-177	-64
143.2	313	243	13	-358	-263	-64
145.6	229	170	13	-469	-352	-64
148.0	148	98	13	-586	-445	-64
150.4	67	27	13	-710	-540	-64
150.4	70	27	14	-736	-560	-67
152.8	-14	-48	14	-871	-662	-67
155.2	-21	-51	15	-1148	-895	-199
157.6	74	42	20	-1618	-1309	-517
160.0	173	139	24	-2099	-1726	-835

数据抽取表 (N/mm)

坐标	疲劳检算用 - 变动值 D_2+L(单线) $+\mu$			强度检算用 - 水平剪力		
(m)	最大值 Q_{max}	最小值 Q_{min}	变动范围 ΔQ	最大值 Q_{max}	最小值 Q_{min}	设计用值 Q_o
0.0	950	361	589	1524	835	1524
2.4	833	291	543	1236	517	1236
4.8	719	217	502	951	199	951
7.2	606	137	470	764	67	764
9.6	497	49	448	649	125	649
9.6	479	47	432	626	121	626
12.0	375	-36	411	517	199	517
14.4	274	-119	394	413	277	413
16.8	175	-204	380	311	357	357
19.2	79	-295	375	214	447	447
21.6	-14	-388	374	120	540	540
24.0	-106	-484	378	30	636	636
26.4	-195	-581	386	92	735	735
28.8	-282	-680	398	167	836	836
28.8	-258	-621	363	152	764	764
31.2	-335	-713	378	219	859	859
33.6	-411	-807	395	282	957	957
36.0	-485	-901	416	344	1056	1056
38.4	-557	-997	440	405	1157	1157
38.4	-147	-263	116	104	308	308
43.2	-189	-320	130	141	367	367
43.2	-153	-259	105	113	298	298
48.0	-191	-309	118	145	348	348
48.0	315	181	134	345	136	345
52.8	263	144	119	292	106	292
52.8	325	178	147	359	132	359
57.6	267	137	131	300	99	300
57.6	1015	519	496	1126	392	1126
60.8	887	428	459	991	317	991
64.0	766	334	431	867	239	867
67.2	645	238	407	743	158	743
70.4	525	140	386	621	74	621
70.4	575	153	422	679	82	679
73.6	446	40	406	548	70	548
76.8	320	-77	396	421	182	421
80.0	197	-197	393	299	299	299
83.2	73	-324	398	177	428	428
86.4	-46	-457	411	61	564	564
89.6	-161	-594	433	82	708	708
89.6	-147	-543	396	74	647	647
92.8	-247	-672	425	158	783	783
96.0	-344	-804	460	239	924	924
99.2	-438	-939	501	317	1070	1070
102.4	-531	-1086	555	392	1232	1232
102.4	-140	-286	146	100	328	328
107.2	-181	-353	171	136	401	401
107.2	-147	-286	139	103	326	326
112.0	-126	-347	221	130	394	394
112.0	334	192	142	380	141	380
116.8	275	154	120	316	109	316
116.8	342	191	151	393	136	393
121.6	276	148	128	321	98	321
121.6	1048	562	487	1206	385	1206
124.0	736	511	225	781	352	781
126.4	651	442	209	697	291	697
128.8	568	372	196	615	229	615
131.2	632	261	371	754	127	754
131.2	692	286	407	825	139	825
133.6	586	197	389	713	64	713
136.0	484	106	378	606	64	606
138.4	384	12	372	504	154	504
140.8	287	-86	373	406	253	406
143.2	194	-187	381	313	358	358
145.6	107	-292	399	229	469	469
148.0	21	-402	423	148	586	586
150.4	-64	-516	452	67	710	710
150.4	-66	-535	469	70	736	736
152.8	-155	-657	503	48	871	871
155.2	-236	-786	549	51	1148	1148
157.6	-313	-920	607	74	1618	1618
160.0	-386	-1061	674	173	2099	2099

4.2 正弯矩区剪力钉

4.2.1 设计抗力

将《铁道Ⅱ》中剪力钉公式换算成容许应力法进行设计。

$H/d \geq 5.5$ 时

$$Q_u = \frac{16 \times d^2 \times \sqrt{f'_{ck}} / K}{1 - 0.7 \times (\tau_{min} / \tau_{max})} \leq 16 \times d^2 \times \sqrt{\sigma_{ck}} / K$$

$H/d < 5.5$ 时

$$Q_u = \frac{3 \times d \times H \times \sqrt{f'_{ck}} / K}{1 - 0.7 \times (\tau_{min} / \tau_{max})} \leq 3 \times d \times H \times \sqrt{\sigma_{ck}} / K$$

考虑疲劳时的设计抗力

$H / d = 150 / 25 = 6.0 \geq 5.5$ 时

$$Q_{u2} = \frac{16 \times d^2 \sqrt{f'_{ck}} / K}{1 - 0.7 \times (\tau_{min}/\tau_{max})} = \frac{16 \times 25^2 \times \sqrt{45.0} / 1.7}{1 - 0.7 \times (\tau_{min}/\tau_{max})}$$

$$= \frac{39460}{1 - 0.7 \times (\tau_{min} / \tau_{max})}$$

但是 $Q_{u2} \leq 16 \times d^2 \sqrt{f'_{ck}} / K = 39460$ N

不考虑疲劳时的设计抗力

$$Q_{u1} = 39460 \text{ N}$$

式中 Q_u——1 个剪力钉的设计抗力(N);

τ_{max}——作用于剪力钉的最大剪切应力(N/mm^2);

τ_{min}——作用于剪力钉的最小剪切应力(N/mm^2);

f_{ck}'——依据《混凝土桥》中混凝土的承压强度特征值(N/mm^2) = 45 N/mm^2;

d——剪力钉的直径(mm) = 25mm;

H——剪力钉的高度(mm) = 150mm;

K——安全系数 = 1.7。

4.2.2 剪力钉配置

1）剪力钉所需间隔

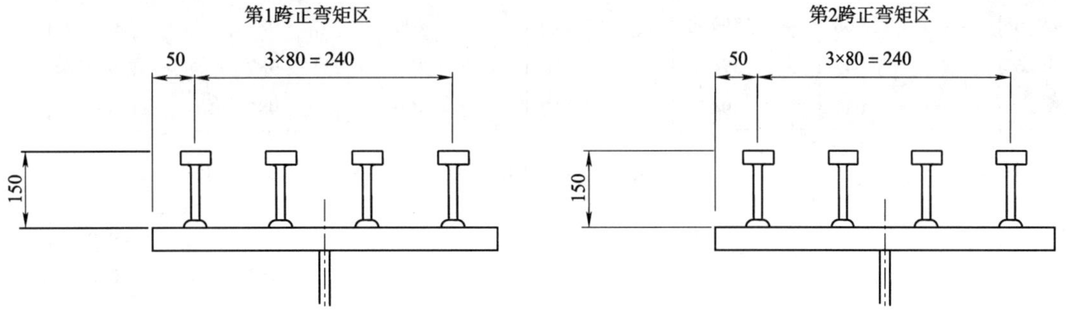

桥轴直角方向

最小中心间隔 $P_{min} = d + 30 = 25 + 30 = 55.0$mm

最小边缘 $a = 25$ mm

桥轴方向

最小中心间隔 $P_{min} = 5d = 5 \times 25 = 125$mm

最大中心间隔 $P_{max} = 500$ mm

2）强度检算

坐标（m）	作用水平剪力 Q_o	强度检算用抗力				检算结果	备注
		使用值 Q_{u1}(N)	个数 n	间隔 s	$Q_{uo}=\frac{n\times Q_{u1}}{s}$	$Q_0/Q_{uo}\leq 1.0$	
	(N/mm)	(N/个)	(个)	(mm)	(N/mm)		
0.0	1524	39460	10	150	2631	0.579	剪力钉
2.4	1236	39460	10	150	2631	0.470	
4.8	951	39460	10	150	2631	0.362	
7.2	764	39460	10	400	987	0.775	
9.6	649	39460	10	400	987	0.658	
9.6	626	39460	10	400	987	0.634	
12.0	517	39460	10	400	987	0.524	
14.4	413	39460	10	400	987	0.418	
16.8	357	39460	10	400	987	0.362	
19.2	447	39460	10	400	987	0.453	
21.6	540	39460	10	400	987	0.547	
24.0	636	39460	10	400	987	0.644	
24.903	673	39460	10	400	987	0.682	
28.8	836	中间支点区间(钢梁+钢筋)假定截面,PBL使用範囲					PBL
57.6	1126						
69.227	665	39460	10	400	987	0.675	剪力钉
70.4	621	39460	10	400	987	0.629	
70.4	679	39460	10	400	987	0.688	
73.6	548	39460	10	400	987	0.555	
76.8	421	39460	10	400	987	0.427	
80.0	299	39460	10	400	987	0.303	
83.2	428	39460	10	400	987	0.434	
86.4	564	39460	10	400	987	0.572	
89.6	708	39460	10	400	987	0.717	
89.6	647	39460	10	400	987	0.656	
90.773	697	39460	10	400	987	0.706	
92.8	783	中间支点区间(钢梁+钢筋)假定截面,PBL使用範囲					PBL
133.6	713						
135.100	647	39460	10	400	987	0.655	剪力钉
136.0	606	39460	10	400	987	0.615	
138.4	504	39460	10	400	987	0.511	
140.8	406	39460	10	400	987	0.412	
143.2	358	39460	10	400	987	0.363	
145.6	469	39460	10	400	987	0.475	
148.0	586	39460	10	400	987	0.594	
150.4	710	39460	10	400	987	0.719	
150.4	736	39460	10	400	987	0.746	
152.8	871	39460	10	400	987	0.883	
155.2	1148	39460	10	150	2631	0.436	
157.6	1618	39460	10	150	2631	0.615	
160.0	2099	39460	10	150	2631	0.798	

3)疲劳检算

坐标（m）	变动范围 ΔQ	疲劳检算用抗力					检算结果	备注
		$\frac{Q_{min}/s}{Q_{max}/s}$	使用值 Q_{u1}（N）	个数 n	间隔 s	$Q_{uo}=\frac{n\times Q_{u2}}{s}$	$Q_0/Q_{uo}\leqslant 1.0$	
	（N/mm）		（N/个）	（个）	（mm）	（N/mm）		
0.00	589	0.380	39460	10	150	2631	0.224	
2.40	543	0.349	39460	10	150	2631	0.206	
4.80	502	0.302	39460	10	150	2631	0.191	
7.20	470	0.225	39460	10	400	987	0.476	
9.60	448	0.099	39460	10	400	987	0.454	
9.60	432	0.099	39460	10	400	987	0.438	剪力钉
12.00	411	-0.096	36964	10	400	924	0.445	
14.40	394	-0.436	30238	10	400	756	0.521	
16.80	380	-0.859	24639	10	400	616	0.616	
19.20	375	-0.269	33208	10	400	830	0.451	
21.60	374	0.037	39460	10	400	987	0.379	
24.00	378	0.219	39460	10	400	987	0.383	
24.903	381	0.0	39460	10	400	987	0.386	
26.40	386	0.336	中间支点区间（钢梁+钢筋）假定截面，PBL适用范围					PBL
67.20	407	0.370						
69.227	393	0.000	39460	10	400	987	0.399	
70.40	386	0.266	39460	10	400	987	0.391	
70.40	422	0.266	39460	10	400	987	0.428	
73.60	406	0.089	39460	10	400	987	0.412	
76.80	396	-0.240	33782	10	400	845	0.469	
80.00	393	-1.000	23212	10	400	580	0.678	剪力钉
83.20	398	-0.226	34074	10	400	852	0.467	
86.40	411	0.100	39460	10	400	987	0.417	
89.60	433	0.271	39460	10	400	987	0.439	
89.60	396	0.271	39460	10	400	987	0.401	
90.773	407	0.000	39460	10	400	987	0.412	
92.08	425	0.368	中间支点区间（钢梁+钢筋）假定截面，PBL使用范围					PBL
133.60	389	0.336						
135.100	382	0.000	39460	10	400	987	0.387	
136.00	378	0.219	39460	10	400	987	0.383	
138.40	372	0.030	39460	10	400	987	0.377	
140.80	373	-0.300	32620	10	400	816	0.458	
143.20	381	-0.965	23549	10	400	589	0.647	
145.60	399	-0.365	31425	10	400	786	0.508	
148.00	423	-0.053	38047	10	400	951	0.445	剪力钉
150.40	452	0.123	39460	10	400	987	0.458	
150.40	469	0.123	39460	10	400	987	0.475	
152.80	503	0.235	39460	10	400	987	0.510	
155.20	549	0.301	39460	10	150	2631	0.209	
157.60	607	0.340	39460	10	150	2631	0.231	
160.00	674	0.364	39460	10	150	2631	0.256	

4.3 负弯矩区 PBL 传剪器

负弯矩区 PBL 传剪器采用附录【PBL 案】中的极限状态法进行设计。

4.3.1 PBL 传剪器的设计抗力

(1) PBL 传剪器的构造细节

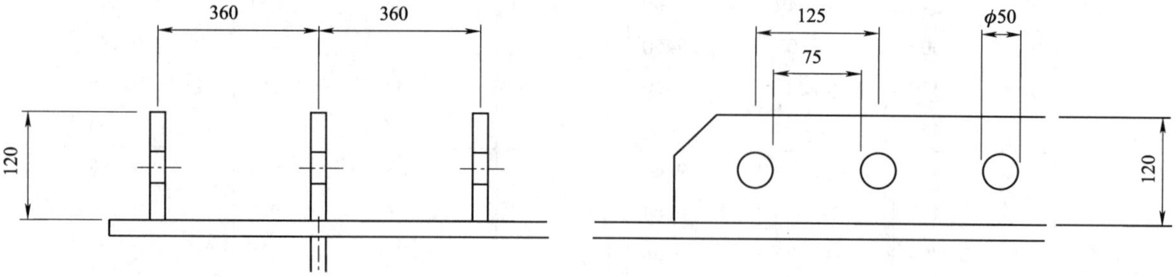

①钢板厚度以及贯通钢筋的直径

PBL 传剪器钢板的厚度以 12mm 以上为标准,贯通钢筋的直径以 D13 为标准。

②PBL 传剪器的孔径以及间隔

a)孔径 = 贯通钢筋直径 + 最大骨料尺寸以上

b)孔的最大中心间隔以 500mm 为标准。

③钢板传剪器尺寸 3 - PL 120 × 12

④当 2 片传剪器并列设置时,间隔为钢板高度的 3 倍以上。 120 × 3.0 = 360 mm

(2) 终局极限状态传剪器的抗力

$Q_u = 1.85 \times A - 106.1 \times 10^3 N = 1.85 \times 216778 - 106.1 \times 10^3 = 294939N$

开口部间隔 125mm、每 mm 传剪器的抗力依照下式求得

$Q_u = 294939 / 125 = 2360 \quad N/mm$

$$A = \frac{\pi \times (d^2 - \varphi_{st}^2)}{4} \times f_{cu}' + \frac{\pi \times \phi_{st}^2}{4} \times f_{st}$$

$$= \frac{\pi \times (50^2 - 20^2)}{4} \times 38.1 + \frac{\pi \times 20^2}{4} \times 490.0$$

$$= 62840 + 153938 = 216778 \text{ N} \geqslant 56000 \text{ N 而且}$$

$$\leqslant 380000 \text{ N 使用范围内}$$

但是当 $56.0 \times 10^3 \leqslant A \leqslant 380.0 \times 10^3$ 时需配置贯通钢筋。

式中 f_{cu}'——用于 PBL 传剪器设计的混凝土设计承压强度(N/mm^2):

$f_{cu}' = \eta \times f_{ck}'/\gamma_c = 1.1 \times 45.0 / 1.3 = 38.1 \quad N/mm^2$

γ_c——混凝土材料系数(= 1.3)

η——1.1

d——孔径(贯通钢筋直径 + 最大粗骨料尺寸以上,mm) = 20 + 25 = 45 ≒ 50 mm;

ϕ_{st}——贯通钢筋的直径(标准直径 $D20$,mm);

f_{st}——贯通钢筋的设计抗拉强度(N/mm^2);

$f_{st} = f_{suk} / \gamma_s = 490 / 1.0 = 490.0 \quad N/mm^2$,

f_{suk}——钢筋的张拉强度特征值(N/mm^2),

γ_s——钢筋的材料(= 1.0)。

(3) 钢板的剪切抗力

$$Q_s = \frac{5}{3} \times \frac{\sigma_y}{\sqrt{3}} \times A_s = \frac{5 \times 355 \times 900}{3 \times \sqrt{3}} = 307439\text{N} \geqslant Q_u = 294939\text{N} \quad \text{ok}$$

式中 Q_s——钢板的设计剪切抗力(N);

A_s = 2个孔之间钢板部分面积(mm^2)

= 2个孔之间钢板部分长度 × 板厚

= (125 - 50) × 12 = 900 mm^2;

σ_y——钢板屈服点应力(N/mm^2) ⇒使用材质相当于 SM520。

(4)使用极限状态传剪器的抗力

$Q_a = \gamma \times (1.85A - 106.1 \times 10^3)N = 0.33 \times 2360 = 778.8N/mm$

式中 γ——使用极限状态检算用的安全系数(通常为0.33)。

4.3.2 PBL传剪器检算

(1) 终局极限状态检算

依照下式进行检算:

$\gamma_a \times \gamma_b \times \gamma_i \times \gamma_f \times Q_0 / (n \times Q_u)$

$= 1.716 \times 1388 / (3 \times 2360)$

$= 2382 / 7080$

$= 0.336 \leqslant 1.0$

式中 Q_0——最大作用水平剪力,≤ 1.2【T】 = 1.2 × 1157 = 1388N/mm;

Q_u——终局传剪器抗力;

n——PBL使用个数 = 3;

γ_a = 1.0 【PBL案】3.2;

γ_b = 1.3;

γ_i = 1.2;

γ_f = 1.1 荷载系数(简化计算,采用1.1)。

$\gamma_a \times \gamma_b \times \gamma_i \times \gamma_f = 1.0 \times 1.3 \times 1.2 \times 1.1 = 1.716$

(2)使用极限状态的检算

$Q_0 / (n \times Q_a) = 1388 / (3 \times 778.8)$

$= 1388 / 2336$

$= 0.594 \leqslant 1.0$

式中 Q_a——使用极限状态传剪器抗力($=0.33 \times Q_u$)。

附件一

PBL 传剪器设计手册(案)

平成 13 年 11 月(2001 年 11 月)

土木学会 钢构造委员会
新形式钢·混凝土复合桥梁调查研究小委员会
结合构造 WG
PBL 传剪器班

1. 适 用 范 围

(1)本手册基于极限状态设计法,对钢梁与钢筋混凝土桥面板之间用 PBL 传剪器结合而成的结合梁进行设计。
(2)本手册未定事项,可依据相关基准规定执行。

【解说】

本手册,主要是以适用于连续结合梁设计为前提而编写。本手册显示 PBL 传剪器的设计强度公式是依据 JSSC【大头钉压拔试验方法】试验结果为基点而导出的。所以,适用于混凝土与钢梁用 PBL 传剪器结合成一体的构造物设计。但是,当 PBL 传剪器用于周边被混凝土约束时,需另行讨论。

(1)本手册适用范围,由钢梁与钢筋混凝土桥面板组成的活荷载结合的结合梁,连续梁。使用的钢材为 SM400 ~ SM570,混凝土使用常规的硅酸盐水泥。设计基准强度在 27 ~ 40N/mm^2 程度,特殊场合最大可用到 50N/mm^2。

(2)本手册仅仅是特例将 PBL 作为结合梁传剪器来探讨其使用。因此,之外的一般事项,有关钢梁以及钢筋混凝土桥面板内容可依据相关基准执行。

2. 用语的定义

(1)用语

本手册用语定义如下。

1)结合梁	为了使钢筋混凝土桥面板(以下简称:桥面板)与钢梁成为一体共同作用,两者之间由 PBL 传剪器结合而成的梁。
2)活荷载结合	钢梁自重以及桥面板重量由钢梁承受,再与活荷载以及部分恒载作用合成的结合方法。
3)桥面板的有效宽度	可以作为结合断面的桥面板宽度。
4)带孔钢板传剪器	为了防止桥面板与钢梁的相互错列,并以将两者结合为目的,而在钢梁翼缘板面上连接带孔钢板(以下简称:PBL 传剪器)。
5)贯通钢筋	PBL 传剪器孔内配置的钢筋。

(2)记号

结合梁 PBL 传剪器计算时采用如下记号。

f_{cu}':混凝土设计受压强度(N/mm^2)

f_{ck}':混凝土设计基准强度(N/mm^2)

f_{st}:贯通钢筋的受拉强度(N/mm^2)

Q_u:终局极限状态 1 个孔的设计剪切抗力(N)

Q_a:使用极限状态 1 个孔的设计剪切抗力(N)

t:PBL 传剪器的板厚(mm)

b:PBL 传剪器的间隔(mm)

e:PBL 传剪器孔到板边的净距(mm)

d:孔径(mm)

p:孔的中心距(mm)

C:PBL 传剪器的净保护层(mm)

H:钢梁翼缘板顶面到孔中心的距离(mm)

h:钢板的高度(mm)

p':孔之间的净距(mm)

Φ_{st}:贯通钢筋直径(mm)

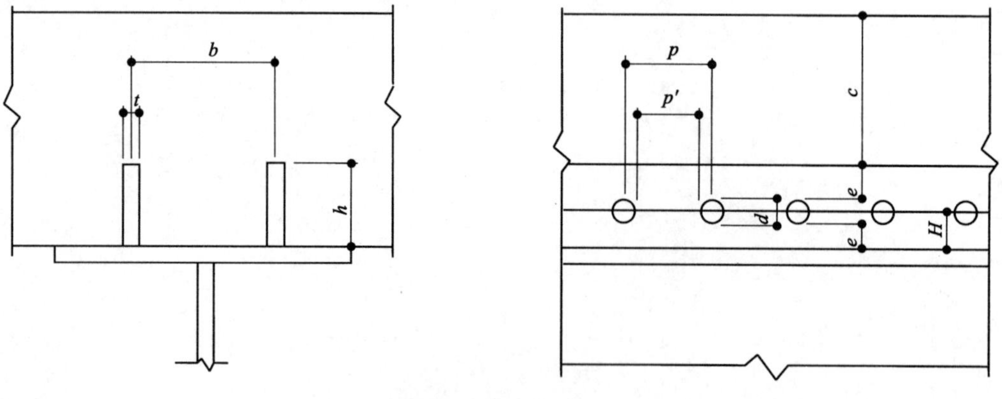

图 2.1 记号说明

【解说】

上述表示的是设计中重要的用语和记号。

PBL:德文:Perfobond Leisten 的字头简写,

英语:Perfobond Shear connecter 或者 Perfobond Strip。

3. 安全系数与荷载组合

3.1 安全系数

结合梁极限状态检算用的安全系数,依照相关基准执行。

【解说】

这里所指的相关基准是《土木学会　钢构造物设计指针(Part B)》或者铁道方面《铁道构造物等设计标准(钢·结合构造物)》。作为范例,将铁道桥终局极限状态的荷载系数和部分安全系数表示如下。

(1) 结合前恒载中桥面板自重的荷载系数 γ_f 以《铁道构造物等设计标准　混凝土构造物》的固定荷载系数 1.1 为准。

混凝土徐变 C_R 以及干燥收缩 S_H 引起的内部应力对终局极限状态的影响小,所以荷载系数取值为 1.0。另外桥面板与钢梁温度差 T 影响,理由相同荷载系数也取值为 1.0。

(2) 混凝土桥面板的材料系数 γ_{mc} 以及钢筋的材料系数 γ_{ms} 依照《铁道构造物等设计标准混凝土构造物》5.2.2 以及 5.3.2 条,$\gamma_{mc}=1.3$,$\gamma_{ms}=1.0$。

(3) 混凝土桥面板抗力的部材系数 γ_b,依照《铁道构造物等设计标准　混凝土构造物》规定为准,取 1.3 。

同设计标准中的 γ_b 的标准值,弯曲抗力 1.15,轴向压缩抗力以及混凝土分担剪切抗力 1.3 。

另外,作为传剪器的一种类型,同样也考虑到 PBL 传剪器周边混凝土应力分布复杂以及 PBL 重要度,还有设计简便,统一取值为 $\gamma_b=1.3$ 。

3.2 荷载组合

PBL 传剪器是为承受桥面板与钢梁之间桥轴方向剪力作用而设计的，其荷载组合可依照表 3.2.1 执行。

表 3.2.1 荷载组合（终局极限状态）

荷载组合		备注
①	$D_2 + L + I + C + S_H + L_R + T$	L、I 以及 C 是主变动荷载 L_R 以及 T 是辅助变动荷载
②	$D_2 + L + L_R + S_H + B + T$	L 是主变动荷载 L_R、B 以及 T 是辅助变动荷载
③	$S_H + L_R + T$	L_R 以及 T 是辅助变动荷载

【解说】

极限状态设计法设计时，必须明确荷载组合。表中 PBL 传剪器设计所用荷载组合是参照铁道桥设计计算例做成的表 3.2.1。其安全系数采用【铁道构造物等设计标准（钢 · 结合构造物）】相同的解说表 3.2.1 即可。

另外在连续梁设计时，采用解说表 3.2.2。通常情况下，徐变（C_R）引起的应力变化很小，所以本手册未考虑。

解说表 3.2.1 荷载组合与安全系数（终局极限状态）

	构造解析系数 γ_a	部材系数 γ_b	构造物系数 γ_i	荷载系数 γ_f							
				永久荷载		变动荷载					
				结合后恒载 D_2	干燥收缩影响 S_H	列车荷载 L	动力作用 I	离心力作用 C	长轨力 L_R	制动荷载 & 牵引荷载 B	温度变化影响 T
①	1.0	1.3	1.2	1.0	1.0	1.1	1.1	1.1	1.0		1.0
②	1.0	1.3	1.2	1.0	1.0	1.1			1.0	1.0	1.0
③	1.0	1.3	1.2		1.0				1.1		1.0

解说表 3.2.2

正弯矩区	①$D_2 + L + I + C + S_H + L_R + T$ ②$D_2 + L + L_R + S_H + B + T$ ③$S_H + L_R + T$
负弯矩区	①$D_2 + L + I + C + L_R$ ②$D_2 + L + L_R + B$

4. 材料・强度

4.1 钢材强度

(1)钢板

PBL,钢梁使用材质的强度依照相关基准的规定执行。

(2)贯通钢筋

PBL 传剪器孔内配置钢筋的强度,依照相关基准的规定执行。

【解说】

(1)PBL、钢梁使用的钢材强度,依据《土木学会　钢构造物设计指针(Part A)》或者铁道桥方面的《铁道构造物等设计标准 钢・结合构造物　第 1 篇钢铁道桥》规定执行。

(2)贯通钢筋使用的钢材强度,依据《土木学会　钢构造物设计指针(Part A)》或者铁道桥方面的【铁道构造物等设计标准 混凝土构造物】规定执行。

4.2 混凝土强度

混凝土桥面板设计所用的压缩强度,依照相关基准的规定执行。

【解说】

混凝土强度依据《土木学会　钢构造物设计指针(Part B)》或者铁道桥方面的《铁道构造物等设计标准 混凝土构造物》规定执行。

例如:铁道桥设计时,依照检算方法采用下述值。

作为结合梁受压翼缘板　　$0.70f_{ck}'$

作为混凝土桥面板检算　　$0.85f_{ck}'$

式中　f_{ck}'——《铁道构造物等设计标准 混凝土构造物》规定的混凝土压缩强度的特征值。

5. PBL 传剪器的设计

5.1 PBL 传剪器的终局极限状态设计剪切抗力

(1)终局极限状态设计剪切抗力 Q_u,依据下式计算求得。注意,需配置贯通钢筋。

$$Q_u = 1.85 \times A - 106.1 \times 10^3 (N) \tag{5.1.1}$$

$$A = \frac{\pi \times (d^2 - \Phi_{st}^{\ 2})}{4} \times f_{cu}' + \frac{\pi \times \Phi_{st}^{\ 2}}{4} \times f_{st} \tag{5.1.2}$$

但是,$56.0 \times 10^3 \leq A \leq 380.0 \times 10^3$

式中 f_{cu}'——混凝土设计压缩强度(N/mm^2)。

d——孔径(mm)

Φ_{st}——贯通钢筋直径(mm)

f_{st}——贯通钢筋的设计张拉强度(N/mm^2)

(2)孔与孔之间钢板的剪切破坏强度,依据下式计算求得。

$$Q_s = \frac{5}{3} \times \frac{\sigma_y}{\sqrt{3}} \times A_{st} \geq Q_u (N) \tag{5.1.3}$$

式中 Q_s——钢板的设计剪切抗力(N)。

A_s——2 个孔之间钢板部分面积(mm^2)

σ_y——钢板的屈服点(N/mm^2)。

【解说】

(1)利用以往研究成果[5),6),11),14),15),16),17),18)],选取既有试验体研究中对剪切抗力实验值(相当于 1 个孔)有影响的各个因素,利用文献 12)所示统计处理法,推出强度评价公式。

其结果,可以确认式(5.1.2)所显示的影响因素组合与实验数据具有相关性,因而将特性值的下限值公式(5.1.1)当做终局极限状态设计剪切抗力 Q_u。

另外,设计范围内设置了实验值的适用范围。公式(5.1.2)中的第 1 项是 PBL 传剪器自身的剪切抗力(是混凝土传剪的剪切抗力),第 2 项是贯通钢筋附加的剪切抗力,前后分开表示。

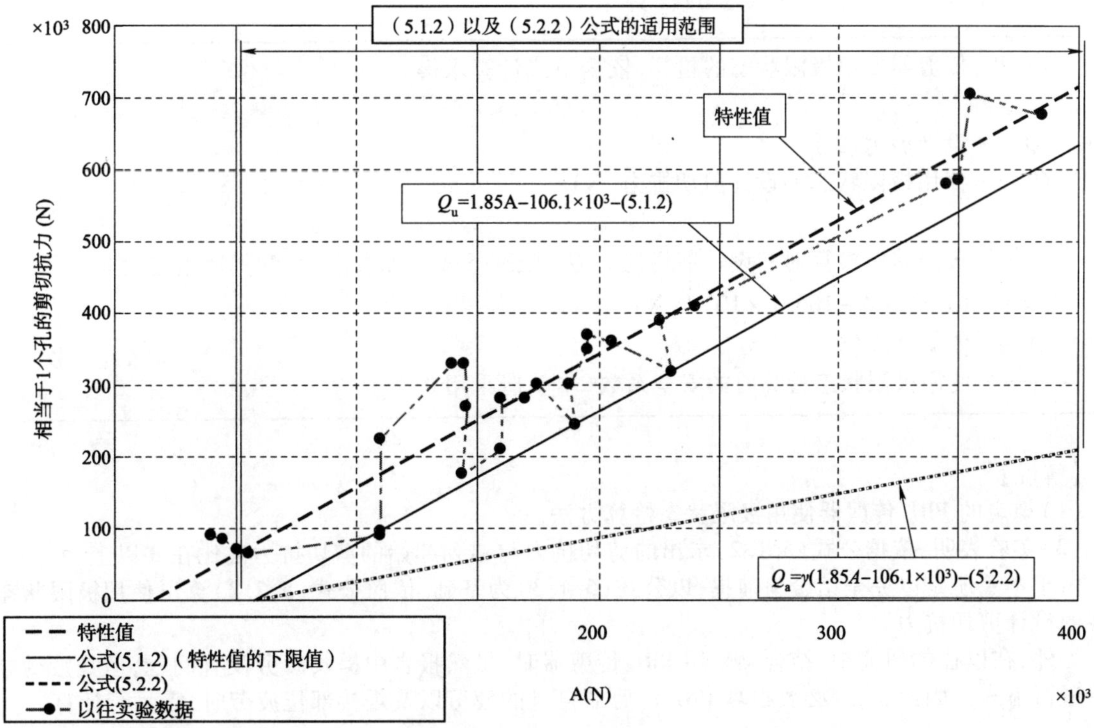

解说图 5.1.1　适用范围

那么，混凝土的设计压缩强度(f_{ck}')以及贯通钢筋的设计张拉强度(f_{st})，

以铁路桥设计为例，如下计算求解。

$$f_{cu}' = \eta \cdot f_{ck}' / \gamma_c \qquad 而\ \eta = 1.1$$

式中　f_{ck}'——《铁道构造物等设计标准　混凝土构造物》规定的混凝土压缩强度的特性值(N/mm²)。

γ_c——混凝土的材料系数(=1.3)

《铁道构造物等设计标准　钢・结合构造物》规定的钢筋张拉强度特性值(N/mm²)

$$f_{st} = \sigma_{tu} / \gamma_s$$

式中　σ_{tu}——《铁道构造物等设计标准　混凝土构造物》规定的钢筋张拉强度的特性值(N/mm²)。

γ_s——贯通钢筋的材料系数(=1.0)

检算如下式

$$\gamma_a \cdot \gamma_b \cdot \gamma_i \cdot Q / Q_u \leqslant 1 \qquad (5.1.1)$$

式中　$\gamma_a \cdot \gamma_b \cdot \gamma_i$——3 节中确定的安全系数

Q——最大作用剪力(N)

Q_u——下项所定的设计剪切抗力(N)

(2)为了避免 PBL 传剪器破坏之前钢板剪切破坏发生，所以钢板自身设计剪切抗力要大于 PBL 传剪器的设计剪切抗力。

5.2 PBL 传剪器使用极限状态的检算

(1)PBL 传剪器使用极限状态的检算,依据下式计算求得。

$$Q/Q_a \leqslant 1 \tag{5.2.1}$$

式中 Q——设计剪力(N)

Q_a——使用极限状态的设计剪切抗力(N)

(2)使用极限状态检算时的设计剪切抗力 Q_a,依据下式计算求出。(配贯通钢筋时)

$$Q_a = \gamma \cdot (1.85 \times A - 106.1 \times 10^3)\ (\mathrm{N}) \tag{5.2.2}$$

式中 A——依据公式(5.1.2)

γ——使用极限状态检算时的安全系数(本手册采用 0.33)

【解说】

(1)规定的 PBL 传剪器使用极限状态检算方法。

(2)实验表明:依据公式(5.1.2)求出的剪切抗力与错列起始的剪切抗力之比在 3 以上。

由于本手册是以完全结合为前提,以公式(5.1.3)为基础,依照公式(5.2.2)算出使用极限状态 PBL 传剪器的设计剪切抗力

另外,在以往的研究中,结合梁采用 PBL 传剪器时,虽然报告中提及疲劳没有问题,但是疲劳检算课题仍然遗留下来。因此,当有必要检算 PBL 传剪器自身的疲劳以及焊接部位疲劳时,需另行计算。

5.3 PBL 传剪器的构造细节

(1)钢板的厚度以及贯通钢筋的直径

PBL 传剪器钢板厚度以 12mm 以上为标准,贯通钢筋直径以 D13 为标准。

(2)PBL 传剪器的孔径以及间隔

1) 孔径≥贯通钢筋直径+最大粗骨料尺寸

2) 孔的最大间隔以 500mm 为标准。

(3)PBL 传剪器的净保护层厚度

PBL 传剪器的净保护层厚度 C :传剪器上缘起确保 100mm 以上。

(4)PBL 传剪器的端部,应采用桥面板混凝土不发生应力集中的构造。

(5)孔位置的周边,应使混凝土不发生开裂。

(6)为了使剪应力匀顺地传到混凝土桥面板,必须相应配置桥轴直角方向钢筋。

(7)PBL 传剪器构造,要考虑疲劳细节。

(8)PBL 传剪器 2 片并列设置时,其间隔在钢板高度 3 倍程度以上。

【解说】

(1)承受水平剪力的 PBL 传剪器,对混凝土支压应力具有足够强度的同时,混凝土剪切破坏发生时必须有足够厚的钢板。依照经验,最小板厚为 12mm。

承剪钢筋主要是分担水平剪力,也是抵抗桥面板上浮。PBL 传剪器的钢板在受压区域,也要检算局部稳定,然而有混凝土支护,可以有效地防止局部失稳。因此,钢板的宽厚比最大值就依照解说表 5.3.1 取值(参照钢标准 7.2 板要素的终局极限状态检算中表 7.2.1②项)。

也就是

解说表 5.3.1

钢材材质	最大宽厚比 h/t
SM400	40
SM490	34
SM490Y　SM520	32
SM570	20

(2)PBL 传剪器孔的最大中心间隔,桥面板厚度 3 倍程度以内为易,为了匀顺地传递剪力,间隔应尽可能地配置的小,那么最小桥面板厚度的 2.5 倍就相当于 500mm。当大于此值时,PBL 传剪器附近就必须补强。

(3)净保护层不足的话,PBL 传剪器前面的混凝土支压抗力就会减小,PBL 传剪器的抗力也会减小,因此净保护层定为最小净保护层的 3 倍以上。

(4)由于 PBL 传剪器的端部混凝土应力集中,如解说图 5.3.1(a)所示,为了缓解 PBL 传剪器端部混凝土的应力集中,在 PBL 传剪器的端部设置了马蹄形传剪器等刚性传剪器。

另外,像剪力钉与 PBL 传剪器的组合,变位系数各异,如解说图 5.3.1(b)所示,PBL 传剪器附近没有带环形筋的马蹄形传剪器,那么就在其前面以设置应力分散钢筋为对策。

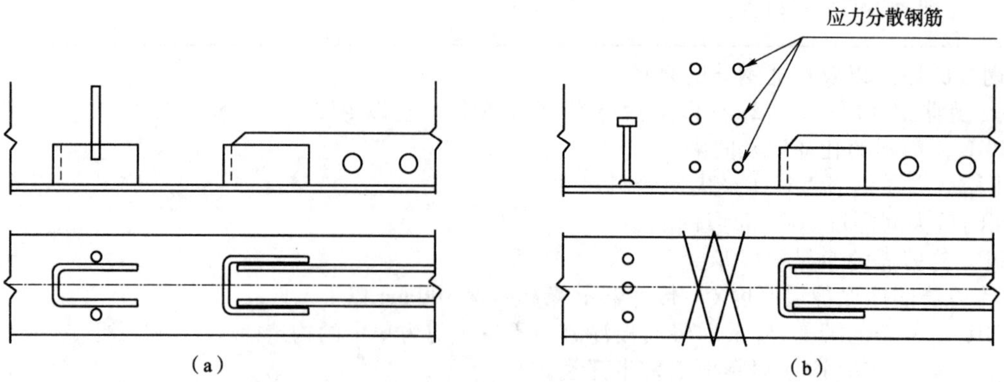

解说图 5.3.1

(5)PBL 传剪器,孔中的混凝土是 3 次元约束,所以可获得较大的剪切抗力。因此,若孔的部分混凝土发生开裂的话,就不能获得期望的剪切抗力,为此规定了这一条。

(6)PBL 传剪器是具有较大剪切抗力的构造。因此,如解说图 5.3.2 所示与 Eurocode4 同样,对于检算部位,为了使剪力全部都能匀顺地传到混凝土桥面板,桥轴直角方向应该配置钢筋。

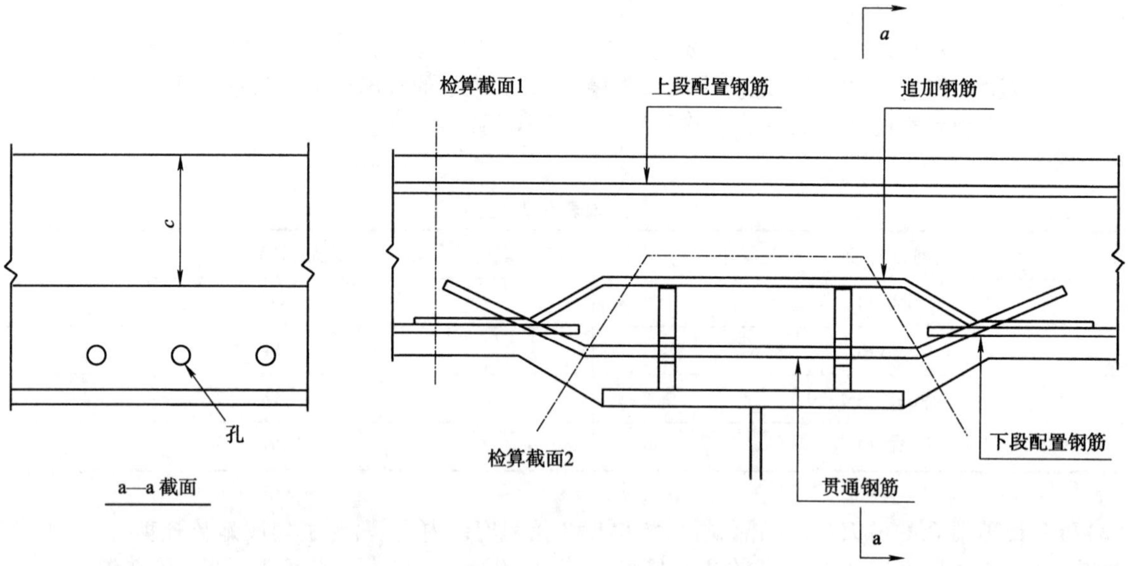

解说图 5.3.2

(7)如解说图 5.3.3 所示,从 PBL 传剪器孔下缘到钢梁上翼缘板的纵向焊肉为止的距离(e ~ S),必须要确保没有侵害焊接品质的高度。

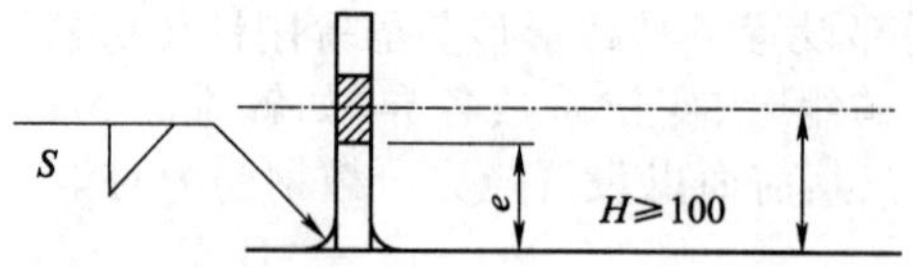

另外,负弯矩区拉应力较大区间有孔时,恐怕会从孔开始发生疲劳龟裂。为此,尽可能让板高 H 值大一些。当 H 在 100mm 以下时,孔的边缘应设置倒角。

(8)2 片 PBL 传剪器并列设置时,依据实验结果,其间隔在钢板高度 3 倍以上时,可以确保混凝土的有效作用,所以就以钢板高度 3 倍以上为标准。

参考文献

[1]阿部英彦．研究有关铁道桥结合梁传剪器实验[R]．铁道技术研究报告,1975,961.

[2]阿部英彦,中岛章典,掘内博．结合梁中桥面板分块的影响与柔性传剪器的开发[G]．构造工学论文集,1989,35A:1205-1211.

[3]保坂铁矢．探讨铁道桥的经济性[G]//土木学会钢构造委员会．第1回钢构造与桥梁专题讨论会论文报告集．1998:89-97.

[4]牛岛祥贵,保坂铁矢,橘 吉宏,栗田章光,渡边滉．连续结合梁中间支点部裂纹行为实验的研究[G]．土木学会年次学术讲演会概要集,1997,I-A123:246-247.

[5]保坂铁矢,平城弘一,小枝芳树,橘 吉宏,渡边滉．关于铁路结合梁传剪器构造中剪切特性实验的研究[G]．构造工学论文集,1998,44A:1497-1504.

[6]保坂铁矢,光木香,平城弘一,牛岛祥贵,橘 吉宏,渡边滉．研究有关PBL传剪器的剪切特性的实验[G]．构造工学论文集,2000,40A:1201-1209.

[7]Leonhardt Fritz, Wolfhart Andrä, Hans – Peter Andrä and Wolfgang Harre: Neues, Vorteil – haftes Verbundmittel Für Stahlverbund – Tragwerke mit hoher Dauerfestigkeit, Beton – und Stahlbetonbau, Heft, 12/1987.

[8] Hans – Peter Andrä. Economical Shear Connectors with High Fatigue Strength, IABSE SYM – POSIUM, 1990.

[9]Wayne S. Roberts and Robert J. Heywood. An Innovation To Inci. The Competitiveness of Short Span Steel Concrete Composite Bridges, Developments in Short Medium Span Bri – dge Engineering, 1997.

[10]绪方纪夫,村山阳,冲本真之,今西直人．钢制元素与混凝土之间的附着特性的研究[C]．混凝土工学年次论文报告书,1994,16:2.

[11]平阳兵,天野礼子,大家一雄．PBL传剪器的疲劳特性,混凝土工学年次论文报告书[C]. 1994,19(2):1503-1508.

[12]蛯名贵之,高桥惠悟,上平谦二,柳下文夫．PBL传剪器的剪切抗力基础研究[G]//预应力混凝土技术协会．第8回专题讨论会论文报告集,1998:31-36.

[13]日本钢构造协会．大头钉抽拔试验方法(案)与关于大头钉研究现状,1991.

[14]Dieter KRAUS and Otto WURZER. Bearing Capacity of Concrete Dowels, Composite Construction – Conventional and Innovative, 1997.

[15]富永知德,西海健二,室井进次,古市耕辅．考虑约束条件时PBL传剪器的传剪特性报告[G]．土木学会第53回年次学术讲演会概要集,1998,I-A323:646-647.

[16]新谷英司,蛯名贵之,上平谦二,柳下文夫．关于波纹钢板与混凝土桥面板结合试验的研究[G]//预应力混凝土技术协会．第9回专题讨论会论文报告集,1999:91-96.

[17]平阳兵,古市耕辅,山村正人,西海健二．PBL传剪器抗力研究[G]．土木学会第53回年次学术讲演会概要集,1998,I-A324:648-649.

[18]永田淳,明桥克良,渡边将之．考虑混凝土浇筑方向因素时PBL传剪器拉拔试验[G]．土木学会第54回年次学术讲演会概要集,1999,I-A149:298-299.

[19]铃木统,上田多门,古内仁．关于PBL传剪器压拔剪切抗力基础实验[G]．土木学会第54回年次学术讲演会概要集,1999,I-A150:300-301.

[20]平城弘一,松井繁之,福本秀士．大头钉强度评价式的推导—静的强度评价式—[G]．构造工学论文集,1989,35A:1221-1232.

[21]Eurocode4: Design of composite steel and concrete structures Part2: Bridges.

[22]中野·简井·庄野．非对称铁骨SRC梁试验[G]．国铁·构造物设计资料,71:29-34.

[23]保坂铁矢·光木 香·平城弘一·上野信一郎·牛岛祥贵．PBL传剪器剪切承载行为以及影响因素的研究[G]．土木学会第56回年次学术讲演会概要集,2001,I-B286:10.

附件二　弹性荷载(摘)

《道示》9.2.6 混凝土桥面板徐变

结合梁中混凝土桥面板在持续荷载作用下,用于计算徐变应力的徐变系数标准值 $\Phi_1=2.0$。

徐变系数与混凝土的养护、湿润状态以及品质相关,从龄期的初始起对持续荷载作用较大。

通常情况下、考虑到道路桥放置状态以及 9.4.4. 所示共同作用,将徐变系数以 $\Phi_1=2.0$ 作为标准。然而,早期作用于荷载时的徐变系数比预想系数要大。

若设定混凝土的初始应力为 σ_c、徐变引起的应力变化为 $\Delta\sigma$,那么从初始应变 ε_c 可得出变化应变 $\Delta\varepsilon$ 由下式表示

$$\left.\begin{aligned}\Delta\varepsilon &=\varepsilon_\infty-\varepsilon_c=\{(\sigma_c\times\Phi+\Delta\sigma_c\times(1+\Phi/2)\}/E_c\\ &=(\sigma_c/E_c)\times\Phi+\Delta\sigma_c/E_{c1}\\ \text{式中}:&E_{c1}=E_c/(1+\Phi/2)\end{aligned}\right\}\quad(\text{解 } 9.2.1)$$

由此可知,应变 $\Delta\varepsilon$ 可以表达成,不受钢梁的约束部分$(\sigma_c/E_c)\times\Phi$,(E_{c1}替代杨氏模量 E_c)变化应力 $\Delta\sigma_c$ 产生的应变 $\Delta\sigma_c/E_{c1}$的两者合计。

图-解 9.2.1 所示、对于不受钢梁约束时的自由徐变应变 ε_Φ

$$P_\Phi=E_{c1}\times\int_{A_C}\cdot\varepsilon_\Phi DA=E_{c1}\times A_c\times\varepsilon_{\Phi 0}\quad(\text{解 } 9.2.2)$$

作用于混凝土截面的拉应力恢复到初始的应变状态后,若释放钢与混凝土结合力 P_Φ,结合面上就承受轴向压力 P_Φ 与作用弯矩 $M_\Phi=P_\Phi\times(d_{c1}+r_c^2/d_c)$。两项应力叠加后,变化应力 $\Delta\sigma_c$。

如下述方式求解。

参照图-解 9.2.1 将 $n=E_s/E_c$ 代入公式,用 $n_1=n\times(1+\Phi_1/2)$求解结合梁的重心轴 V_1,换算成钢的 2 次惯性矩 I_{v1},换算成钢的截面积 A_{v1},压应力为"正"。

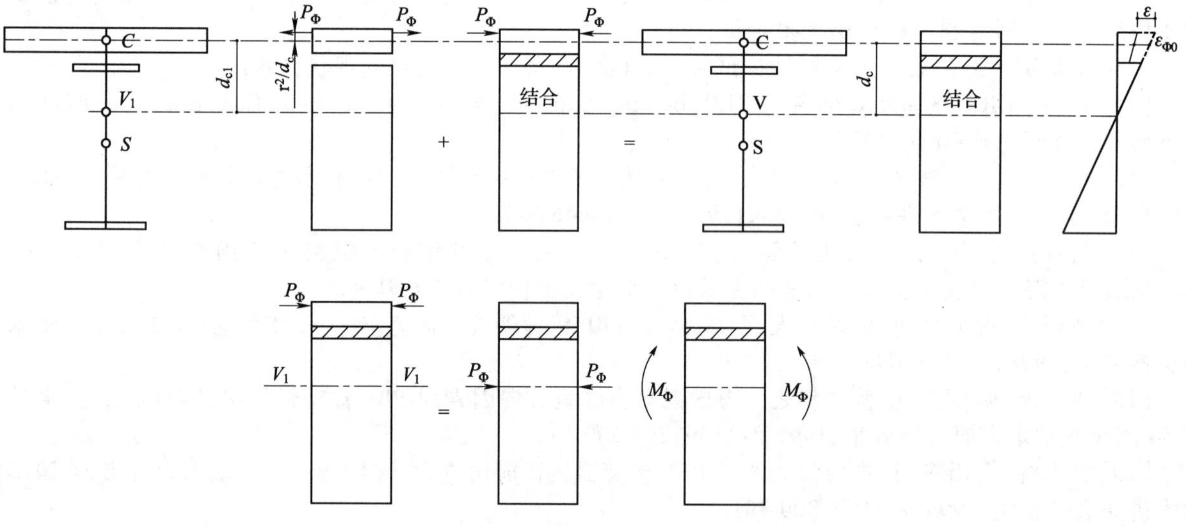

图解 9.2.1

混凝土桥面板

$$\Delta\sigma_c=\frac{1}{n_1}\times\left(\frac{P_\Phi}{A_{v1}}+\frac{M_\Phi\times y_{v1}}{I_{v1}}\right)-E_{c1}\times\frac{\sigma_c}{E_c}\times\Phi_1$$

钢梁

$$\Delta\sigma_s=\frac{P_\Phi}{A_{v1}}+\frac{M_\Phi\times y_{v1}}{I_{v1}}\quad(\text{解 } 9.2.3)$$

式中:

$$P_\Phi=E_{c1}\times A_c\times\varepsilon_{\Phi 0}=E_{c1}\times A_c\times N_c\times\Phi_1/(E_c\times A_c)=2\times\Phi_1\times N_c/(2+\Phi_1)$$

$$M_\Phi=P_\Phi\times(d_{c1}+r_c^2/d_c)\fallingdotseq P_\Phi\times d_{c1}$$

$$r_c^2=I_c/A_c$$

N_c 为徐变发生当初的持续荷载，作用于混凝土桥面板的压缩力的合力，作用弯矩为 M_Φ

$$N_c = M_d \times d_c \times A_c / (n \times I_v) \tag{解 9.2.4}$$

若对混凝土桥面板重心施加预应力 PC 时，将 $n_p = E_s / E_p$ 代入，PC 钢材的变化应力

$$\Delta\sigma_p = \frac{1}{n_p} \times \left(\frac{P_\Phi}{A_{v1}} + \frac{M_\Phi \times y_{v1}}{I_{v1}}\right) \tag{解 9.2.5}$$

那么，求解因徐变影响而使结合梁变形的弹性荷载，对于弯曲变形如下式

$$\frac{M_\Phi}{E \times I} = \frac{N_c}{E_s \times I_{v1}} \times \frac{2 \times \Phi_1}{2 + \Phi_1} \times (d_{c1} + r_c{}^2 / d_c) \fallingdotseq \frac{N_c \times d_{c1}}{E_s \times I_{v1}} \times \frac{2 \times \Phi_1}{2 + \Phi_1} \tag{解 9.2.6}$$

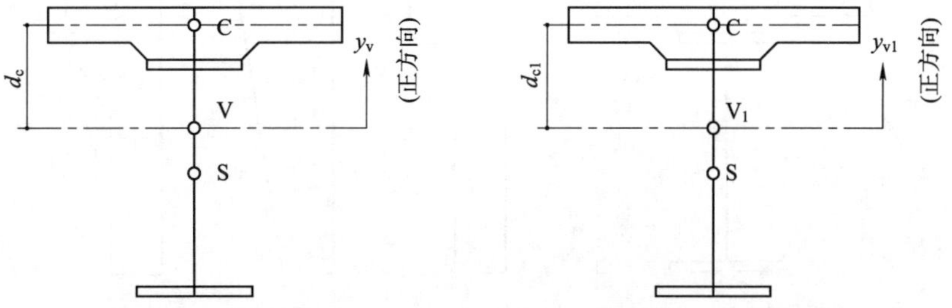

图-解 9.2.2

对轴向变形如下式，结合图心点 V_1 处，采用下式即可。

$$\frac{P_\Phi}{E \times A} = \frac{N_c}{E_s \times I_{v1}} \times \frac{2 \times \Phi_1}{2 + \Phi_1} \tag{解 9.2.7}$$

即便是忽略连续梁中受拉应力混凝土截面的徐变影响，也可用公式(解 9.2.6)所示弹性荷载计算梁的变形、继而解出超静定力。求解时，可以考虑在梁全长范围内混凝土截面有效。

最终得出的弯矩中、计算点的弯矩若为正的话，用静定系公式(解 9.2.3)和超静定弯矩的变化量 ΔM，依照下式可算出变化应力

混凝土桥面板

$$\Delta\sigma_c = \frac{1}{n_1} \times \left(\frac{P_\Phi}{A_{v1}} + \frac{M_\Phi \times y_{v1}}{I_{v1}}\right) - E_{c1} \times \frac{\sigma_c}{E_c} \times \Phi_1 + \frac{\Delta M \times y_{v1}}{n_1 \times I_{v1}}$$

钢梁

$$\Delta\sigma_s = \frac{P_\Phi}{A_{v1}} + \frac{M_\Phi \times y_{v1}}{I_{v1}} + \frac{\Delta M \times y_{v1}}{I_{v1}} \tag{解 9.2.8}$$

若为负的话，也可用于钢截面的应力计算。公式 9.2.7 以及公式 9.2.8 也适用。

《道示》9.2.7 混凝土桥面板与钢梁的温度差

(1)混凝土桥面板与钢梁的温度差以10℃为标准,当温度差显著时另当别论。
(2)温度在钢梁和混凝土桥面板的分布各自一定。
(3)混凝土桥面板和钢梁的线膨胀系数 $\alpha = 12 \times 10^{-6}$。

依照共通篇规定,混凝土桥面板与钢梁的温度差为10℃,混凝土桥面板高温状态以及钢梁高温状态应当分别检算。如图－解9.2.3所示、要考虑两种场合的温度差不同。

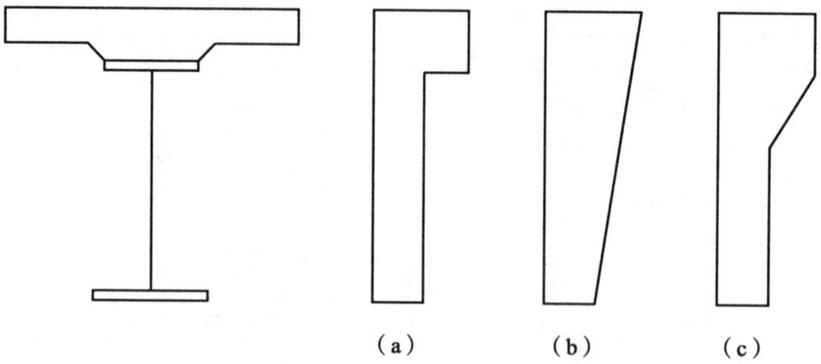

图-解9.2.3 温度差的分布状态

根据温度差结合截面的各个部位的应力如图－解9.2.3所示,$P_1 = E_c \times A_c \times \varepsilon_t$ 使混凝土截面受拉后,若释放钢与混凝土之间的结合,那么结合截面就受到 P_1 轴向压力和 $M_v = P_1 \times d_c$ 弯矩的作用。两者应力重叠,可直接由下式求解。另外温度差应力计算中不考虑混凝土桥面板徐变。

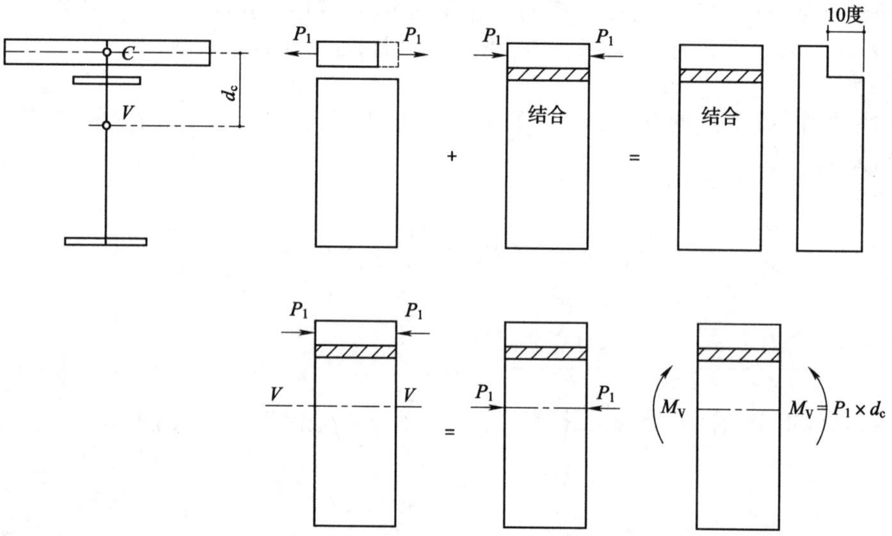

图-解9.2.4 温度应力的重叠组合

混凝土桥面板

$$\sigma_c = \frac{1}{n} \times \left(\frac{P_1}{A_v} + \frac{M_v \times y_v}{I_v}\right) - E_c \times \varepsilon_t$$

钢梁

$$\sigma_s = \frac{P_1}{A_v} + \frac{M_v \times y_v}{I_v} \qquad (解9.2.9)$$

式中 ε_t——$\alpha \times t$(混凝土受拉、即钢梁高温时为正)

P_1——$E_s \times \varepsilon_t \times A_c / n$,$M_v = P_1 \times d_c$

连续梁中受拉应力混凝土截面不计、温度差的影响以9.2.6为准,用 M_v 计算梁的变形,求解超静定力,最终得出弯矩适用于结合截面或者钢截面。

《道示》9.2.8 混凝土桥面板干燥收缩

> 用于混凝土桥面板干燥收缩应力计算的最终收缩度为 $\varepsilon_s = 200 \times 10^{-6}$，徐变系数以 $\Phi_2 = 2 \times \Phi_1 = 4$ 为标准。

由于结合梁中混凝土桥面板自由收缩被钢梁所约束，致使混凝土桥面板承受拉应力。持续应力作用伴随着徐变发生，其结果缓和了收缩引起的应力变化。收缩致使混凝土材令早期发生，大部分收缩在早期就发生，所以徐变系数 Φ_2 依据材令修正系数为 2，$\Phi_2 = 2 \times \Phi_1 = 4$ 。

干燥收缩应力的计算同样可依据 9.2.7 温度差应力计算方式。考虑到徐变作用、用 $n_2 = n \times (1 + \Phi_2/2)$ 替代 $n = E_v/E_c$，用最终收缩度 ε_s 替代 ε_t 即可。

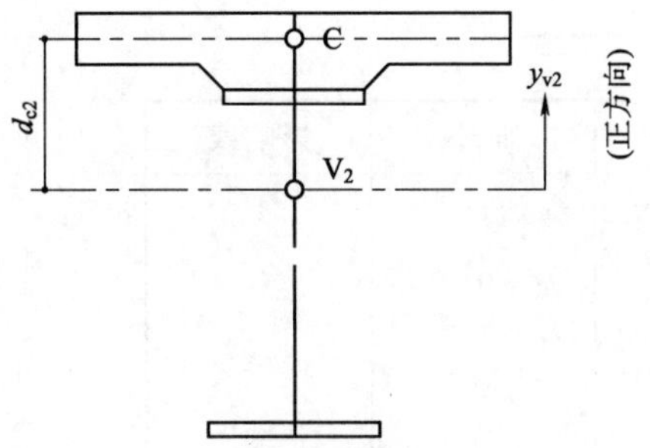

图-解 9.2.5

参照图-解 9.2.5，用 n_2 替代 n 求得结合梁截面的重心轴 V_2，换算成钢的 2 次惯性矩 I_{v2}、换算成钢的截面积 A_{v2}。

混凝土桥面板

$$\sigma_c = \frac{1}{n_2} \times \left(\frac{P_2}{A_{v2}} + \frac{M_{v2} \times y_{v2}}{I_{v2}}\right) - E_{c2} \times \varepsilon_s$$

钢梁

$$\sigma_s = \frac{P_2}{A_{v2}} + \frac{M_{v2} \times y_{v2}}{I_{v2}} \qquad (解\ 9.2.10)$$

式中：

$E_{c2} = E_s/n_2$ 　　$P_2 = E_s \times \varepsilon_s \times A_c/n_2 = E_{c2} \times \varepsilon_s \times A_c$

$M_{v2} = P_2 \times d_{c2}$

另外、即便连续梁中受拉应力混凝土截面不计、但是干燥收缩的影响仍可以 9.2.6、9.2.7 为准。

此时求解梁变形的弹性荷载

$$\frac{M_{v2}}{E_s \times I_{v2}} = \frac{\varepsilon_s \times A_c \times d_{c2}}{n_2 \times I_{v2}} \qquad (解\ 9.2.11)$$

轴方向应变量，采用结合梁截面重心轴 V_2。

$$\frac{P_2}{E_s \times A_{v2}} = \frac{\varepsilon_s \times A_v}{n_2 \times A_{v2}} \qquad (解\ 9.2.12)$$

附件三　桥面板弹性支承解析输入数据

■基本数据

模　型　名　称	连续结合梁桥面板弹性支承解析

单　位　系	SI 单位
节　点　数	14
单　元　数	14
二重节点数	0

	面内	面外	影响线
支点工况数	1	1	1
分布弹性工况数	0	0	0
荷载工况数	0	3	—
组合工况数	0	0	—
抽取工况数	0	0	—

结果汇总数	0

■计算

节点编号	ok
单元间最大值的计算 M_{max}	ok
荷载点观察点自动追加	ok
荷载组合时的全体附加系数	截面力·反力·位移
预应力应力的计算	2 次力
刚域计算	ok

■构造图

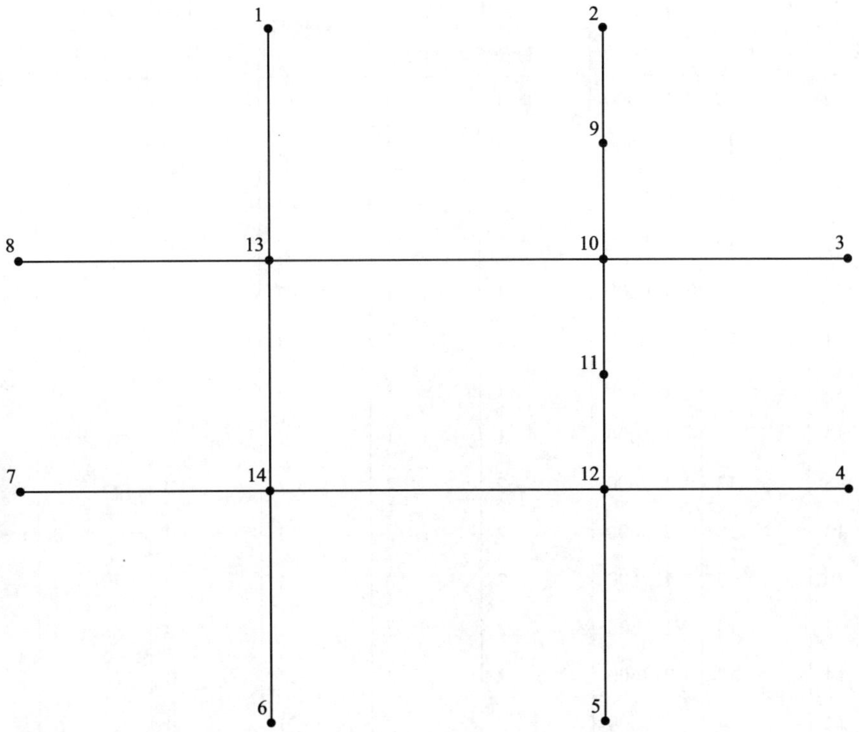

■截面特性

截面编号	截面积 $A(m^2)$	截面 2 次惯性矩 $I_z(m^4)$	截面 2 次惯性矩 $I_y(m^4)$	扭转定数 $J(m^4)$	截面 ID
1	4.576000E-002	4.184230E-003	7.305030E-003	3.930000E-006	—
2	4.320000E-002	4.076070E-003	5.497330E-003	3.710000E-006	—

■节点坐标

节点编号	X 坐标 (m)	Y 坐标 (m)	节点编号	X 坐标 (m)	Y 坐标 (m)
1	0.0000	0.0000	8	-1.7600	-1.6000
2	2.3600	0.0000	9	2.3600	-0.8000
3	4.1200	-1.6000	10	2.3600	-1.6000
4	4.1200	-3.2000	11	2.3600	-2.4000
5	2.3600	-4.8000	12	2.3600	-3.2000
6	0.0000	-4.8000	13	0.0000	-1.6000
7	-1.7600	-3.2000	14	0.0000	-3.2000

■单元数据

单元编号	节点编号		单元长（m）	使用截面		材料编号	面内结合条件		面外结合条件	
	i端	j端		i端	j端		i端	j端	i端	j端
1	2	9	0.8000	1	1	1	0	0	0	0
2	9	10	0.8000	1	1	1	0	0	0	0
3	10	11	0.8000	1	1	1	0	0	0	0
4	11	12	0.8000	1	1	1	0	0	0	0
5	12	5	1.6000	1	1	1	0	0	0	0
6	1	13	1.6000	1	1	1	0	0	0	0
7	13	14	1.6000	1	1	1	0	0	0	0
8	14	6	1.6000	1	1	1	0	0	0	0
9	8	13	1.7600	2	2	1	0	0	0	0
10	13	10	2.3600	2	2	1	0	0	0	0
11	10	3	1.7600	2	2	1	0	0	0	0
12	7	14	1.7600	2	2	1	0	0	0	0
13	14	12	2.3600	2	2	1	0	0	0	0
14	12	4	1.7600	2	2	1	0	0	0	0

※）面内/面外结合条件：[0]刚结　[1]铰结

■面外支点数据

◆支点工况编号：[1]

（-1＝固定，0＝自由，0 ＜ 弹性值）

节点编号	支点	K_x（kN·m/rad）	K_y（kN·m/rad）	K_z（kN/m）
1	1（固定支点）	-1	-1	-1
2	1（固定支点）	-1	-1	-1
3	1（固定支点）	-1	-1	-1
4	1（固定支点）	-1	-1	-1
5	1（固定支点）	-1	-1	-1
6	1（固定支点）	-1	-1	-1
7	1（固定支点）	-1	-1	-1
8	1（固定支点）	-1	-1	-1

■面外荷载数据

◆荷载工况编号:[1]

荷载题目:[第 9 点加载]

支点工况编号:[1]分布弹性工况编号:[0]

【节点集中荷载】

节点编号		荷载符号	X 轴扭矩 (kN·m)	Y 轴扭矩 (kN·m)	Z 轴方向荷载 (kN)			
9		31	0.000	0.000	-1.000			
荷载小计 ΣP_z =			-1.000					

◆ 荷载值合计: ΣP_z = -1.000 ◆

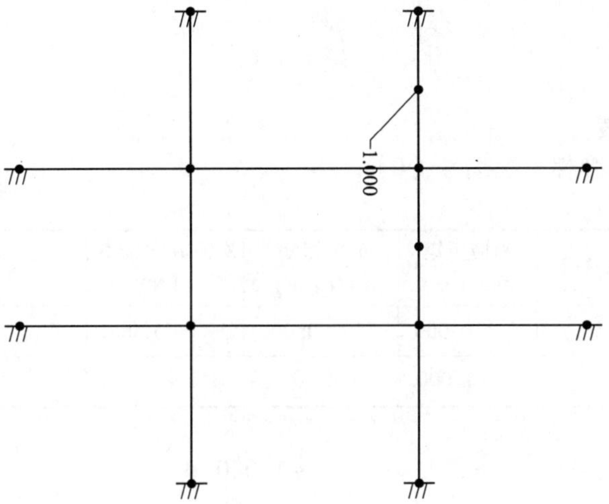

◆荷载工况编号:[2]

荷载题目:[第 10 点加载]

支点工况编号:[1]分布弹性工况编号:[0]

【节点集中荷载】

节点编号		荷载符号	X 轴扭矩 (kN·m)	Y 轴扭矩 (kN·m)	Z 轴方向荷载 (kN)		
10		31	0.000	0.000	-1.000		
荷载小计 ΣP_z =			-1.000				

◆ 荷载值合计: ΣP_z = -1.000◆

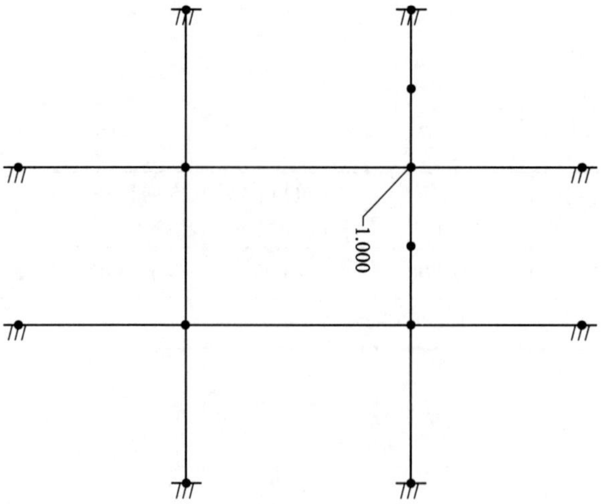

◆荷载工况编号:[3]
荷载题目:[第 11 点加载]
支点工况编号:[1]分布弹性工况编号:[0]
【节点集中荷载】

节点编号		荷载符号	X 轴扭矩 (kN·m)	Y 轴扭矩 (kN·m)	Z 轴方向荷载 (kN)			
11		31	0.000	0.000	-1.000			
荷载小计 ΣP_z =			-1.000					

◆荷载值合计:ΣP_z = -1.000 ◆

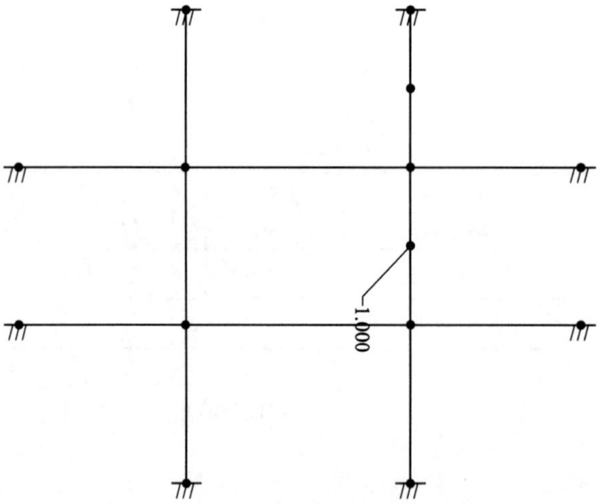

附件四　桥面板截面力解析输入数据

■基本数据

模型名称	桥面板弹性支承截面力解析计算

单位系	SI 单位
节点数	9
单元数	8
二重节点数	0

	面内	面外	影响线
支点工况数	1	0	1
分布弹性工况数	0	0	0
荷载工况数	8	0	—
组合工况数	5	0	—
抽取工况数	1	0	—

结果汇总数	0

■计算

节点编号	ok
单元间最大值的计算 M_{max}	no
荷载点观察点自动追加	no
荷载组合时的全体附加系数	截面力・反力・位移
预应力应力的计算	2 次力
刚域计算	ok

■构造图

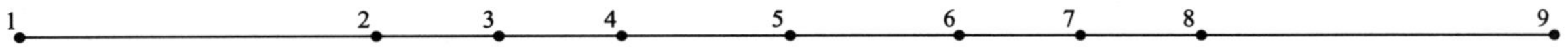

■材质特性

材质编号	杨氏模量 $E(kN/m^2)$	线膨胀系数 $\alpha(/℃)$	剪切弹性系数 $G(kN/m^2)$	单位体积重量 $\gamma(kN/m^3)$	P1 荷载对应表
1	3.450000E+007	1.000000E-005	1.462000E+007	2.500000E+001	1

■截面特性

截面编号	截面积 $A(m^2)$	截面2次惯性矩 $I_z(m^4)$	截面2次惯性矩 $I_y(m^4)$	扭转定数 $J(m^4)$	截面 ID
1	3.000000E-001	2.250000E-003	2.250000E-003	7.300000E-003	————
2	3.100000E-001	2.480000E-003	2.480000E-003	7.990000E-003	————

■节点坐标

节点编号	X 坐标 (m)	Y 坐标 (m)	节点编号	X 坐标 (m)	Y 坐标 (m)
1	0.0000	0.0000	6	6.5800	0.0000
2	2.5000	0.0000	7	7.4400	0.0000
3	3.3600	0.0000	8	8.3000	0.0000
4	4.2200	0.0000	9	10.8000	0.0000
5	5.4000	0.0000			

■单元数据

单元编号	节点编号		单元长 (m)	使用截面		材料编号	面内结合条件		面外结合条件	
	i 端	j 端		i 端	j 端		i 端	j 端	i 端	j 端
1	1	2	2.5000	1	2	1	0	0	0	0
2	2	3	0.8600	2	2	1	0	0	0	0
3	3	4	0.8600	2	2	1	0	0	0	0
4	4	5	1.1800	2	2	1	0	0	0	0
5	5	6	1.1800	2	2	1	0	0	0	0
6	6	7	0.8600	2	2	1	0	0	0	0
7	7	8	0.8600	2	2	1	0	0	0	0
8	8	9	2.5000	2	1	1	0	0	0	0

※)面内/面外结合条件:[0]刚结　　[1]铰结

■面外支点数据

◆支点工况编号：[1]

（－1＝固定，0＝自由，0＜弹性值）

节点编号	支　点	K_X（kN·m/rad）	K_Y（kN·m/rad）	K_Z（kN/m）
2	2（铰·水平方向可移动）	0	－1	0
4	5（弹性支承）	0.00000000E＋000	5.00000000E＋006	0.00000000E＋000
6	5（弹性支承）	0.00000000E＋000	5.00000000E＋006	0.00000000E＋000
8	1（铰）	－1	－1	0

■面内荷载数据

◆荷载工况编号：[1]

荷载题目：[桥面板加载]

支点工况编号：[1]分布弹性工况编号：[0]

【单元均布荷载】

起始单元编号	最终单元编号	荷载符号	i端侧荷载（kN/m，kN·m/m）	j端侧荷载（kN/m，kN·m/m）	从i端起距离（m）	从j端起距离（m）	加载长度（m）
1	1	14	－7.500	－10.000	0.000	0.250	2.250
1	8	14	－10.000	－10.000	2.250	2.250	6.300
8	8	14	－10.000	－7.500	0.250	0.000	2.250
荷载小计 ΣP_X ＝			0.000	：	ΣP_Y ＝	－102.375	

【荷载符号解释】

11：单元轴方向荷载 12：单元轴直角方向荷载 13：全体坐标系 X 方向荷载 14：全体坐标系 Y 方向荷载 15：斜影长 X 方向荷载 16：斜影长 Y 方向荷载 17：弯矩荷载

◆ 荷载值合计：ΣP_X ＝ 0.000 ： ΣP_Y ＝ －102.375 ◆

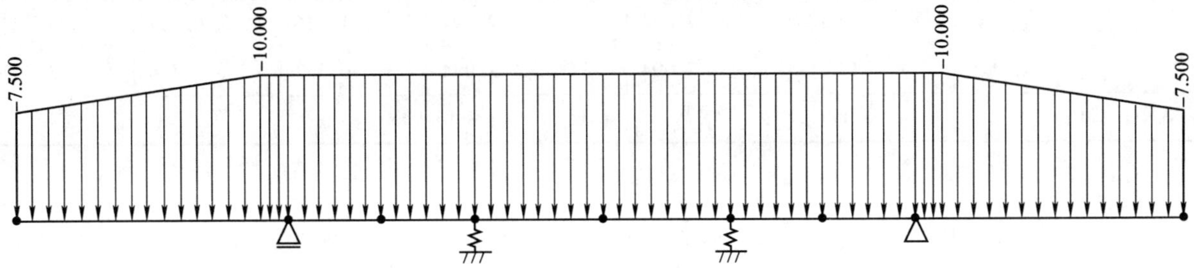

◆荷载工况编号:[2]
荷载题目:[道砟+排水层]
支点工况编号:[1]分布弹性工况编号:[0]
【单元均布荷载】

起始单元编号	最终单元编号	荷载符号	i端侧荷载(kN/m,kN·m/m)	j端侧荷载(kN/m,kN·m/m)	从i端起距离(m)	从j端起距离(m)	加载长度(m)
1	8	14	-13.610	-13.610	0.280	0.280	10.240
1	8	14	-2.300	-2.300	0.280	0.280	10.240
荷载小计 ΣP_X =			0.000 :	ΣP_Y =	-162.918		

【荷载符号解释】
11:单元轴方向荷载 12:单元轴直角方向荷载 13:全体坐标系 *X* 方向荷载 14:全体坐标系 *Y* 方向荷载
15:斜影长 *X* 方向荷载 16:斜影长 *Y* 方向荷载 17:弯矩荷载
◆ 荷载值合计:ΣP_X = 0.000 : ΣP_Y = -162.918 ◆

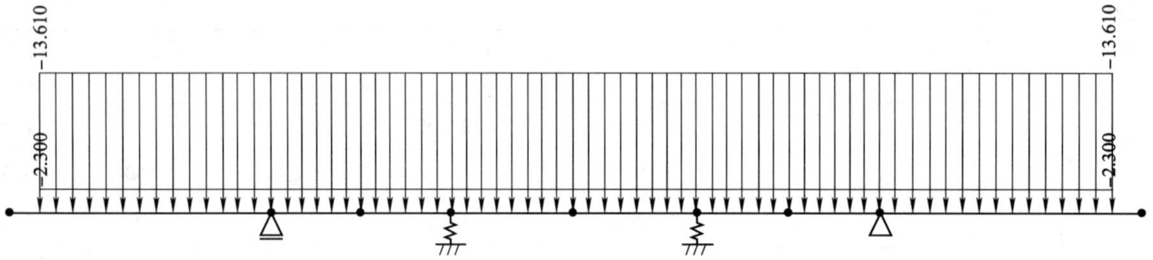

◆荷载工况编号:[3]
荷载题目:[轨道]
支点工况编号:[1]分布弹性工况编号:[0]
【单元均布荷载】

起始单元编号	最终单元编号	荷载符号	i端侧荷载(kN/m,kN·m/m)	j端侧荷载(kN/m,kN·m/m)	从i端起距离(m)	从j端起距离(m)	加载长度(m)
1	4	14	-2.094	-2.094	1.736	0.337	3.327
5	8	14	-2.094	-2.094	0.337	1.736	3.327
荷载小计 ΣP_X =		0.000 :	ΣP_Y =	-13.933			

【荷载符号解释】
11:单元轴方向荷载 12:单元轴直角方向荷载 13:全体坐标系 *X* 方向荷载 14:全体坐标系 *Y* 方向荷载
15:斜影长 *X* 方向荷载 16:斜影长 *Y* 方向荷载 17:弯矩荷载

◆ 荷载值合计：ΣP_X = 0. 000 ： ΣP_Y = -13. 933 ◆

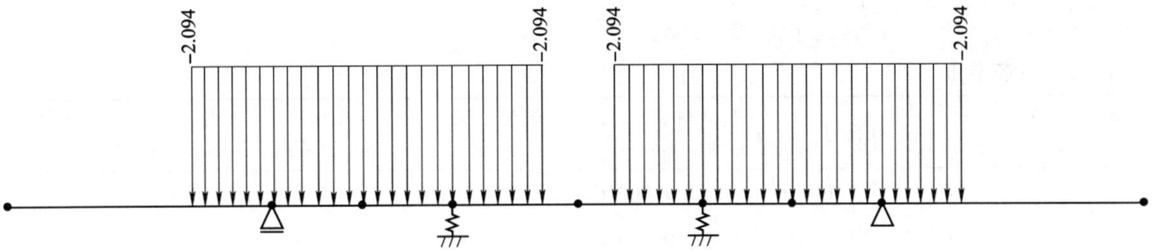

◆荷载工况编号：[4]
荷载题目：[声屏障]
支点工况编号：[1]分布弹性工况编号：[0]
【节点集中荷载】

节点编号		荷载符号	荷载强度（kN,kN·m）		i端起距离（m）		
1		24	-5. 250		0. 155		
1		24	-10. 000		0. 105		
8		24	-10. 000		2. 395		
8		24	-5. 250		2. 345		
荷载小计 ΣP_X =			0. 000	： ΣP_Y =	-30. 500		

【荷载符号解释】
21：单元轴方向荷载 22：单元轴直角方向荷载 23：全体坐标系 X 方向荷载 24：全体坐标系 Y 方向荷载
27：弯矩荷载
◆ 荷载值合计：ΣP_X = 0. 000 ： ΣP_Y = -30. 500 ◆

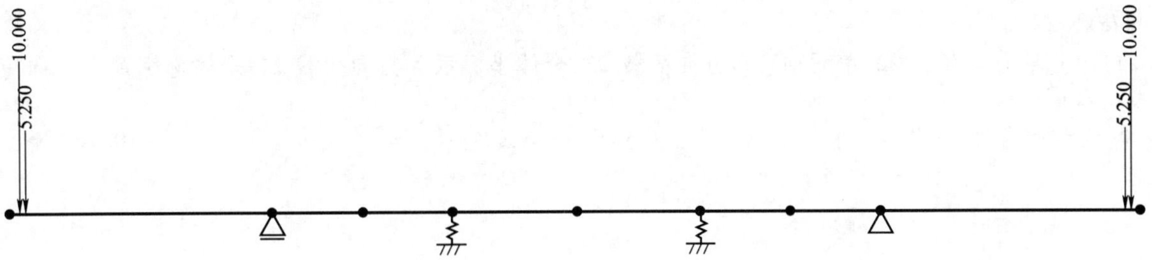

◆荷载工况编号:[5]

荷载题目:[人群荷载+高栏]

支点工况编号:[1]分布弹性工况编号:[0]

【单元均布荷载】

起始单元编号	最终单元编号	荷载符号	i端侧荷载(kN/m,kN·m/m)	j端侧荷载(kN/m,kN·m/m)	从i端起距离(m)	从j端起距离(m)	加载长度(m)
1	1	14	-4.000	-4.000	0.180	1.550	0.770
1	1	14	-10.000	-10.000	0.950	1.320	0.230
8	8	14	-10.000	-10.000	1.320	0.950	0.230
8	8	14	-4.000	-4.000	1.550	0.180	0.770
荷载小计 ΣP_X =			0.000	: ΣP_Y =	-10.760		

【荷载符号解释】

11:单元轴方向荷载 12:单元轴直角方向荷载 13:全体坐标系 *X* 方向荷载 14:全体坐标系 *Y* 方向荷载 15:斜影长 *X* 方向荷载 16:斜影长 *Y* 方向荷载 17:弯矩荷载

【部材集中荷重】

节点编号		荷载符号	荷载强度(kN,kN·m)		i端起距离(m)		
1		23	-0.750		0.105		
1		27	2.237		0.105		
8		27	-2.237		2.395		
8		23	0.750		2.395		
荷重小计 ΣP_X =			0.000	: ΣP_Y =	0.000		

【荷载符号解释】

21:单元轴方向荷载 22:单元轴直角方向荷载 23:全体坐标系 *X* 方向荷载 24:全体坐标系 *Y* 方向荷载 27:弯矩荷载

◆ 荷载值合计:ΣP_X = 0.000 : ΣP_Y = -10.760 ◆

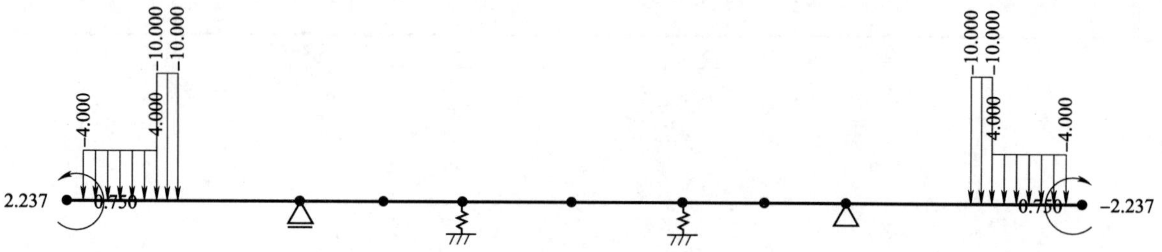

◆荷载工况编号:[6]
荷载题目:[风荷载(无车时)]
支点工况编号:[1]分布弹性工况编号:[0]
【节点集中荷载】

节点编号		荷载符号	荷载强度(kN,kN·m)		i端起距离(m)		
1		23	-2.632		0.105		
1		27	4.965		0.105		
8		27	-4.965		2.395		
8		23	2.632		2.395		
荷载小计 ΣP_X =			0.000 :	ΣP_Y =	0.000		

【荷载符号解释】
21:单元轴方向荷载 22:单元轴直角方向荷载 23:全体坐标系 X 方向荷载 24:全体坐标系 Y 方向荷载
27:弯矩荷载
◆ 荷载值合计:ΣP_X = 0.000 : ΣP_Y = 0.000 ◆

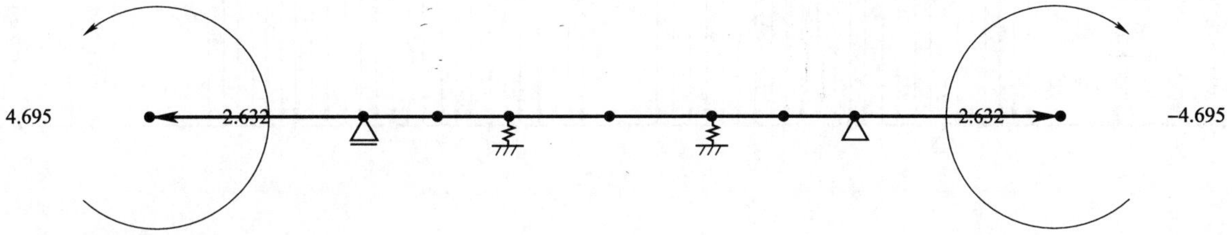

◆荷载工况编号:[7]
荷载题目:[风荷载(有车时)]
支点工况编号:[1]分布弹性工况编号:[0]
【节点集中荷载】

节点编号		荷载符号	荷载强度(kN,kN·m)		i端起距离(m)		
1		23	-1.316		0.105		
1		27	2.982		0.105		
8		27	-2.982		2.395		
8		23	1.316		2.395		
荷重小计 ΣP_X =			0.000 :	ΣP_Y =	0.000		

【荷载符号解释】
21:单元轴方向荷载 22:单元轴直角方向荷载 23:全体坐标系 X 方向荷载 24:全体坐标系 Y 方向荷载
27:弯矩荷载
◆ 荷载值合计:ΣP_X = 0.000 : ΣP_Y = 0.000 ◆

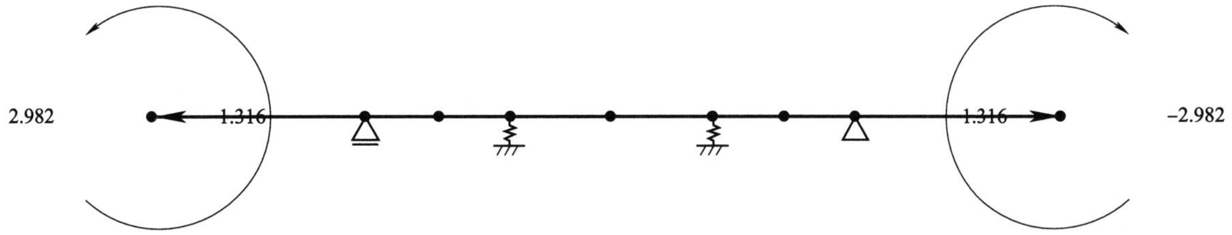

◆荷载工况编号:[8]
荷载题目:[列车荷载]
支点工况编号:[1]分布弹性工况编号:[0]
【单元均布荷载】

起始单元编号	最终单元编号	荷载符号	i 端侧荷载(kN/m,kN·m/m)	j 端侧荷载(kN/m,kN·m/m)	从 i 端起距离(m)	从 j 端起距离(m)	加载长度(m)
1	4	14	-66.130	-66.130	1.736	0.337	3.327
5	8	14	-66.130	-66.130	0.337	1.736	3.327
荷载小计 ΣP_X =			0.000	: ΣP_Y =	-440.029		

【荷载符号解释】
11:单元轴方向荷载 12:单元轴直角方向荷载 13:全体坐标系 X 方向荷载 14:全体坐标系 Y 方向荷载 15:斜影长 X 方向荷载 16:斜影长 Y 方向荷载 17:弯矩荷载

◆ 荷载值合计:ΣP_X = 0.000 : ΣP_Y = -440.029 ◆

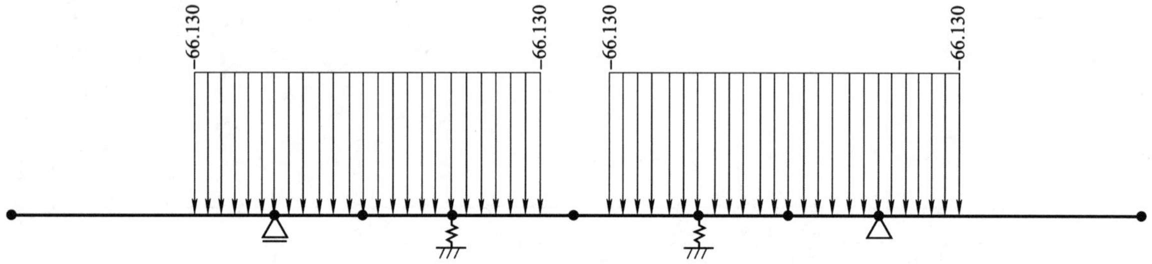

■面内荷载组合

◆荷载组合编号:[1]

荷载组合题目:[恒载合计 D]

全体附加系数:[1.0000]

荷载工况编号	荷载题目	部分附加系数
1	桥面板自重	1.0000
2	道砟+排水层	1.0000
3	轨道	1.0000
4	声屏障	1.0000

◆荷载组合编号:[2]

荷载组合题目:[$D+L_P+H$]

全体附加系数:[1.0000]

荷载工况编号	荷载题目	部分附加系数
1	桥面板自重	1.0000
2	道砟+排水层	1.0000
3	轨道	1.0000
4	声屏障	1.0000
5	人群荷载+高栏	1.0000

◆荷载组合编号:[3]

荷载组合题目:[$D+W$]

全体附加系数:[1.0000]

荷载工况编号	荷载题目	部分附加系数
1	桥面板自重	1.0000
2	道砟+排水层	1.0000
3	轨道	1.0000
4	声屏障	1.0000
6	风荷载(无车时)	1.0000

◆荷载组合编号：[4]

荷载组合题目：[$L+\mu$(外侧)(0.436)]

全体附加系数：[1.0000]

荷载工况编号	荷载题目	部分附加系数
8	列车荷载	1.0000
8	列车荷载	0.4360

◆荷载组合编号：[5]

荷载组合题目：[$L+\mu$(中间部分)(0.431)]

全体附加系数：[1.0000]

荷载工况编号	荷载题目	部分附加系数
8	列车荷载	1.0000
8	列车荷载	0.4310

■面内数据抽取

◆抽取编号：[1]

抽取题目：[最大截面力]

荷载类型	荷载工况编号	荷载题目
荷载组合	1	恒载合计 D
荷载组合	2	$D+L_P+H$
荷载组合	3	$D+W$
荷载组合	4	$L+\mu$(外侧)(0.436)
荷载组合	5	$L+\mu$(中间部分)(0.431)

附件五　主梁结合前恒载输入数据

■基本数据

模　型　名　称	结合前恒载计算

单　位　系	SI 单位
节　点　数	55
单　元　数	54
二　重　节　点　数	0

	面内	面外	影响线
支　点　工　况　数	1	0	1
分　布　弹　性　工　况　数	0	0	0
荷　载　工　况　数	3	0	—
组　合　工　况　数	1	0	—
抽　取　工　况　数	0	0	—

结　果　汇　总　数	0

■计算

节点编号	ok
单元间最大值的计算 M_{max}	no
荷载点观察点自动追加	no
荷载组合时的全体附加系数	截面力 · 反力 · 位移
预应力应力的计算	2 次力
刚域计算	ok

■构造图

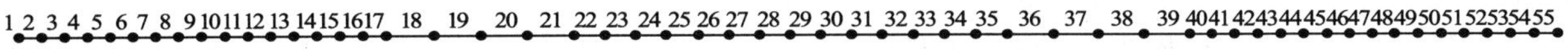

■材质特性

材质编号	杨氏模量 E(kN/m^2)	线膨胀系数 α(/℃)	剪切弹性系数 G(kN/m^2)	单位体积重量 γ(kN/m^3)	P1 荷载 对应表
1	2. 100000E + 008	1. 180000E − 005	8. 100000E + 007	7. 850000E + 001	1

■截面特性

截面编号	截面积 $A(m^2)$	截面2次惯性矩 $I_z(m^4)$	截面2次惯性矩 $I_y(m^4)$	扭转定数 $J(m^4)$	截面ID
1	3.990000E-001	4.640000E-001	2.000000E+000	8.480000E-001	—
2	4.340000E-001	5.090000E-001	2.000000E+000	9.050000E-001	—
3	5.880000E-001	6.890000E-001	2.000000E+000	1.249000E+000	—
4	7.820000E-001	1.774000E+000	2.000000E+000	2.584000E+000	—
5	8.900000E-001	2.069000E+000	2.000000E+000	2.934000E+000	—

■节点坐标

节点编号	X坐标 (m)	Y坐标 (m)	节点编号	X坐标 (m)	Y坐标 (m)
1	0.0000	0.0000	29	83.2000	0.0000
2	2.4000	0.0000	30	86.4000	0.0000
3	4.8000	0.0000	31	89.6000	0.0000
4	7.2000	0.0000	32	92.8000	0.0000
5	9.6000	0.0000	33	96.0000	0.0000
6	12.0000	0.0000	34	99.2000	0.0000
7	14.4000	0.0000	35	102.4000	0.0000
8	16.8000	0.0000	36	107.2000	0.0000
9	19.2000	0.0000	37	112.0000	0.0000
10	21.6000	0.0000	38	116.8000	0.0000
11	24.0000	0.0000	39	121.6000	0.0000
12	26.4000	0.0000	40	124.0000	0.0000
13	28.8000	0.0000	41	126.4000	0.0000
14	31.2000	0.0000	42	128.8000	0.0000
15	33.6000	0.0000	43	131.2000	0.0000
16	36.0000	0.0000	44	133.6000	0.0000
17	38.4000	0.0000	45	136.0000	0.0000
18	43.2000	0.0000	46	138.4000	0.0000
19	48.0000	0.0000	47	140.8000	0.0000
20	52.8000	0.0000	48	143.2000	0.0000
21	57.6000	0.0000	49	145.6000	0.0000
22	60.8000	0.0000	50	148.0000	0.0000
23	64.0000	0.0000	51	150.4000	0.0000
24	67.2000	0.0000	52	152.8000	0.0000
25	70.4000	0.0000	53	155.2000	0.0000
26	73.6000	0.0000	54	157.6000	0.0000
27	76.8000	0.0000	55	160.0000	0.0000
28	80.0000	0.0000			

■单元数据

单元编号	节点编号		单元长（m）	使用截面		材料编号	面内结合条件		面外结合条件	
	i端	j端		i端	j端		i端	j端	i端	j端
1	1	2	2. 4000	1	1	1	0	0	0	0
2	2	3	2. 4000	1	1	1	0	0	0	0
3	3	4	2. 4000	1	1	1	0	0	0	0
4	4	5	2. 4000	1	1	1	0	0	0	0
5	5	6	2. 4000	2	2	1	0	0	0	0
6	6	7	2. 4000	2	2	1	0	0	0	0
7	7	8	2. 4000	2	2	1	0	0	0	0
8	8	9	2. 4000	2	2	1	0	0	0	0
9	9	10	2. 4000	2	2	1	0	0	0	0
10	10	11	2. 4000	2	2	1	0	0	0	0
11	11	12	2. 4000	2	2	1	0	0	0	0
12	12	13	2. 4000	2	2	1	0	0	0	0
13	13	14	2. 4000	3	3	1	0	0	0	0
14	14	15	2. 4000	3	3	1	0	0	0	0
15	15	16	2. 4000	3	3	1	0	0	0	0
16	16	17	2. 4000	3	3	1	0	0	0	0
17	17	18	4. 8000	3	4	1	0	0	0	0
18	18	19	4. 8000	5	5	1	0	0	0	0
19	19	20	4. 8000	5	5	1	0	0	0	0
20	20	21	4. 8000	4	3	1	0	0	0	0
21	21	22	3. 2000	3	3	1	0	0	0	0
22	22	23	3. 2000	3	3	1	0	0	0	0
23	23	24	3. 2000	3	3	1	0	0	0	0
24	24	25	3. 2000	3	3	1	0	0	0	0
25	25	26	3. 2000	2	2	1	0	0	0	0
26	26	27	3. 2000	2	2	1	0	0	0	0
27	27	28	3. 2000	2	2	1	0	0	0	0
28	28	29	3. 2000	2	2	1	0	0	0	0
29	29	30	3. 2000	2	2	1	0	0	0	0
30	30	31	3. 2000	2	2	1	0	0	0	0
31	31	32	3. 2000	3	3	1	0	0	0	0
32	32	33	3. 2000	3	3	1	0	0	0	0
33	33	34	3. 2000	3	3	1	0	0	0	0
34	34	35	3. 2000	3	3	1	0	0	0	0
35	35	36	4. 8000	3	4	1	0	0	0	0
36	36	37	4. 8000	5	5	1	0	0	0	0
37	37	38	4. 8000	5	5	1	0	0	0	0
38	38	39	4. 8000	4	3	1	0	0	0	0
39	39	40	2. 4000	3	3	1	0	0	0	0
40	40	41	2. 4000	3	3	1	0	0	0	0
41	41	42	2. 4000	3	3	1	0	0	0	0
42	42	43	2. 4000	3	3	1	0	0	0	0
43	43	44	2. 4000	2	2	1	0	0	0	0
44	44	45	2. 4000	2	2	1	0	0	0	0
45	45	46	2. 4000	2	2	1	0	0	0	0
46	46	47	2. 4000	2	2	1	0	0	0	0
47	47	48	2. 4000	2	2	1	0	0	0	0
48	48	49	2. 4000	2	2	1	0	0	0	0
49	49	50	2. 4000	2	2	1	0	0	0	0
50	50	51	2. 4000	2	2	1	0	0	0	0
51	51	52	2. 4000	1	1	1	0	0	0	0
52	52	53	2. 4000	1	1	1	0	0	0	0
53	53	54	2. 4000	1	1	1	0	0	0	0
54	54	55	2. 4000	1	1	1	0	0	0	0

※）面内/面外结合条件：[0]刚结　　[1]铰结

■面内支点数据

◆支点工况编号:[1]

(-1 = 固定, 0 = 自由, 0 < 弹性值)

节点编号	支　　点	K_X (kN · m/rad)	K_Y (kN · m/rad)	K_Z (kN · m/rad)
1	2（铰 · 水平方向可移动）	0	-1	0
19	2（铰 · 水平方向可移动）	0	-1	0
37	1（铰）	-1	-1	0
55	2（铰 · 水平方向可移动）	0	-1	0

■面内荷载数据

◆荷载工况编号:[1]

荷载题目:[D_{1-1}钢梁自重]

支点工况编号:[1]分布弹性工况编号:[0]

【单元均布荷载】

起始单元编号	最终单元编号	荷载符号	i端侧荷载(kN/m,kN·m/m)	j端侧荷载(kN/m,kN·m/m)	从i端起距离(m)	从j端起距离(m)	加载长度(m)
1	16	14	-50.000	-50.000	0.000	0.000	38.400
17	17	14	-50.000	-100.000	0.000	0.000	4.800
18	19	14	-100.000	-100.000	0.000	0.000	9.600
20	20	14	-100.000	-50.000	0.000	0.000	4.800
21	34	14	-50.000	-50.000	0.000	0.000	44.800
35	35	14	-50.000	-100.000	0.000	0.000	4.800
36	37	14	-100.000	-100.000	0.000	0.000	9.600
38	38	14	-100.000	-50.000	0.000	0.000	4.800
39	54	14	-50.000	-50.000	0.000	0.000	38.400
荷载小计ΣP_X =			0.000	: ΣP_Y =		-9440.000	

【荷载符号解释】

11:单元轴方向荷载 12:单元轴直角方向荷载 13:全体坐标系 X 方向荷载 14:全体坐标系 Y 方向荷载 15:斜影长 X 方向荷载 16:斜影长 Y 方向荷载 17:弯矩荷载

◆荷载值合计:ΣP_X = 0.000 : ΣP_Y = -9440.000 ◆

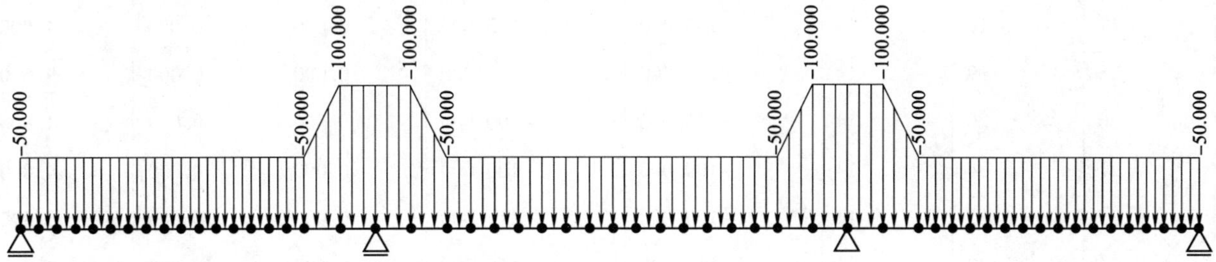

◆荷载工况编号:[2]

荷载题目:[D_{1-2}模板]

支点工况编号:[1]分布弹性工况编号:[0]

【单元均布荷载】

起始单元编号	最终单元编号	荷载符号	i 端侧荷载 (kN/m,kN·m/m)	j 端侧荷载 (kN/m,kN·m/m)	从 i 端起距离(m)	从 j 端起距离(m)	加载长度 (m)
1	54	14	-6.000	-6.000	0.000	0.000	160.000
荷载小计 ΣP_X =			0.000 :	ΣP_Y =	-960.000		

【荷载符号解释】

11:单元轴方向荷载 12:单元轴直角方向荷载 13:全体坐标系 X 方向荷载 14:全体坐标系 Y 方向荷载 15:斜影长 X 方向荷载 16:斜影长 Y 方向荷载 17:弯矩荷载

◆ 荷载值合计:ΣP_X = 0.000 : ΣP_Y = -960.000 ◆

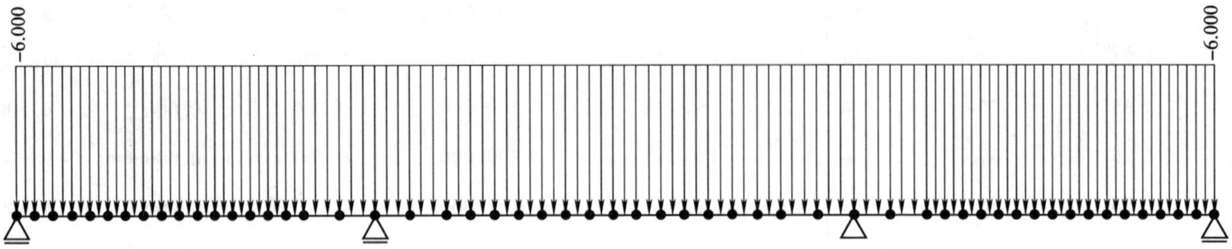

◆荷载工况编号:[3]

荷载题目:[D_{1-3}桥面板]

支点工况编号:[1]分布弹性工况编号:[0]

【单元均布荷载】

起始单元编号	最终单元编号	荷载符号	i 端侧荷载 (kN/m,kN·m/m)	j 端侧荷载 (kN/m,kN·m/m)	从 i 端起距离(m)	从 j 端起距离(m)	加载长度 (m)
1	16	14	-100.000	-100.000	0.000	0.000	38.400
17	17	14	-100.000	-115.000	0.000	0.000	4.800
18	19	14	-115.000	-115.000	0.000	0.000	9.600
20	20	14	-115.000	-100.000	0.000	0.000	4.800
21	34	14	-100.000	-100.000	0.000	0.000	44.800
35	35	14	-100.000	-115.000	0.000	0.000	4.800
36	37	14	-115.000	-115.000	0.000	0.000	9.600
38	38	14	-115.000	-100.000	0.000	0.000	4.800
39	54	14	-100.000	-100.000	0.000	0.000	38.400
荷载小计 ΣP_X =			0.000 :	ΣP_Y =	-16432.000		

【荷载符号解释】

11:单元轴方向荷载 12:单元轴直角方向荷载 13:全体坐标系 X 方向荷载 14:全体坐标系 Y 方向荷载 15:斜影长 X 方向荷载 16:斜影长 Y 方向荷载 17:弯矩荷载

◆ 荷载值合计:ΣP_X = 0.000 : ΣP_Y = -16432.000 ◆

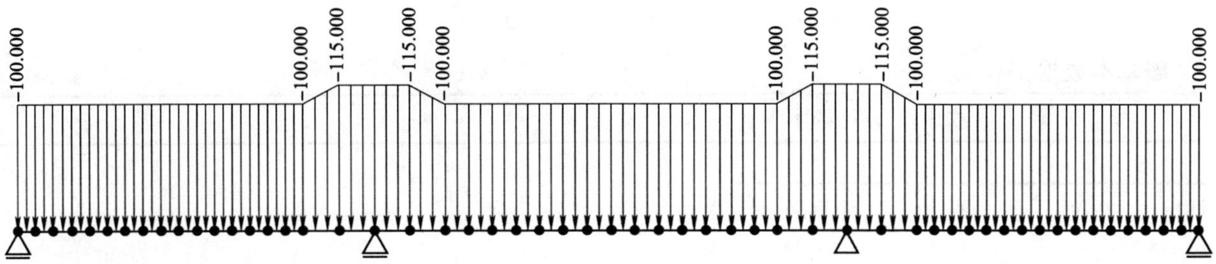

■面内荷载组合

◆荷载组合编号:[1]

荷载组合题目:[结合前恒载合计 D_1]

全体附加系数:[1.0000]

荷载工况编号	荷载题目	部分附加系数
1	D_{1-1}钢梁自重	1.0000
2	D_{1-2}模板	1.0000
3	D_{1-3}桥面板	1.0000

附件六　主梁结合后恒载输入数据

■基本数据

模　型　名　称	结合后恒载计算（S＋RC）

单　位　系	SI 单位
节　点　数	55
单　元　数	54
二　重　节　点　数	0

	面内	面外	影响线
支　点　工　况　数	1	0	1
分　布　弹　性　工　况　数	0	0	0
荷　载　工　况　数	3	0	—
组　合　工　况　数	1	0	—
抽　取　工　况　数	0	0	—

结　果　汇　总　数	0

■计算

节点编号	ok
单元间最大值的计算 M_{max}	no
荷载点观察点自动追加	no
荷载组合时的全体附加系数	截面力·反力·位移
预应力应力的计算	2 次力
刚域计算	ok

■构造图

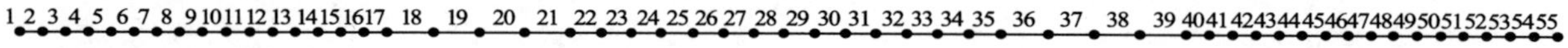

■材质特性

材质编号	杨氏模量 $E(kN/m^2)$	线膨胀系数 α(/℃)	剪切弹性系数 $G(kN/m^2)$	单位体积重量 $\gamma(kN/m^3)$	P_1 荷载对应表
1	2.100000E＋008	1.180000E－005	8.100000E＋007	7.850000E＋001	1

■截面特性

截面编号	截面积 $A(m^2)$	截面 2 次惯性矩 $I_z(m^4)$	截面 2 次惯性矩 $I_y(m^4)$	扭转定数 $J(m^4)$	截面 ID
1	7.110000E-001	8.230000E-001	2.000000E+000	1.261000E+000	—
2	7.580000E-001	9.800000E-001	2.000000E+000	1.434000E+000	—
3	8.910000E-001	1.116000E+000	2.000000E+000	1.603000E+000	—
4	1.279000E+000	3.412000E+000	2.000000E+000	2.872000E+000	—
5	1.503000E+000	3.959000E+000	2.000000E+000	3.797000E+000	—

■节点坐标

节点编号	X 坐标 (m)	Y 坐标 (m)	节点编号	X 坐标 (m)	Y 坐标 (m)
1	0.0000	0.0000	29	83.2000	0.0000
2	2.4000	0.0000	30	86.4000	0.0000
3	4.8000	0.0000	31	89.6000	0.0000
4	7.2000	0.0000	32	92.8000	0.0000
5	9.6000	0.0000	33	96.0000	0.0000
6	12.0000	0.0000	34	99.2000	0.0000
7	14.4000	0.0000	35	102.4000	0.0000
8	16.8000	0.0000	36	107.2000	0.0000
9	19.2000	0.0000	37	112.0000	0.0000
10	21.6000	0.0000	38	116.8000	0.0000
11	24.0000	0.0000	39	121.6000	0.0000
12	26.4000	0.0000	40	124.0000	0.0000
13	28.8000	0.0000	41	126.4000	0.0000
14	31.2000	0.0000	42	128.8000	0.0000
15	33.6000	0.0000	43	131.2000	0.0000
16	36.0000	0.0000	44	133.6000	0.0000
17	38.4000	0.0000	45	136.0000	0.0000
18	43.2000	0.0000	46	138.4000	0.0000
19	48.0000	0.0000	47	140.8000	0.0000
20	52.8000	0.0000	48	143.2000	0.0000
21	57.6000	0.0000	49	145.6000	0.0000
22	60.8000	0.0000	50	148.0000	0.0000
23	64.0000	0.0000	51	150.4000	0.0000
24	67.2000	0.0000	52	152.8000	0.0000
25	70.4000	0.0000	53	155.2000	0.0000
26	73.6000	0.0000	54	157.6000	0.0000
27	76.8000	0.0000	55	160.0000	0.0000
28	80.0000	0.0000			

■单元数据

单元编号	节点编号		单元长（m）	使用截面		材料编号	面内结合条件		面外结合条件	
	i端	j端		i端	j端		i端	j端	i端	j端
1	1	2	2.4000	1	1	1	0	0	0	0
2	2	3	2.4000	1	1	1	0	0	0	0
3	3	4	2.4000	1	1	1	0	0	0	0
4	4	5	2.4000	1	1	1	0	0	0	0
5	5	6	2.4000	2	2	1	0	0	0	0
6	6	7	2.4000	2	2	1	0	0	0	0
7	7	8	2.4000	2	2	1	0	0	0	0
8	8	9	2.4000	2	2	1	0	0	0	0
9	9	10	2.4000	2	2	1	0	0	0	0
10	10	11	2.4000	2	2	1	0	0	0	0
11	11	12	2.4000	2	2	1	0	0	0	0
12	12	13	2.4000	2	2	1	0	0	0	0
13	13	14	2.4000	3	3	1	0	0	0	0
14	14	15	2.4000	3	3	1	0	0	0	0
15	15	16	2.4000	3	3	1	0	0	0	0
16	16	17	2.4000	3	3	1	0	0	0	0
17	17	18	4.8000	3	4	1	0	0	0	0
18	18	19	4.8000	5	5	1	0	0	0	0
19	19	20	4.8000	5	5	1	0	0	0	0
20	20	21	4.8000	4	3	1	0	0	0	0
21	21	22	3.2000	3	3	1	0	0	0	0
22	22	23	3.2000	3	3	1	0	0	0	0
23	23	24	3.2000	3	3	1	0	0	0	0
24	24	25	3.2000	3	3	1	0	0	0	0
25	25	26	3.2000	2	2	1	0	0	0	0
26	26	27	3.2000	2	2	1	0	0	0	0
27	27	28	3.2000	2	2	1	0	0	0	0
28	28	29	3.2000	2	2	1	0	0	0	0
29	29	30	3.2000	2	2	1	0	0	0	0
30	30	31	3.2000	2	2	1	0	0	0	0
31	31	32	3.2000	3	3	1	0	0	0	0
32	32	33	3.2000	3	3	1	0	0	0	0
33	33	34	3.2000	3	3	1	0	0	0	0
34	34	35	3.2000	3	3	1	0	0	0	0
35	35	36	4.8000	3	4	1	0	0	0	0
36	36	37	4.8000	5	5	1	0	0	0	0
37	37	38	4.8000	5	5	1	0	0	0	0
38	38	39	4.8000	4	3	1	0	0	0	0
39	39	40	2.4000	3	3	1	0	0	0	0
40	40	41	2.4000	3	3	1	0	0	0	0
41	41	42	2.4000	3	3	1	0	0	0	0
42	42	43	2.4000	3	3	1	0	0	0	0
43	43	44	2.4000	2	2	1	0	0	0	0
44	44	45	2.4000	2	2	1	0	0	0	0
45	45	46	2.4000	2	2	1	0	0	0	0
46	46	47	2.4000	2	2	1	0	0	0	0
47	47	48	2.4000	2	2	1	0	0	0	0
48	48	49	2.4000	2	2	1	0	0	0	0
49	49	50	2.4000	2	2	1	0	0	0	0
50	50	51	2.4000	2	2	1	0	0	0	0
51	51	52	2.4000	1	1	1	0	0	0	0
52	52	53	2.4000	1	1	1	0	0	0	0
53	53	54	2.4000	1	1	1	0	0	0	0
54	54	55	2.4000	1	1	1	0	0	0	0

※）面内/面外结合条件：[0]刚结　　[1]铰结

■面内支点数据

◆支点工况编号:[1]

(-1 = 固定,0 = 自由,0 < 弹性值)

节点编号	支　　点	K_X (kN·m/rad)	K_Y (kN·m/rad)	K_Z (kN·m/rad)
1	2(铰·水平方向可移动)	0	-1	0
19	2(铰·水平方向可移动)	0	-1	0
37	1(铰)	-1	-1	0
55	2(铰·水平方向可移动)	0	-1	0

■面内荷载数据

◆荷载工况编号:[1]

荷载题目:[结合后恒载 D_2]

支点工况编号:[1]分布弹性工况编号:[0]

【单元均布荷载】

起始单元编号	最终单元编号	荷载符号	i端侧荷载(kN/m,kN·m/m)	j端侧荷载(kN/m,kN·m/m)	从i端起距离(m)	从j端起距离(m)	加载长度(m)
1	16	14	-195.000	-195.000	0.000	0.000	38.400
17	17	14	-195.000	-265.000	0.000	0.000	4.800
18	19	14	-265.000	-265.000	0.000	0.000	9.600
20	20	14	-265.000	-195.000	0.000	0.000	4.800
21	34	14	-195.000	-195.000	0.000	0.000	44.800
35	35	14	-195.000	-265.000	0.000	0.000	4.800
36	37	14	-265.000	-265.000	0.000	0.000	9.600
38	38	14	-265.000	-195.000	0.000	0.000	4.800
39	54	14	-195.000	-195.000	0.000	0.000	38.400
荷载小计 ΣP_X =			0.000 :	ΣP_Y =	-33216.000		

【荷载符号解释】

11:单元轴方向荷载 12:单元轴直角方向荷载 13:全体坐标系 X 方向荷载 14:全体坐标系 Y 方向荷载 15:斜影长 X 方向荷载 16:斜影长 Y 方向荷载 17:弯矩荷载

◆ 荷载值合计:ΣP_X = 0.000 : ΣP_Y = -33216.000 ◆

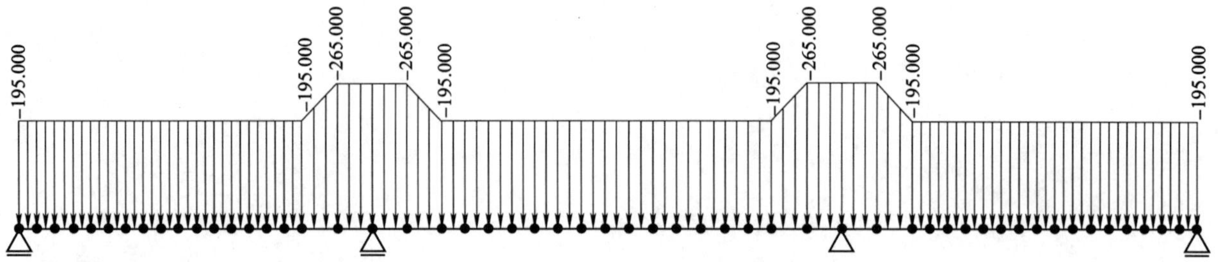

◆荷载工况编号:[2]

荷载题目:[长轨力 L_R]

支点工况编号:[1]分布弹性工况编号:[0]

【单元均布荷载】

起始单元编号	最终单元编号	荷载符号	i端侧荷载(kN/m,kN·m/m)	j端侧荷载(kN/m,kN·m/m)	从i端起距离(m)	从j端起距离(m)	加载长度(m)
1	54	11	10.000	10.000	0.000	0.000	160.000
荷载小计 ΣP_X =			1600.000 :	ΣP_Y =	0.000		

【荷载符号解释】
11:单元轴方向荷载 12:单元轴直角方向荷载 13:全体坐标系 X 方向荷载 14:全体坐标系 Y 方向荷载 15:斜影长 X 方向荷载 16:斜影长 Y 方向荷载 17:弯矩荷载

◆ 荷载值合计:ΣP_X = 1600.000 : ΣP_Y = 0.000 ◆

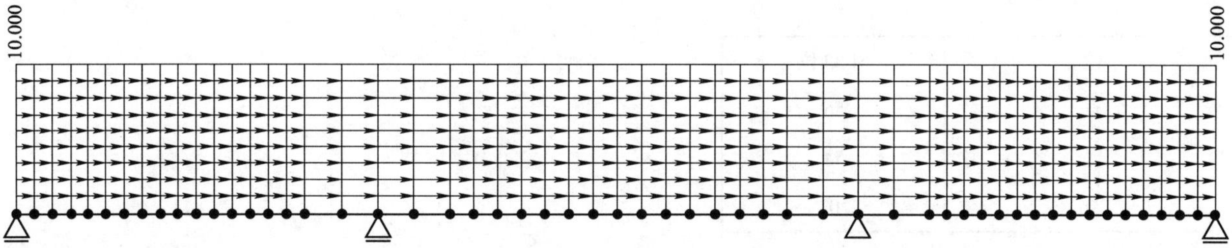

◆荷载工况编号:[3]
荷载题目:[制动力 B]
支点工况编号:[1]分布弹性工况编号:[0]
【单元均布荷载】

起始单元编号	最终单元编号	荷载符号	i端侧荷载(kN/m,kN·m/m)	j端侧荷载(kN/m,kN·m/m)	从i端起距离(m)	从j端起距离(m)	加载长度(m)
1	54	13	6.000	6.000	0.000	0.000	160.000
荷载小计 ΣP_X = 960.000 : ΣP_Y = 0.000							

【荷载符号解释】
11:单元轴方向荷载 12:单元轴直角方向荷载 13:全体坐标系 X 方向荷载 14:全体坐标系 Y 方向荷载 15:斜影长 X 方向荷载 16:斜影长 Y 方向荷载 17:弯矩荷载

◆ 荷载值合计:ΣP_X = 960.000 : ΣP_Y = 0.000 ◆

附件七　强制性位移输入以及输出数据

■基本数据

模　型　名　称	超静定力解析计算(S+RC)

单　位　系	SI 单位
节　点　数	55
单　元　数	54
二　重　节　点　数	0

	面内	面外	影响线
支　点　工　况　数	2	1	2
分　布　弹　性　工　况　数	0	0	0
荷　载　工　况　数	6	0	—
组　合　工　况　数	0	0	—
抽　取　工　况　数	0	0	—

结　果　汇　总　数	0

■计算

节点编号	ok
单元间最大值的计算 M_{max}	no
荷载点观察点自动追加	no
荷载组合时的全体附加系数	截面力·反力·位移
预应力应力的计算	2 次力
刚域计算	ok

■构造图

■材质特性

材质编号	杨氏模量 E(kN/m²)	线膨胀系数 α(/℃)	剪切弹性系数 G(kN/m²)	单位体积重量 γ(kN/m³)	P_1 荷载对应表
1	2.100000E+008	1.180000E-005	8.100000E+007	7.850000E+001	1

■截面特性

截面编号	截面积 $A(m^2)$	截面 2 次惯性矩 $I_z(m^4)$	截面 2 次惯性矩 $I_y(m^4)$	扭转定数 $J(m^4)$	截面 ID
1	7.110000E-001	8.230000E-001	2.000000E+000	1.261000E+000	—
2	7.580000E-001	9.800000E-001	2.000000E+000	1.434000E+000	—
3	8.910000E-001	1.116000E+000	2.000000E+000	1.603000E+000	—
4	1.279000E+000	3.412000E+000	2.000000E+000	2.872000E+000	—
5	1.503000E+000	3.959000E+000	2.000000E+000	3.797000E+000	—

■节点坐标

节点编号	X 坐标 (m)	Y 坐标 (m)	节点编号	X 坐标 (m)	Y 坐标 (m)
1	0.0000	0.0000	29	83.2000	0.0000
2	2.4000	0.0000	30	86.4000	0.0000
3	4.8000	0.0000	31	89.6000	0.0000
4	7.2000	0.0000	32	92.8000	0.0000
5	9.6000	0.0000	33	96.0000	0.0000
6	12.0000	0.0000	34	99.2000	0.0000
7	14.4000	0.0000	35	102.4000	0.0000
8	16.8000	0.0000	36	107.2000	0.0000
9	19.2000	0.0000	37	112.0000	0.0000
10	21.6000	0.0000	38	116.8000	0.0000
11	24.0000	0.0000	39	121.6000	0.0000
12	26.4000	0.0000	40	124.0000	0.0000
13	28.8000	0.0000	41	126.4000	0.0000
14	31.2000	0.0000	42	128.8000	0.0000
15	33.6000	0.0000	43	131.2000	0.0000
16	36.0000	0.0000	44	133.6000	0.0000
17	38.4000	0.0000	45	136.0000	0.0000
18	43.2000	0.0000	46	138.4000	0.0000
19	48.0000	0.0000	47	140.8000	0.0000
20	52.8000	0.0000	48	143.2000	0.0000
21	57.6000	0.0000	49	145.6000	0.0000
22	60.8000	0.0000	50	148.0000	0.0000
23	64.0000	0.0000	51	150.4000	0.0000
24	67.2000	0.0000	52	152.8000	0.0000
25	70.4000	0.0000	53	155.2000	0.0000
26	73.6000	0.0000	54	157.6000	0.0000
27	76.8000	0.0000	55	160.0000	0.0000
28	80.0000	0.0000			

■单元数据

单元编号	节点编号		单元长(m)	使用截面		材料编号	面内结合条件		面外结合条件	
	i端	j端		i端	j端		i端	j端	i端	j端
1	1	2	2.4000	1	1	1	0	0	0	0
2	2	3	2.4000	1	1	1	0	0	0	0
3	3	4	2.4000	1	1	1	0	0	0	0
4	4	5	2.4000	1	1	1	0	0	0	0
5	5	6	2.4000	2	2	1	0	0	0	0
6	6	7	2.4000	2	2	1	0	0	0	0
7	7	8	2.4000	2	2	1	0	0	0	0
8	8	9	2.4000	2	2	1	0	0	0	0
9	9	10	2.4000	2	2	1	0	0	0	0
10	10	11	2.4000	2	2	1	0	0	0	0
11	11	12	2.4000	2	2	1	0	0	0	0
12	12	13	2.4000	2	2	1	0	0	0	0
13	13	14	2.4000	3	3	1	0	0	0	0
14	14	15	2.4000	3	3	1	0	0	0	0
15	15	16	2.4000	3	3	1	0	0	0	0
16	16	17	2.4000	3	3	1	0	0	0	0
17	17	18	4.8000	3	4	1	0	0	0	0
18	18	19	4.8000	5	5	1	0	0	0	0
19	19	20	4.8000	5	5	1	0	0	0	0
20	20	21	4.8000	4	3	1	0	0	0	0
21	21	22	3.2000	3	3	1	0	0	0	0
22	22	23	3.2000	3	3	1	0	0	0	0
23	23	24	3.2000	3	3	1	0	0	0	0
24	24	25	3.2000	3	3	1	0	0	0	0
25	25	26	3.2000	2	2	1	0	0	0	0
26	26	27	3.2000	2	2	1	0	0	0	0
27	27	28	3.2000	2	2	1	0	0	0	0
28	28	29	3.2000	2	2	1	0	0	0	0
29	29	30	3.2000	2	2	1	0	0	0	0
30	30	31	3.2000	2	2	1	0	0	0	0
31	31	32	3.2000	3	3	1	0	0	0	0
32	32	33	3.2000	3	3	1	0	0	0	0
33	33	34	3.2000	3	3	1	0	0	0	0
34	34	35	3.2000	3	3	1	0	0	0	0
35	35	36	4.8000	3	4	1	0	0	0	0
36	36	37	4.8000	5	5	1	0	0	0	0
37	37	38	4.8000	5	5	1	0	0	0	0
38	38	39	4.8000	4	3	1	0	0	0	0
39	39	40	2.4000	3	3	1	0	0	0	0
40	40	41	2.4000	3	3	1	0	0	0	0
41	41	42	2.4000	3	3	1	0	0	0	0
42	42	43	2.4000	3	3	1	0	0	0	0
43	43	44	2.4000	2	2	1	0	0	0	0
44	44	45	2.4000	2	2	1	0	0	0	0
45	45	46	2.4000	2	2	1	0	0	0	0
46	46	47	2.4000	2	2	1	0	0	0	0
47	47	48	2.4000	2	2	1	0	0	0	0
48	48	49	2.4000	2	2	1	0	0	0	0
49	49	50	2.4000	2	2	1	0	0	0	0
50	50	51	2.4000	2	2	1	0	0	0	0
51	51	52	2.4000	1	1	1	0	0	0	0
52	52	53	2.4000	1	1	1	0	0	0	0
53	53	54	2.4000	1	1	1	0	0	0	0
54	54	55	2.4000	1	1	1	0	0	0	0

※)面内/面外结合条件:[0]刚结　　[1]铰结

■面内支点数据

◆支点工况编号:[1]

(-1 = 固定,0 = 自由,0 < 弹性值)

节点编号	支　　点	K_X (kN · m/rad)	K_Y (kN · m/rad)	K_Z (kN · m/rad)
1	2 (铰 · 水平方向可移动)	0	-1	0
19	2 (铰 · 水平方向可移动)	0	-1	0
37	1 (铰)	-1	-1	0
55	2 (铰 · 水平方向可移动)	0	-1	0

◆支点工况编号:[2]

(-1 = 固定,0 = 自由,0 < 弹性值)

节点编号	支　　点	K_X (kN · m/rad)	K_Y (kN · m/rad)	K_Z (kN · m/rad)
1	2 (铰 · 水平方向可移动)	0	-1	0
55	1 (铰)	-1	-1	0

■面内荷载数据

◆荷载工况编号:[1]

荷载题目:[干燥收缩弹性荷载 q(10^{-6})]

支点工况编号:[2]分布弹性工况编号:[0]

【单元均布荷载】

起始单元编号	最终单元编号	荷载符号	i 端侧荷载(kN/m,kN · m/m)	j 端侧荷载(kN/m,kN · m/m)	从 i 端起距离(m)	从 j 端起距离(m)	加载长度(m)
1	4	14	-40. 800	-40. 800	0. 000	0. 000	9. 600
5	12	14	-39. 010	-39. 010	0. 000	0. 000	19. 200
13	16	14	-34. 710	-34. 710	0. 000	0. 000	9. 600
21	24	14	-34. 710	-34. 710	0. 000	0. 000	12. 800
25	30	14	-39. 010	-39. 010	0. 000	0. 000	19. 200
31	34	14	-34. 710	-34. 710	0. 000	0. 000	12. 800
39	42	14	-34. 710	-34. 710	0. 000	0. 000	9. 600
43	50	14	-39. 010	-39. 010	0. 000	0. 000	19. 200
51	54	14	-40. 800	-40. 800	0. 000	0. 000	9. 600
荷载小计 ΣP_X =			0. 000	: ΣP_Y =	-4585. 344		

【荷载符号解释】

11:单元轴方向荷载 12:单元轴直角方向荷载 13:全体坐标系 X 方向荷载 14:全体坐标系 Y 方向荷载

15:斜影长 X 方向荷载 16:斜影长 Y 方向荷载 17:弯矩荷载

◆ 荷载值合计:ΣP_X = 0. 000 : ΣP_Y = -4585. 344 ◆

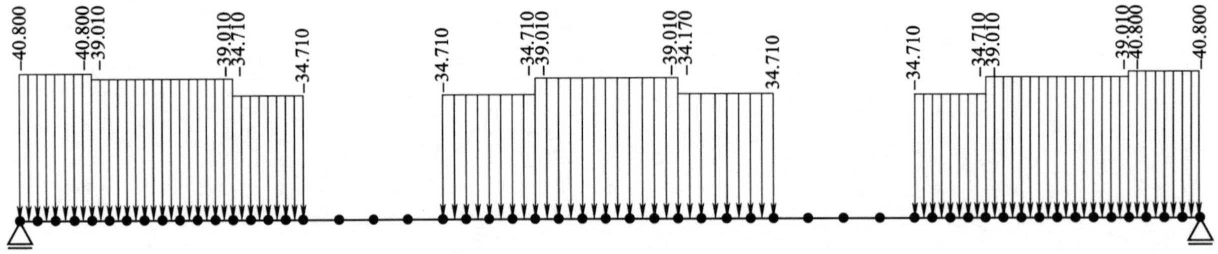

◆荷载工况编号：[2]
荷载题目：[强制性位移(干燥收缩弹性荷载)]
支点工况编号：[1]分布弹性工况编号：[0]
【单元均布荷载】

节点编号		荷载符号	X轴方向强制变位(mm)	Y轴方向强制变位(mm)	旋转强制位移(mrad)		
19		61	0.000	66.758	0.000		
37		61	0.000	66.758	0.000		

◆ 荷载值合计：$\Sigma P_X =$ 0.000 ： $\Sigma P_Y =$ 0.000 ◆

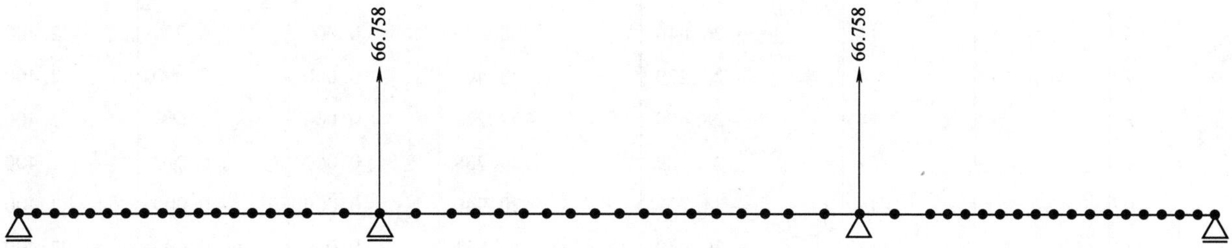

◆荷载工况编号:[3]
荷载题目:[徐变弹性荷载 q(10^{-6})]
支点工况编号:[2]分布弹性工况编号:[0]
【单元均布荷载】

起始单元编号	最终单元编号	荷载符号	i 端侧荷载(kN/m,kN·m/m)	j 端侧荷载(kN/m,kN·m/m)	从 i 端起距离(m)	从 j 端起距离(m)	加载长度(m)
1	1	14	0.000	-8.712	0.000	0.000	2.400
2	2	14	-8.712	-15.995	0.000	0.000	2.400
3	3	14	-15.995	-21.850	0.000	0.000	2.400
4	4	14	-21.850	-26.276	0.000	0.000	2.400
5	5	14	-26.276	-26.840	0.000	0.000	2.400
6	6	14	-26.840	-28.279	0.000	0.000	2.400
7	7	14	-28.279	-28.409	0.000	0.000	2.400
8	8	14	-28.409	-27.229	0.000	0.000	2.400
9	9	14	-27.229	-24.739	0.000	0.000	2.400
10	10	14	-24.739	-20.940	0.000	0.000	2.400
11	11	14	-20.940	-15.831	0.000	0.000	2.400
12	12	14	-15.831	-9.413	0.000	0.000	2.400
13	13	14	-9.413	-1.428	0.000	0.000	2.400
14	14	14	-1.428	0.000	0.000	0.355	2.045
23	23	14	0.000	-7.379	0.704	0.000	2.496
24	24	14	-7.379	-16.852	0.000	0.000	3.200
25	25	14	-16.852	-22.673	0.000	0.000	3.200
26	26	14	-22.673	-26.165	0.000	0.000	3.200
27	27	14	-26.165	-27.329	0.000	0.000	3.200
28	28	14	-27.329	-26.165	0.000	0.000	3.200
29	29	14	-26.165	-22.673	0.000	0.000	3.200
30	30	14	-22.673	-16.852	0.000	0.000	3.200
31	31	14	-16.852	-7.379	0.000	0.000	3.200
32	32	14	-7.379	0.000	0.000	0.704	2.496
41	41	14	0.000	-1.428	0.355	0.000	2.045
42	42	14	-1.428	-9.413	0.000	0.000	2.400
43	43	14	-9.413	-15.831	0.000	0.000	2.400
44	44	14	-15.831	-20.940	0.000	0.000	2.400
45	45	14	-20.940	-24.739	0.000	0.000	2.400
46	46	14	-24.739	-27.229	0.000	0.000	2.400
47	47	14	-27.229	-28.409	0.000	0.000	2.400
48	48	14	-28.409	-28.279	0.000	0.000	2.400
49	49	14	-28.279	-26.840	0.000	0.000	2.400
50	50	14	-26.840	-26.276	0.000	0.000	2.400
51	51	14	-26.276	-21.850	0.000	0.000	2.400
52	52	14	-21.850	-15.995	0.000	0.000	2.400
53	53	14	-15.995	-8.712	0.000	0.000	2.400
54	54	14	-8.712	0.000	0.000	0.000	2.400
荷载小计 ΣP_X =			0.000	: ΣP_Y =	-1777.909		

【荷载符号解释】
11:单元轴方向荷载 12:单元轴直角方向荷载 13:全体坐标系 X 方向荷载 14:全体坐标系 Y 方向荷载 15:斜影长 X 方向荷载 16:斜影长 Y 方向荷载 17:弯矩荷载

◆ 荷载值合计:ΣP_X = 0.000 : ΣP_Y = -1777.909 ◆

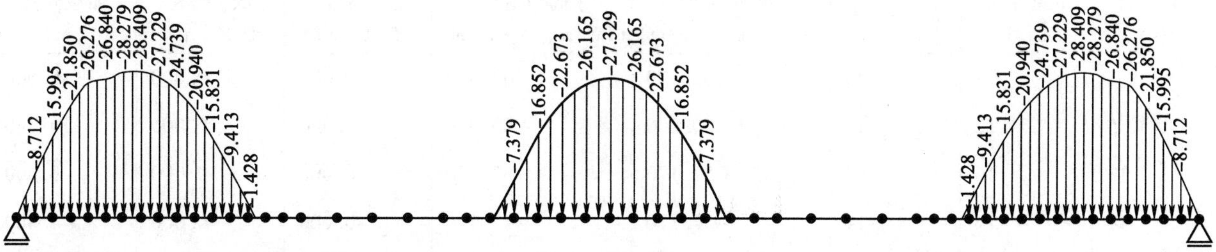

◆荷载工况编号:[4]
荷载题目:[强制性位移(徐变弹性荷载)]
支点工况编号:[1]分布弹性工况编号:[0]
【单元均布荷载】

节点编号		荷载符号	X 轴方向强制变位 (mm)	Y 轴方向强制变位 (mm)	旋转强制位移 (mrad)		
19		61	0.000	22.806	0.000		
37		61	0.000	22.806	0.000		

◆荷载值合计:ΣP_X = 0.000 : ΣP_Y = 0.000 ◆

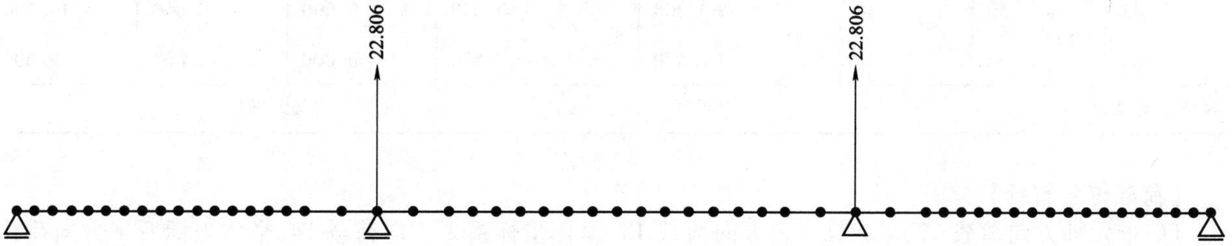

◆荷载工况编号:[5]

荷载题目:[温度差弹性荷载 $q(10^{-6})$]

支点工况编号:[2]分布弹性工况编号:[0]

【单元均布荷载】

起始单元编号	最终单元编号	荷载符号	i 端侧荷载 (kN/m,kN·m/m)	j 端侧荷载 (kN/m,kN·m/m)	从 i 端起距离(m)	从 j 端起距离(m)	加载长度(m)
1	4	14	-62.570	-62.570	0.000	0.000	9.600
5	12	14	-60.000	-60.000	0.000	0.000	19.200
13	16	14	-57.170	-57.170	0.000	0.000	9.600
17	17	14	-57.170	-37.540	0.000	0.000	4.800
18	19	14	-34.450	-34.450	0.000	0.000	9.600
20	20	14	-37.540	-57.170	0.000	0.000	4.800
21	24	14	-57.170	-57.170	0.000	0.000	12.800
25	30	14	-60.000	-60.000	0.000	0.000	19.200
31	34	14	-57.170	-57.170	0.000	0.000	12.800
35	35	14	-57.170	-37.540	0.000	0.000	4.800
36	37	14	-34.450	-34.450	0.000	0.000	9.600
38	38	14	-37.540	-57.170	0.000	0.000	4.800
39	42	14	-57.170	-57.170	0.000	0.000	9.600
43	50	14	-60.000	-60.000	0.000	0.000	19.200
51	54	14	-62.570	-62.570	0.000	0.000	9.600
荷载小计 ΣP_X =			0.000	: ΣP_Y =	-8789.000		

【荷载符号解释】

11:单元轴方向荷载 12:单元轴直角方向荷载 13:全体坐标系 X 方向荷载 14:全体坐标系 Y 方向荷载 15:斜影长 X 方向荷载 16:斜影长 Y 方向荷载 17:弯矩荷载

◆ 荷载值合计:ΣP_X = 0.000 : ΣP_Y = -8789.000 ◆

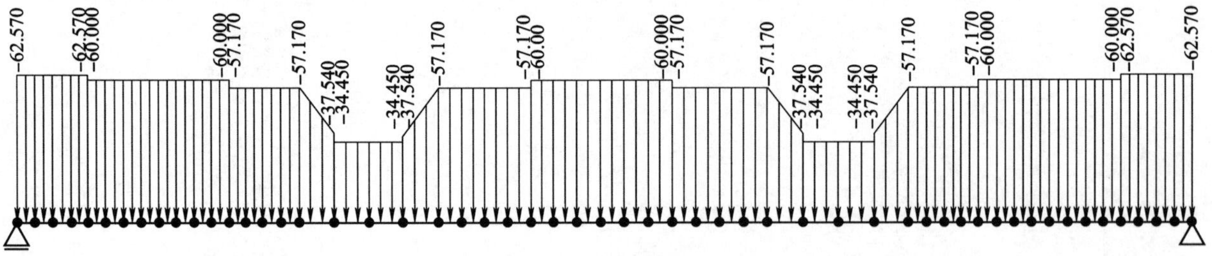

◆荷载工况编号:[6]
荷载题目:[强制性位移(温度差弹性荷载)]
支点工况编号:[1]分布弹性工况编号:[0]
【单元均布荷载】

节点编号		荷载符号	X 轴方向强制变位 (mm)	Y 轴方向强制变位 (mm)	旋转强制位移 (mrad)		
19		61	0.000	141.833	0.000		
37		61	0.000	141.833	0.000		

◆ 荷载值合计: $\Sigma P_X =$ 0.000 : $\Sigma P_Y =$ 0.000 ◆

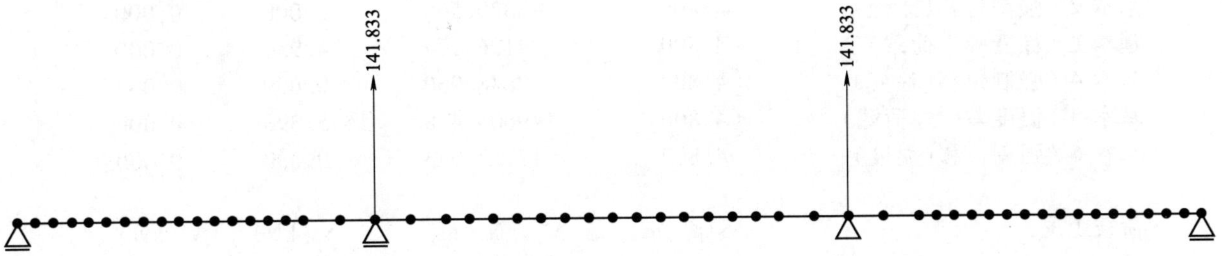

■面内截面力

荷载工况	距离(m)	M_z(kN·m)	S_y(kN)	N_x(kN)
单元 19 - i				
基本 1 (干燥收缩弹性荷载)	0.000	66758.400	818.784	0.000
基本 2 (强制位移(干燥)	0.000	-8339.560	0.000	0.000
基本 3 (徐变弹性荷载)	0.000	22806.415	274.950	0.000
基本 4 (强制位移(徐变)	0.000	-2848.960	0.000	0.000
基本 5 (温度差弹性荷载)	0.000	141840.230	1700.440	0.000
基本 6 (强制位移(温度)	0.000	-17717.993	0.000	0.000
单元 19 - j				
基本 1 (干燥收缩弹性)	4.800	70688.563	818.784	0.000
基本 2 (强制位移(干燥)	4.800	-8339.560	0.000	0.000
基本 3 (徐变弹性荷载)	4.800	24126.174	274.950	0.000
基本 4 (强制位移(徐变)	4.800	-2848.960	0.000	0.000
基本 5 (温度差弹性荷载)	4.800	149605.478	1535.393	0.000
基本 6 (强制位移(温度)	4.800	-17717.993	0.000	0.000

荷载工况	距离(m)	M_z(kN·m)	S_y(kN)	N_x(kN)
单元 37 - i				
基本 1 (干燥收缩弹性荷载)	0.000	66758.400	-818.784	0.000
基本 2 (强制位移(干燥)	0.000	-8339.560	173.741	0.000
基本 3 (徐变弹性荷载)	0.000	22806.415	-274.950	0.000
基本 4 (强制位移(徐变)	0.000	-2848.960	59.353	0.000
基本 5 (温度差弹性荷载)	0.000	141837.230	-1700.440	0.000
基本 6 (强制位移(温度)	0.000	-17717.993	369.125	0.000
单元 37 - j				
基本 1 (干燥收缩弹性荷载)	4.800	62828.237	-818.784	0.000
基本 2 (强制位移(干燥)	4.800	-7505.604	173.741	0.000
基本 3 (徐变弹性荷载)	4.800	21486.656	-274.950	0.000
基本 4 (强制位移(徐变)	4.800	-2564.064	59.353	0.000
基本 5 (温度差弹性荷载)	4.800	133281.254	-1865.800	0.000
基本 6 (强制位移(温度)	4.800	-15946.193	369.125	0.000

■面内反力

节点编号 1

荷载工况	R_X(kN)	R_Y(kN)	R_M(kN·m)
基本 1（干燥收缩弹性荷载）	0.000	2292.672	0.000
基本 2（强制位移(干燥)	0.000	-173.741	0.000
基本 3（徐变弹性荷载）	0.000	888.955	0.000
基本 4（强制位移(徐变)	0.000	-59.353	0.000
基本 5（温度差弹性荷载）	0.000	4394.608	0.000
基本 6（强制位移(温度)	0.000	-369.125	0.000

节点编号 19

荷载工况	R_X(kN)	R_Y(kN)	R_M(kN·m)
基本 2（强制位移(干燥)	0.000	173.741	0.000
基本 4（强制位移(徐变)	0.000	59.353	0.000
基本 6（强制位移(温度)	0.000	369.125	0.000

节点编号 37

荷载工况	R_X(kN)	R_Y(kN)	R_M(kN·m)
基本 2（强制位移(干燥)	0.000	173.741	0.000
基本 4（强制位移(徐变)	0.000	59.353	0.000
基本 6（强制位移(温度)	0.000	369.125	0.000

节点编号 55

荷载工况	R_X(kN)	R_Y(kN)	R_M(kN·m)
基本 1（干燥收缩弹性荷载）	0.000	2292.672	0.000
基本 2（强制位移(干燥)	0.000	-173.741	0.000
基本 3（徐变弹性荷载）	0.000	888.955	0.000
基本 4（强制位移(徐变)	0.000	-59.353	0.000
基本 5（温度差弹性荷载）	0.000	4394.608	0.000
基本 6（强制位移(温度)	0.000	-369.125	0.000

附件八　双线单箱连续结合梁设计资料汇总表

No	构造物尺寸								轨道部分		数　量		记　事
	跨度 m	全长 m	腹板高 m	轨顶 RL～ 梁底 m	轨顶 RL～ 支座底 m	$\frac{1}{L/H}$	桥面板宽度 m	主梁腹板中心距 m	列车荷载	轨道类别	钢材重量 tf	单位钢重 tf/m	
1	46.50 51.10	98.65	2.50	3.673	4.28	1/20	11.30	6.0	P－16	整体道床	384.2	3.94	形式　钢箱梁 坡度 7‰ 线路　北陸新幹線，境川橋梁 完成　2002 年
2	39.20 40.00 39.20	119.65	2.35	3.821	—	1/17	9.60	4.0	M－15	整体道床	856.2	7.23	线路　常盘新线—小贝川 完成　1997 年
3	98.25 100.00 98.25	298.5	4.00 6.00 4.00	—	—	1/25	—	—	P－16	—	—	—	线路　北陸新幹線—第 5 千曲川 完成　—

附件九　结合梁涂装面积计算方法

依据《结合》5.0.3 结合梁中混凝土桥面板与上翼缘板之间不涂装。其涂装细节予以示意。

类型	部位	
外面	(1)	一般部位
	(2)	拼接板（接触面）
	(3)	特殊部
	(4)	拼接板（非接触面）
内面	(5)	一般部位
	(6)	拼接板（接触面）
	(7)	拼接板（非接触面）
混凝土接触面	(8)	一般部位不涂装

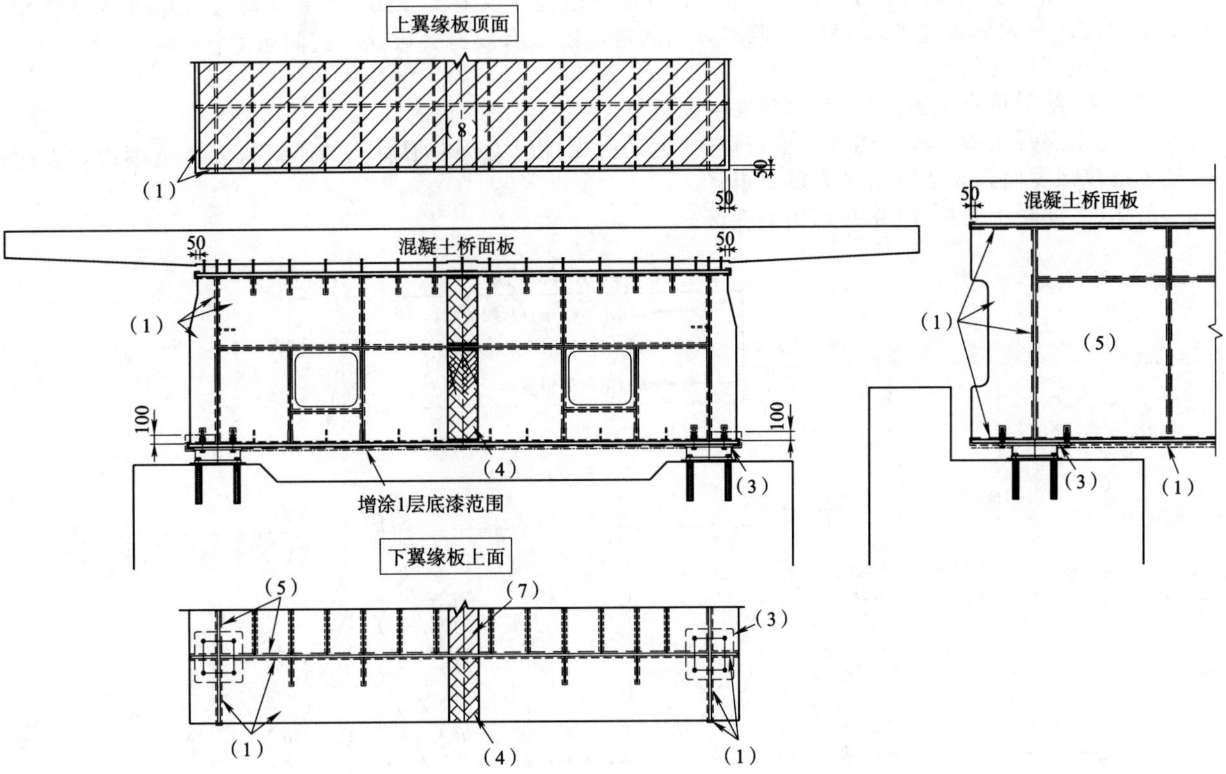

拼接板位置

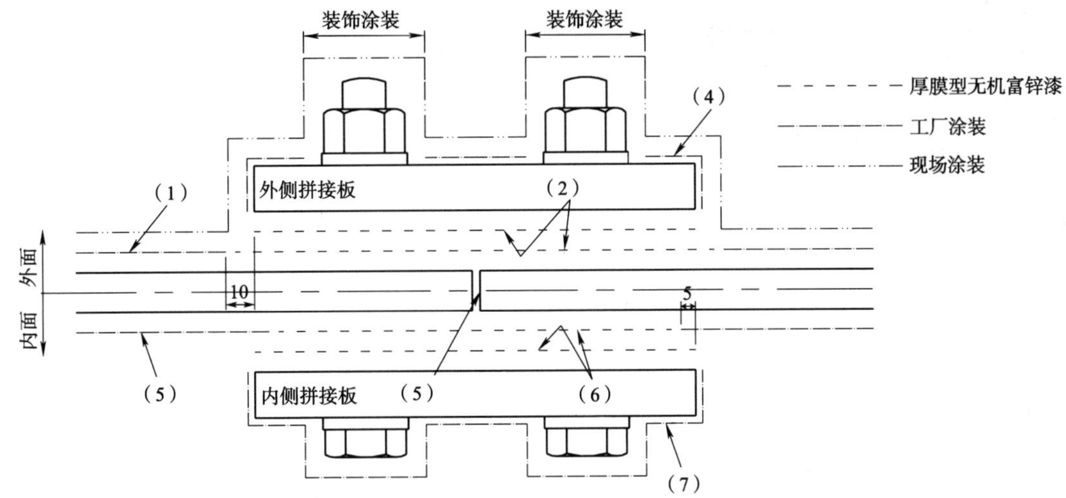

后　记

2004 年我有幸参与了日本铁道综合技术研究所主持的连续结合梁设计研究项目。研究的主课题就是围绕着“负弯矩区刚度如何假定”“假定的负弯矩区范围多大较为适宜”。在这两个主课题之下又派生出来很多的小课题。在历时 4 年半的解析、试算、试验和研讨后，将连续结合梁设计方法的成果编入 2009 年日本最新的结合梁设计规范中。

此算例将最新研究的设计方法以及连续结合梁设计流程予以介绍。为了适应我国国情，算例中的设计参数基本上置换成了国内规范规定值，只有当缺乏设计资料时才将日本结合梁规范的内容予以补充。在研究课题开展之前这种设计方法就已经试验性地用到了实际设计中，日本结合梁新规范出版后，这种设计方法已开始正式使用。

当然研究并没有到此结束，遗留以及有待继续研究的课题还相当多，概述如下。

1. 负弯矩区间假定

1.1　现在许多国家的结合梁设计规范，都将这一范围定义在 0.15L。但是实际设计中连续结合梁负弯矩发生的区间大都超过了 0.15L（参照本算例的弯矩图），有没有突破这一区间可能？

1.2　负弯矩区的定义

第 1 类：绝对负弯矩区，只有负弯矩发生的区域。

第 2 类：混凝土桥面板虽然处于负弯矩区，但是所受拉应力仍在混凝土微小抗拉强度范围内。以超过混凝土抗拉强度而开裂范围定义为负弯矩区。

第 3 类：混凝土受拉区（正负弯矩交变区）

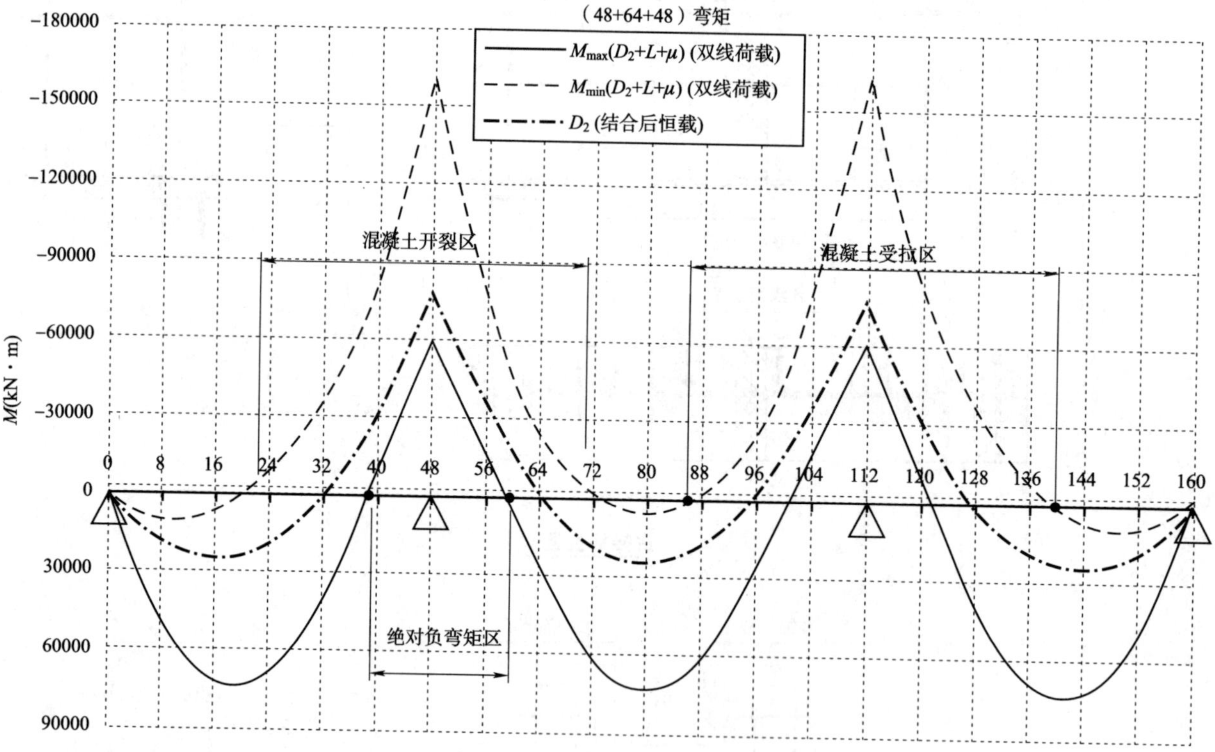

1.3 确定负弯矩区的方法

1. 结合后恒载发生的区间。

2. 结合后恒载 + 活荷载 + 动力作用三项荷载发生的区间。

3. 结合后恒载 + 活荷载 + 动力作用 + 超静定力共四项荷载发生的区间。

只有确定了负弯矩区间,才能对负弯矩区进行构造设计(例如:PBL 区间、桥面板浇筑顺序、钢纤维等)

2. 刚度假定

2.1 负弯矩区假定刚度:钢梁 + 混凝土桥面板:用于求解最大负弯矩;钢梁 + 钢筋(桥面板内):用于修正正弯矩。除此之外,是否还有更安全简捷的计算方法?

2.2 结合后恒载、运营活载、超静定力解析计算均采用 $I_{V10}(n=10)$,是否可行?误差是否较大?

2.3 解析计算中的假定刚度均采用全截面(混凝土桥面板,钢筋,钢梁)进行计算。是否还有更简捷的方法?

3. 中间支点部负弯矩区的内部应力与超静定力

3.1 负弯矩区混凝土开裂后,内部应力(干燥收缩和温度差)还是否要考虑?

3.2 内部应力与超静定力的协调一致?

3.3 依据内部应力和超静定力的影响程度能否简化设计?

3.4 依据内部应力与外力的符号相反时能否省略?

3.5 挠度计算时(负弯矩区假定刚度:钢梁 + 钢筋),是否需要修正假定负弯矩区间与实际负弯矩区间的影响,消除误差?怎样修正?

4. 系数

4.1 钢与混凝土的弹性模量比 $n(n_1, n_2)$,怎样取值才符合实际情况?

4.2 干燥收缩系数 ϕ 的取值?

4.3 徐变系数 ϕ 的取值?

4.4 温度差,我国结合梁设计规范采用 ±15℃是否大了?

4.5 线膨胀系数　我国结合梁规范采用　10.0×10^{-6}　(混凝土)
日本结合梁规范采用　12.0×10^{-6}　(钢梁　11.8×10^{-6})

5. 有效宽度

5.1 采用日本规范得出的钢箱形梁上下翼缘板有效宽度是否需要验证?

5.2 采用日本规范得出的混凝土桥面板有效宽度是否更精确?

6. 超静定力

6.1 弹性荷载计算公式是否需要验证?

6.2 仅计算正弯矩区范围内干燥收缩,徐变引起的超静定力是否安全?

6.3 全桥长度范围内计算温度差影响产生的超静定力,是否正确?

6.4 [德]赫尔墨特·波特(Helmut Bode)提出"负弯矩开裂后的混凝土仍有部分承载力(TS 效果)"。本算例采用了这个理论,并用 Bode 公式进行了计算。其结果对设计计算影响很小。TS 效果受混凝土强度,配筋量,钢筋与混凝土之间的附着程度的影响。这个理论是否需要进一步发展和验证?

7. 传剪器

7.1　剪力钉疲劳公式、PBL计算公式、马蹄形传剪器计算公式是否需要验证

7.2　长大形拼接板顶面设置传剪器时的构造尺寸?

8. 经济比较

示范:跨径60m简支结合梁与3×60m连续结合梁截面弯矩

位　置		恒载弯矩 M_D	活荷载弯矩 M_L
60m简支结合梁	Ⅰ跨中最大弯矩	$0.125 \times W_D \times L^2$	$0.125 \times W_L \times L^2$
3×60m连续结合梁	边跨跨中最大弯矩	$0.093 \times W_D \times L^2$	$0.093 \times W_L \times L^2$
	中间支点最大弯矩	$0.117 \times W_D \times L^2$	$0.117 \times W_L \times L^2$
	中跨跨中最大弯矩	$0.075 \times W_D \times L^2$	$0.075 \times W_L \times L^2$
	Ⅱ 平均最大弯矩	$0.095 \times W_D \times L^2$	$0.095 \times W_L \times L^2$
连续梁/简支梁	Ⅱ/Ⅰ(%)	76%	76%

希望更多的专家和学者能够对以上诸课题予以探讨,得出更新研究成果。

1.6 设计概图

设计概图（一）

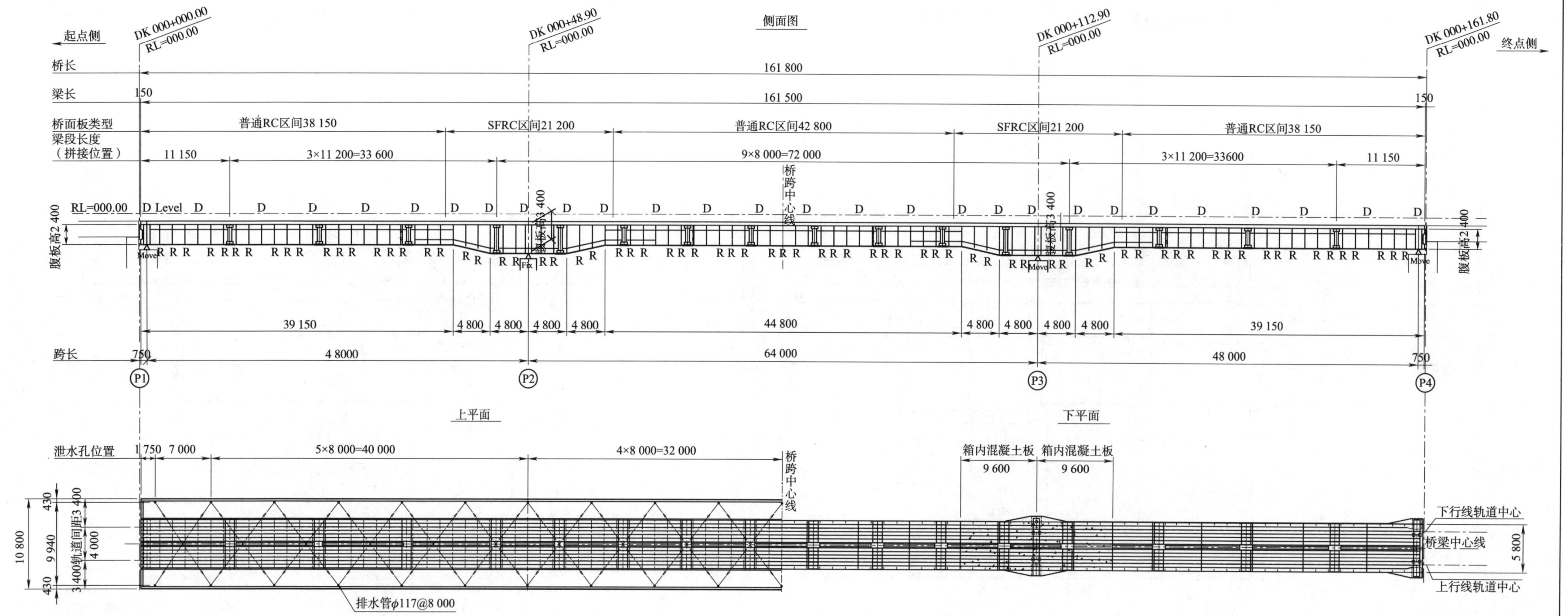

设计条件

线　　名	0000		
构造形式	双线单箱单室三跨连续结合梁		
梁　　长	161.500 m		
跨　　度	48.000 m + 64.000 m + 48.000 m		
列车荷重	中—荷载		
设计速度	v = 160 km/h		
轨道种别	道砟桥面；基本轨 (60 kg)		
曲线半径	$R=\infty$		
梁端斜角	90.0°		
温度差	±15 ℃（桥面板），±5 ℃（梁内混凝土板）		
支承构造	球形支座		
构造物环境条件	一般环境		
钢材的材质	厚　度	屈服点	弯曲容许应力
钢　梁（Q370q）	$t\leq16$	370 N/mm^2	220 N/mm^2
	$16<t\leq35$	355 N/mm^2	214 N/mm^2
	$35<t\leq50$	330 N/mm^2	204 N/mm^2
	$50<t\leq60$	330 N/mm^2	204 N/mm^2
混凝土桥面板材质	弯曲受压容许应力	上表面净保护层	下表面净保护层
C45	15 N/mm^2	30 mm	35 mm
钢筋材质	容许应力（主力）	容许应力（主力+附加力）	
HRB335	180 N/mm^2	230 N/mm^2	
水平设计震度	K_h = 0.20		
声屏障重量(侧)	10 kN/m		

设计规范

- 结合梁设计规范　(TBJ 24—89)　（铁道部部标准　1990）
- 铁路桥涵设计基本规范　(TB10002.1—2005)（行业标准　2005.06.14）
- 铁路钢结构设计规范　(TB10002.2—2005)（行业标准　2005.06.14）
- 铁路钢桥制造规范　(TB10212—2009)（行业标准　2009.06. 01）
- 铁路轨道设计规范　(TB10082—2005)（行业标准　2005.04.25）
- 铁路工程抗震设计规范　(GB50111—2006)（国家标准　2006.12.01）
- 高速铁路设计规范（试行）(TB10621—2009)（行业标准　2009.12. 01）
- 铁路钢桥保护涂装及涂料供货技术条件　(TB／T 1527—2011)（行业标准　2011.07.15）
- 新建铁路桥上无缝线路设计暂行规定

参考资料

- 《铁道构造物等设计标准・同解说 钢・合成构造物》（平成21年7月）
- 《铁道构造物等设计标准・同解说 钢・合成构造物》（平成12年7月）
- 《铁道构造物等设计标准・同解说 混凝土构造物》（平成4年10月）
- 《道路桥示方书・同解说 Ⅰ共通篇 Ⅱ钢桥篇》（平成14年3月）

主要工程数量表

材料种别	材料及规格		单位	数量
混凝土	桥面板体积	C45	m^3	646
	箱内混凝土板	C45	m^3	113
	钢筋重量	HRB335	t	152
	模板面积		m^2	833
钢结构	主　梁	Q370q	t	696.2
	隔　板	Q370q	t	172.8
	小纵梁	Q370q	t	22.6
	水平加劲肋	Q370q	t	8.8
	拼接板	Q370q	t	79.8
	传剪器	Q370q	t	2.2
	高强度螺栓	Q370q	t	37.0
	全桥合计(t)			1019.4
涂装面积	外面（含现场涂装面积）		m^2	2038
	内面（含现场涂装面积）		m^2	8075

支座竖向反力　（kN）

荷　载	端活动支点	中间固定支点	中间活动支点
结合前恒载	2463	10953	10953
结合后恒载	3088	13520	13520
双线静活载	4710	11882	11882
动力作用	1178	1723	1723
合　计	11439	38078	38078

挠度及位移

项目名称		边跨最大挠度 δ(mm)	边跨最大挠度 δ/L	中跨跨度中心挠度 δ(mm)	中跨跨度中心挠度 δ/L
挠度	结合前恒载	26.4	1/1818	33.9	1/1888
	结合后恒载	17.2	1/2790	22.8	1/2807
	双线静活载	46.4	1/1034	67.6	1/946
实际上拱度		66.8		90.5	

附注：
(1) 本图除里程、高程以m为单位外，其他尺寸均以mm为单位。
(2) RL表示线路中心轨顶标高。
(3) Fix表示固定端，Move表示活动端
(4) 符号“D”表示隔板；“R”表示竖向加劲肋。

北京双豹子设计咨询有限公司		工程名称	新建0000至0000铁路工程		
设　计		施工图 48 m+64 m+48 m双线单箱单室连续结合梁 设计概图（一）		图　号	0000施桥-0-00
复　核				比　例	1：500
专业审定				日　期	2013.05
				第　张　共　张	

设计概图（二）

边跨支点截面图　　中间支点截面图

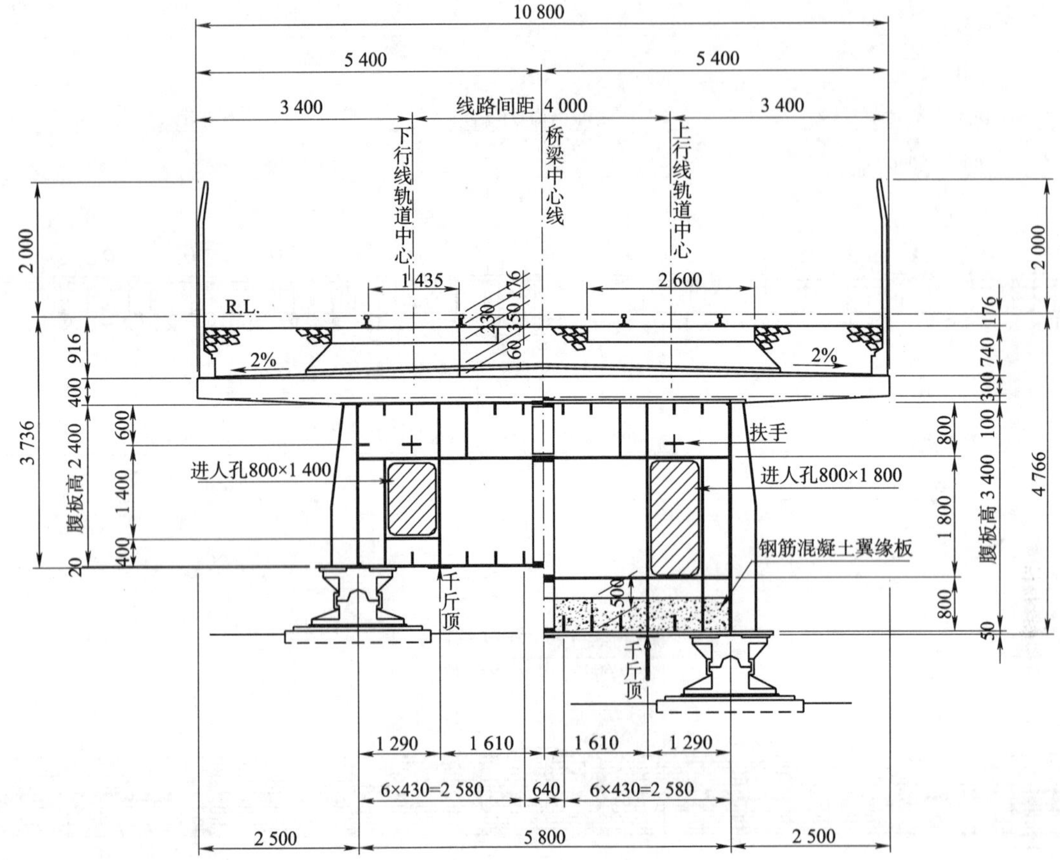

跨中截面图

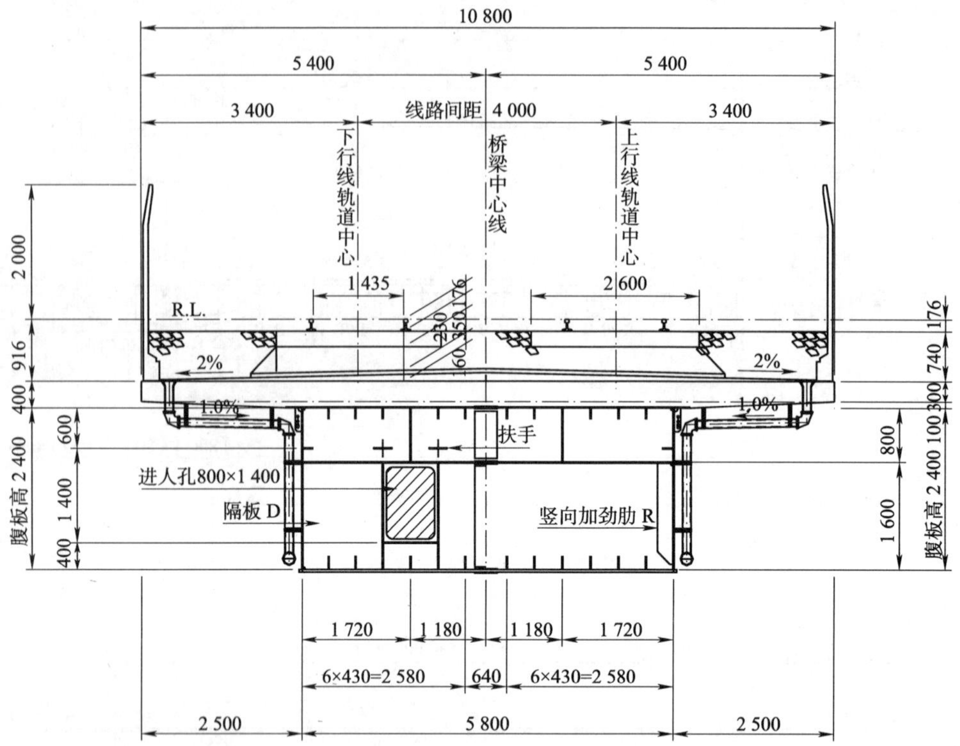

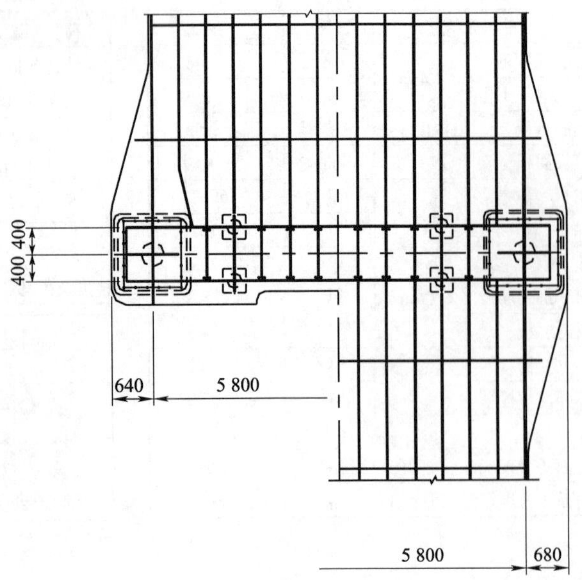

	轨顶至支座底		轨顶至梁底	
	端支点	中间支点	边跨跨中	中跨跨中
轨道（60kg）	176			
轨枕（含垫板）	230			
道砟层	350	916	916	916
道砟垫层	60			
排水坡	100			
桥面板	300	300	300	300
梗肋	100	100	100	100
箱梁腹板	2 400	3 400	2 400	2 400
下翼缘板	20	50	30	30
拼接板	-	-	18	18
垫圈	-	-	5.8	5.8
螺栓	-	-	23.6	23.6
螺栓余长	-	-	5	5
合　计	3 736	4 766	3 799	3 799

附注：本图尺寸均以mm为单位。

北京双豹子设计咨询有限公司		工程名称	新建0000至0000铁路工程	
设　计		施工图 48 m+64 m+48 m双线单箱单室连续结合梁 设计概图（二）	图　号	0000施桥-0-00
复　核			比　例	1:100
			日　期	2013.05
专业审定			第　张　共　张	